BASTEI
LÜBBE

Bernhard Günter, Michaela Wimmer,
Jochen Spiering, Barbara Kerneck,
unter Mitarbeit von
Alexandra Bauer und Michel Unger

# DER SIEG DER PERESTROIKA

## Daten, Fakten und Hintergründe des Putschversuchs in der Sowjetunion

Eine TRANSMITTER-Produktion

BASTEI LÜBBE

BASTEI-LÜBBE-TASCHENBUCH
Band 60323

Originalausgabe

Printed in Germany, Oktober 1991
Einbandgestaltung: Roland Poferl
Titelbilder und alle Bilder im Innenteil: dpa
Produktionsleitung: TRANSMITTER, München
Herstellung: H + G Lidl, München
Satz: Satz & Repro Grieb, München
Druck und Bindung: Ebner Ulm
ISBN 3-404-60323-0

# Inhalt

*Soldaten und Demonstranten wachen gemeinsam über die Demokratie.*

# Vorwort

Sie ist Geschichte geworden: die ›alte‹ Sowjetunion. Mit ihrem ›Untergang‹ ist auch die Idee des Weltkommunismus zur Makulatur geworden. Und so mancher, der mit der sozialistischen Weltmacht als fixer Größe in der internationalen Politik aufgewachsen war, stellte sich in den Augusttagen 1991 die Frage, ob denn »wenigstens noch der Papst katholisch« sei.

Der Putsch und seine Niederschlagung haben vieles verändert, vieles beschleunigt, haben eine Umgestaltung der Sowjetgesellschaft radikaler verwirklicht, als es die »Perestroika« Gorbatschowscher Prägung je geschafft hat. Nicht nur bolschewistische Denkmäler sind eingestürzt, sondern auch die Eckpfeiler der ›alten‹ Sowjetunion – die kommunistische Partei und der zentralistische Staatsverbund. Der gescheiterte Putsch hat die neue Union souveräner und demokratischer Republiken auf den Weg gebracht. Und er hat einen Mann bestätigt: Boris Jelzin – in der westlichen Welt Leidtragender der ›Gorbimanie‹; in der Sowjetunion Opfer von Verleumdungen und Attentatsversuchen. Doch seine Grenzen wurden in den Nach-Putsch-Tagen aufgezeigt: Er kann augenblicklich – vor allem auf internationalem Parkett – ohne Gorbatschow nicht überleben und der nach den ›Nächten auf den Barrikaden‹ allzu leicht über die Lippen kommende Spruch »Die Sowjetunion ist tot! – Es lebe Rußland!« scheint als Weg aus der wirtschaftlichen und politischen Misere kaum gangbar zu sein.

Die Tage in Moskau haben die Welt verändert. Sie werden die Weltpolitik in den nächsten Jahren, wenn nicht Jahrzehnten, prägen. Ein Grund, die Tage des Putsches noch einmal an sich vorüberziehen zu lassen, ihre Hintergründe zu analysieren. Hintergründe, die man ohne die geschichtlichen Voraussetzungen, die Einblicke in die Vielvölkerproblematik, den maroden Zustand der Wirtschaft und die außenpolitischen Erfolge der letzten Jahre jedoch nur schlecht ausleuchten kann. Dieses Buch soll in knapper und übersichtlicher Form das ›nötige Licht‹ auf die Ereignisse in der Sowjetunion werfen und dabei helfen, den Weg der ›neuen‹ Sowjetunion besser zu verstehen.

*Die Autoren* *München, im Oktober 1991*

*Der Irrtum der Putschisten: Ihre Soldaten schützen Boris Jelzin.*

# Die Barrikade als Reich der Zukunft

Drei Tage auf den Barrikaden bedeuteten für die Verteidiger des Weißen Hauses in Moskau nicht nur Fleiß und Angst. Dort stellten sie auch ihren vom Sowjetalltag blockierten unternehmerischen Erfindungsgeist unter Beweis. Keiner hier hatte es erwartet, aber jeder opferte von allem und jedem nur das Allerbeste. Es flossen Honig und Milch - und es wurden Hamburger gereicht. Kapitalistische Wölfe und staatsangestellte Lämmer verzichteten auf den üblichen Neid gegeneinander und kämpften auf verschiedenen Seiten des Weißen Hauses, aber immer noch auf derselben Barrikadenseite. Und nun verfügt Rußland wieder über »richtige« Männer und die Jugend ist keine »überflüssige Generation« mehr.

»Wir haben gesiegt, haben wir denn wirklich gesiegt? Ich kann es nicht fassen. Meine kleine Barrikade hat tatsächlich genützt? Bitte, Mascha, sag mir doch, daß ich ein Prachtkerl bin. Na, sag's schon!« - »So ein Glück ist das, nein so ein Glück! Ich habe im Leben nicht gewußt, daß es so ein Glück geben kann!« - »So eine Eintracht aller, so ein ›Miteinandermitfühlen‹ und ›-fürchten‹, ja fast ein Verschmelzen aller mit allen. Das muß man gesehen haben, um es für möglich zu halten. Allen Frust, alle Bitterkeit und allen Zwist hatten unsere Leute vergessen: die Mißgunst auf den Vordermann in der Schlange und den Streit um die Spüle in der Gemeinschaftsküche. Jeder wünschte jedem nur noch Gutes.«

Drei Stimmen von Verteidigern des Moskauer Weißen Hauses am Abend des Sieges - und am Tag danach: Die Knochen schmerzen, die Füße und Augenlider sind geschwollen und der Schnupfen entwickelt sich mit der Gesetzmäßigkeit einer arithmetischen Reihe. Alles ganz egal! Jetzt kann im wahrsten Sinne des Wortes ›krank gefeiert‹ werden. Denn jetzt sind man und frau wieder wer. Das Ereignis, auf das die vielen seit Jahrzehnten gewartet haben und an das die meisten nicht mehr glauben konnten, ist schon wieder vorbei: die zweite russische Revolution. Ein Volk hat in drei Tagen zu sich selbst gefunden und von einer neuen Gesellschaft entbunden. Jetzt liegt es erschöpft und selig, wie der eigene literarische Vorfahre Oblomow, im Bett und schnattert per Telefon freudig aufgeregt mit Freunden und Verwandten. Denn geändert haben sie sich in den drei Tagen ja sehr, aber doch -

Gott bewahre – nicht um hundertachtzig Grad. Das könnte schließlich der Gesundheit schaden und wäre zweitens auch ganz undemokratisch. Mein Gott, was für ein Sauwetter das war! Und jetzt scheint die Sonne.

»Natürlich sind das lauter Feiertage, es ist, als ob ich die Freiheit, die ich mir immer gewünscht habe, jetzt anfassen könnte. Dieser Sieg muß jedes Jahr gefeiert werden – wieder und immer wieder.« Die 38jährige Kunsterzieherin Swetlana strahlt mit der Sonne um die Wette, und ihr geblümter Pliseerock bauscht sich im leichten Sommerwind auf der noch am Vortag abgesperrten Moskwa-Brücke vor dem Weißen Haus. Wir haben Donnerstag, den 22. August. »Am meisten erleichtert es mich, daß die Jugend, um die ich mir soviel Sorgen gemacht habe, offenbar doch mehr als Video-Clips im Kopf hat. Hier wußten sie eben, in den kritischen drei Tagen, daß sie wirklich gebraucht werden – bisher aber mußten sie immer nur befürchten, daß sich die Politiker ihrer nur als Staffage bedienen.«

Hier, am Moskwa Fluß, wo noch am Mittwochvormittag angespannte Kampfstimmung herrschte, flanieren zum Wochenende hin kleine, philosophierende Gruppen zwischen den letzten Barrikaden-Brocken, Zeltplanen, Feuerstellen, Blumensträußen, Jesus-Porträts, sonstiger Graffiti und den Proviantresten des dreitägigen Kampf-Biwaks. Nicht nur politische Bilanz wird gezogen, sondern jeder wälzt für sich privat im Lichte der Ereignisse die ewige Frage der großen russischen Literatur: »Wie sollen wir richtig leben! Leben?«

Drei Vertreter der Twen-Generation helfen den Vertretern der Presse mit einer Art Hühnerleiter über die soliden Barrikadenreste aus Beton, die noch immer die flußzugewandte Terrasse des Gebäudes umgeben. Es sind Soldaten der Terror-Sondereinheit OMON der Russischen Föderation. Vom ersten Tag des Putsches an haben sie sich – allen Befehlen zum Trotz – auf die Seite Präsident Jelzins gestellt, nun zieht es sie an den Ort ihrer Heldentat. Großspurige Kommentare sind ihnen nicht in die Wiege gelegt worden. Auf die Frage nach ihren persönlichen Gedanken antwortet lediglich der 26jährige Sergej: »Beim OMON wird sich hoffentlich alles ändern, Struktur und auch die Ziele dieser Truppe, sie sollte nicht für mehr verpflichtet sein, als sich um ihren eigenen Kram zu kümmern: bei Naturkatastrophen, wenn Ganoven Menschenleben bedrohen und so weiter.«

Nicht mehr bedroht jedenfalls fühlt sich der Philosophiedozent und Deputierte des Moskauer Stadtsowjets, Alexander Ossowzow, vom Bolschewismus. Immer noch müde von den scheinbar endlosen Nachtwachen, verläßt er gerade den Hintereingang des Weißen Hauses: »Die Haupterrungenschaft dieser Woche war der endgültige Bankrott des Bolschewismus und der seiner Adepten. Als wir am Donnerstag früh beschlossen haben, die Immunität des Moskauer Parteichefs Jurij Prokowjew aufzuheben, damit er wegen seines Verhaltens beim Putsch vor Gericht gestellt werden kann, haben die KPdSU-Abgeordneten sich nicht einmal mehr zu mucksen gewagt.«

Nicht nur Jugendliche und Soldaten, auch die russischen Männer, ja, sogar Gott haben in diesen Tagen an Prestige gewonnen. »Mein ganzes Leben lang habe ich geglaubt, daß es in Rußland keine ›richtigen Männer‹ mehr gibt«, wundert sich die 50jährige wissenschaftliche Mitarbeiterin Natalja, Spezialistin für Instrumentenvereinfachung: »Ich war mir immer ganz sicher, daß die meisten Frauen unendlich viel mehr Würde und Geradheit in sich bergen, als diese psychisch verkrüppelten grauen Kriecher. Sie können sich gar nicht vorstellen, was für eine freudige Überraschung es für mich war, als bei den Kämpfen um dieses Haus sich plötzlich so viele Bürger als echte Männer entpuppten. So habe ich an meinem Lebensabend doch noch jemanden, der mich beschützt.«

»Sie haben ganz recht«, pflichtet ihr der gleichaltrige Naturwissenschaftler Platon bei, eine distinguierte weißhaarige Erscheinung, Mitglied der Akademie der Wissenschaften: »Auch ich bin kein richtiger Mann. In den ersten beiden Tagen war ich einfach zu feige, um herzukommen. Aber wie konnten wir auch Männer werden, wenn man uns nicht einmal Wohnraum gegeben hat, um mit unseren Frauen allein zu sein, wenn man unsere Söhne in der Armee erniedrigt und verkrüppelt und unsere Töchter in den Bildungsinstitutionen verdummt hat. Bei diesem Kampf hier haben die Menschen endlich wieder etwas verspürt, was ihnen in den kleinlichen, alltäglichen Kämpfen abhanden gekommen ist: die Achtung vor der Souveränität und Eigeninitiative des Nachbarn. Hier haben die Leute schöpferisch gehandelt. Und diese Inspiration kann uns niemand mehr nehmen. Wenn wir die Initiative des einzelnen achten und stärken, können wir auch den Weg aus der wirtschaftlichen Sackgasse finden.«

»Gott wird uns helfen!« bestätigt eine würdige Dame im grauen Schneiderkostüm. »Sie glauben doch hoffentlich nicht, daß das alles hier zufällig so gelungen ist?« fragt sie mit einem strengen Blick, »der Regen in der bedrohlichsten Nacht und die Sonne bei der Siegesfeier? Am Montag war der Preobraschenskij-Feiertag. Man nennt ihn auch ›Tag der Wandlung Christi‹. Da hat Gott auch Rußland eine Chance gegeben, sich zu wandeln. Traditionell sollte das unser Erntedankfest sein, jetzt bringen wir die Ernte ein paar Tage später ein, aber dafür umso reicher.«

Die Frage nach der angemessenen Bestrafung für die Putschisten wird von ihr ebenfalls im Sinne des Neuen Testamentes beantwortet: »Recht muß vor Rache gehen!« »Ein normales (!) sowjetisches Urteil und eine ordentliche Frist in einem normalen (!) sowjetischen Starflager«, fordert ein junger Mann mit bedeutungsvollem Grinsen. »Da werden schon fünf Jahre genügen, um aus ihnen völlig andere Menschen zu machen. Bisher konnten solche Herrschaften auch dann noch auf ihre Privilegien zählen, wenn sie wirklich einmal hinter Schloß und Riegel gerieten.«

Wenn es um Sühne geht, taucht auch die Frage nach der Schuld des UdSSR-Präsidenten auf. Die überwiegende Mehrheit hält ihn zumindest für einen »Mitwisser« der Putsch-Pläne. Im Schatten eines der Zeltplanendächer, die in den vergangenen Tagen noch vor dem Regen schützten, verbrennen einige Leute Gorbatschows Werke. »Wenn er ein wenig Anstand hätte, würde er sich vor uns bis zum Erdboden verneigen und dann zurücktreten«, meint der 28jährige freie Journalist Sascha, der hier alle drei Kampfnächte verbracht hat. »Immerhin ist Gorbatschow bereits in die Geschichte eingegangen«, gibt die würdige Dame zu bedenken. »Richtig«, meint Sascha, »erst ist er in sie hineingegangen und dann hat er in sie hineingepfuscht«.

Die Instrumentenvereinfacherin nutzt die Gelegenheit, um den richtigsten aller richtigen Männer zu präsentieren: »Früher habe ich immer geglaubt, daß Gorbatschow und Jelzin im Grunde nur zwei Varianten einer Politiker-Spezies darstellen und eine Art abgekartetes Spiel mit verteilten Rollen spielen. Erst in den letzten drei Tagen habe ich verstanden, wer Boris Jelzin wirklich ist: ein Politiker völlig neuer Art, ein wirklicher Mann des Volkes und eine heilige Erscheinung.«

Endlich hat Rußland frei gewählte Helden. Ist also alles gut? »Natürlich wird sich der Drache der Bürokratie noch lange winden und Feuer speien«, meint das Akademiemitglied: »Er ist schleimig und anpassungsfähig wie ein Chamäleon und jedes seiner Glieder hat ein rachsüchtiges Gedächtnis. Aber die größte Schwierigkeit liegt jetzt im Alltag. Wir Russen werden uns nicht von einem Tag zum anderen ändern. Unsere Stärke wird strapaziert werden, die ja bekanntlich in der Genügsamkeit liegt, aber zusätzlich brauchen wir auch mehr Sorgfalt. Ansonsten brauchen wir jetzt nur noch zu arbeiten.« Wie um seine Worte zu illustrieren, räumen Arbeiter der Stadtreinigung lustlos die letzten Maschinenteile von der Uferpromenade. Die Brücken sind wieder freigegeben.

Moskau, Rußland, die Sowjetunion und ihre Bevölkerung haben sich verändert. Wie kam es dazu? Am Montag, dem 19. August, hatte nicht nur UdSSR-Präsident Gorbatschow Urlaub. Die Kunsterzieherin Swetlana war noch in den Ferien in Sibirien, und Anja - von Beruf Reiseleiterin - hatte gerade einen freien Tag. Die beiden wußten noch nicht, wie und unter welchen Umständen sich ihre Schicksale miteinander verknüpfen würden.

Die Nachricht vom Putsch, so lange erwartet und befürchtet, wirkte gerade auf viele professionelle Beobachter des Geschehens seltsam befreiend: Jetzt war es also tatsächlich so weit. Die Frage »Who is Who« würde in der Politik und auch in der eigenen Nachbarschaft manch überraschende Antwort finden. Und doch waren die ungewissen ersten Stunden für die überwiegende Mehrzahl aller Bürger, die nicht auf Seiten der Putschisten standen, einer der unheimlichsten Momente in jener an Schrecken und Freuden reichen Woche. Wer dem Rundfunk nicht glauben wollte, schaltete reflexartig den Fernsehapparat ein und vernahm dort den monotonen Aufruf der Putschisten. Dann gab es - mitten am Vormittag - einen Spielfilm. Titel: »Nur drei Nächte«.

»Ich hörte von der ganzen Angelegenheit am Baikal-See im Radio«, erzählt Swetlana. »Es näherte sich für uns der Zeitpunkt der Abreise. Durch diese Nachricht aufgeschreckt, sind wir dann aber noch zeitiger abgereist. Zumal es keine vernünftigen Informationen gab. Na, und dann noch so ein Detail: Ein plötzlicher Sturm hatte unser Zelt weggeblasen, wahrscheinlich eine Art Omen. Immerhin existierte dort am Baikal-See ein alternativer Videokanal, der sich zehn Minuten im Äther bemerkbar machen konnte. Da erklärte der Irkutsker Magistrat seine Solidarität mit Jelzin; und es wurden die Leitsätze aus seinem Aufruf verlesen. Immerhin weckten die Namen der Junta-Mitglieder - Krjutschkow, Pugo, Jasow und Janajew - schon eindeutige Assoziationen. Viele Menschen auf dem Campingplatz erinnerten in diesem Zusammenhang auch an eine Veröffentlichung in einer Irkutsker Jugendzeitung: Die alten Konzentrationslager im Umkreis der Stadt waren in diesem Sommer wieder instandgesetzt worden. Schon dort sagten wir beim Abschied, daß wir auf die Barrikaden gehen würden. Wir fühlten uns wie Helden. Aber in Moskau - am Abend des 20. Augusts - ergab sich ein ganz anderes Bild. Am Flughafen kamen sie uns mit Flugblättern entgegen. Wir wußten, der Widerstand war bereits organisiert.«

Der Ukas des russischen Präsidenten Jelzin, in dem er den Putsch für rechtswidrig erklärte, die Wiedereinsetzung Präsident Gorbatschows forderte und alle auf russischem Gebiet operierenden Militäreinheiten dem eigenen Oberkommando unterstellte, gab auch vielen, die sich in diesen Tagen nicht zum Weißen Haus begaben, ein Ziel und eine Hoffnung. In Moskau markierte Jelzin den Hort des Widerstandes, zu dem sich schon am Morgen des 19. Augusts zahlreiche ausländische Journalisten und einige hundert Bürger in Sorge und voller Hoffnung begeben hatten. Bis zum Abend wurden aus den Hunderten, Tausende, ja Zehntausende. »Die russische Regierung ist die erste, die ich in meinem Leben selbst gewählt habe«, erzählt Anja, »und ich bin letztlich sehr bewußt auf die Barrikaden gegangen: ›Ist das nun meine Staatsmacht, oder nicht?‹ habe ich gedacht. ›Na, das wollen wir doch erst einmal sehen!‹«

Trotz des freien Tages begab sich Anja am Vormittag, nachdem sie den rätselhaften Putschaufruf im Radio vernommen hatte, zu ihrer Arbeitsstätte: »Unser Reisebüro ist ein unpolitischer Verein und dort konnte niemand das Geschehen interpretieren. Und daran, Führungen durch die Stadt zu veranstalten, war wohl kaum zu denken. Also sah ich mir mein verlorenes Tätigkeitsfeld ein wenig näher an. Vor dem Künstlertheater standen Panzer, auf dem Manege-Platz standen Panzer und der Rote Platz war sogar von Panzern völlig umzingelt. Dabei fiel mir eine Kuriosität auf: Über dem Empfangskabinett Boris Jelzins, das ihm erst vor kurzem im Kreml eingeräumt worden war, wehte wie immer die russische Fahne. Auf der Twerskaja, vor dem Moskauer Stadtsowjet, fand ein gewaltiges, spontanes Meeting statt. Und da hatte ich auf einmal ganz stark das Gefühl, daß die Welt aus den Fugen geraten

*Gebannt verfolgen die Moskauer die neuesten Entwicklungen.*

ist: Auf dieser Straße mit ihrem reißenden sechsspurigen Verkehr liefen massenweise Leute wie blind auf der Fahrbahn umher, ohne sich auch nur umzusehen. Zwei alte Männer ohrfeigten sich im politischen Streit, und schon dort, um fünf Uhr nachmittags, waren Flugblätter mit dem Aufruf Boris Nikolajewitsch Jelzins angeklebt, um die sich die Menschen wie Fliegenschwärme scharten. Da verstand ich, daß man zum Weißen Haus hätte gehen müssen. Ich begab mich erst einmal in meine Wohnung, um die Fernsehnachrichten anzusehen. Und zu meiner Freude und Verwirrung blitzte in der von den Putschisten sofort gleichgeschalteten Nachrichtensendung *Wremja* ein kurzer Filmstreifen auf, der Jelzin auf dem Panzer zeigte.«

Anders als die Wahl des Spielfilms mit dem prophetischen Titel war dieser Filmstreifen in der Nachrichtensendung schon das Resultat eines bewußten Sabotageaktes. Daß es den Verschwörern an einem einheitlichen Konzept mangelte, zeigten nicht nur ihre zitternden Hände auf der verworrenen Pressekonferenz, die ebenfalls am gleichen Abend ausgestrahlt wurde, sondern auch ihre Reaktion auf diesen kurzen Filmstreifen. Boris Pugo habe ihm wütend mit »Sanktionen« gedroht, erzählte der Fernsehchef Krawtschenko nach seiner Absetzung, während ihn Ministerpräsident Pawlow angerufen habe und zufrieden vermeldete: »Das war eine gute Sendung. So etwas erweckt das Vertrauen des Volkes.« So ergänzte sich das Zögern der Putschisten und – je nach Erfordernissen – das blitzschnelle Handeln oder gezielte ›Nichtverstehenwollen‹ jener, die den Staatsstreich vereitelten. Die Spezialtruppe des KGB, welche an jenem Morgen Präsident Jelzin hatte verhaften sollen, war nicht zufällig zu spät gekommen. Die Nachrichtenübermittlung für ausländische Journalisten aus Moskau funktionierte nicht zufällig wie eh und je und wurde sogar um einige Kanäle erweitert. Die Mütterchen an den U-Bahn-Kassen ließen die Verteidiger des Weißen Hauses passieren, ohne von ihnen auch nur eine Kopeke zu nehmen; und die Privatparkplätze in der Innenstadt standen der ausländischen Presse umsonst zur Verfügung. Die Besatzungen der elf Panzer, die von der Flußseite her vor dem Weißen Haus aufgefahren waren, liefen in dieser Nacht zu Jelzin über.

»Als ich am Dienstagmorgen vor dem Weißen Haus ankam«, berichtet Anja, »war das Gebäude selbst von der Uferpromenade her schon von den übergelaufenen Panzern abgesperrt. Eine Grenze, hinter die man keine Frauen mehr ließ. Ich tat mich mit einer anderen Frau zusammen, die ein Transistorradio hatte, und da hörten wir ständig die Meldungen aus dem Inneren des Weißen Hauses, daß sich neue Panzer vom weißrussischen Bahnhof her nähern – was ja praktisch von dort nur um die Ecke ist – und daß noch mehr Panzer auf dem Kalininskij-Prospekt anrücken. Schließlich gerieten sie schon in Sicht. Und dann gab es auch schon eine Aufgabe, speziell für uns Frauen. Da stand ein Bursche mit einem Schalltrichter und rief: ›Frauen, bitte geht als erste den Panzern entgegen! Spuckt den Soldaten nicht ins Gesicht! Sagt ihnen keine Gemeinheiten! Nennt sie nicht Faschisten! Versucht, sie zu überreden. Wenn sie nicht auf Euch hören, gebt ihnen den Weg frei. Wir werden sie dann hier entsprechend empfangen!‹ Und da gingen alle Frauen auf den Kalininskij-Prospekt und bildeten dort eine feste Kette. Die Situation war absolut schauerlich. Um das Haus herum luden Lastwagen Betonplatten für den Fertigbau ab. Die Männer schichteten sie eilig aufeinander, das Volk schrie ›Jelzin, Jelzin!‹. Da setzte ein schwerer Regen ein. Die Frau mit dem Radioempfänger konnte es gegen Abend nicht mehr aushalten. Sie hatte nur Sandalen und ein dünnes Sommerkleid an. Und so reichte sie mir, einem wildfremden Menschen, einfach das seltene, fabrikneue Gerät und ihre Telefonnummer und sagte: ›Gib ihn mir zurück, wenn das alles vorbei ist.‹«

Auf der Landseite des Gebäudes, das Anja von der Flußseite her verteidigte, hatten sich um die Mittagszeit des gleichen Tages die Moskauer zum ersten organisierten Großmeeting im vollen Bewußtsein der neuen Lage getroffen. Es fand im Schatten eines Zeppelins statt, den seine Mannschaft schnell mit einer Bauchbinde in den Farben blauweißrot versehen und als Hoffnungszeichen über dem Haus verankert hatte.

»Wir sind das Volk!« und die »Junta kommt nicht durch!« bereicherten als neue Parolen das Arsenal der bewährten Losungen: »Jelzin, Jelzin!«, »Rossija, Rossija!« und »Rußland lebt!«.

»Die Putschisten geben vor, durch ihre Herrschaft das Ansehen Rußlands im Ausland heben zu wollen. Das ist eine Lüge!« ruft der Vorsitzende des Auswärtigen Parlamentsausschusses der Russischen Föderation ins Mikrophon. »Noch nie war das politische Prestige unseres Landes so hoch, wie in den letzten Jahren. Weil es nämlich keine Furcht mehr bei den anderen Völkern erregte, sondern als Land anerkannt wurde, das sich auf die Freiheit und eine zivile Staatsordnung zubewegt. Lächerlich zu glauben, daß dieser Putsch hierzulande, der einer Bananenrepublik würdig wäre, im Ausland Bewunderung erregt.« Wie viele Redner forderte auch dieser eine Sitzung des Obersten Sowjets oder Kongresses der Volksdeputierten der UdSSR und die Wiedereinsetzung des zwar nicht frei gewählten, aber immerhin verfassungsmäßigen Präsidenten Gorbatschow.

Eine großzügige Geste gegenüber Michail Sergejewitsch leistete sich auch die Witwe Andrej Sacharows, Jelena Bonner: Die demokratischen Kräfte im Lande seien von Gorbatschow bei weitem nicht immer begeistert gewesen, erinnert sie sich, »aber er war unser Präsident. Und absetzen darf ihn niemand – außer uns!« Frau Bonner berichtete, daß einmal – auf dem Höhepunkt der Kampagne gegen Sacharow – ein Geheimdienstler die öffentlich ausgestreuten Verleumdungen ihr gegenüber mit dem Satz rechtfertigte: »Das ist doch alles nur für das Arbeitsvieh!« »Wir, die hier Versammelten, sind in den Augen der ›Not-Putschisten‹ nur Arbeitsvieh, und ihre demonstrative Sorge um Gesundheit und Wohlergehen der Werktätigen ist eben die Sorge um Arbeitsvieh!« rief sie unter großem Jubel. Frau Bonner verlieh ihrer Hoffnung Ausdruck, daß sich die demokratischen Kräfte keines Blutvergießens schuldig machen werden. »Aber die jungen Soldaten in den Panzern sind für ›die dort‹ nicht einmal mehr Arbeitsvieh, sondern nur eine beliebig verfügbare Fleischmasse.«

»Mit ihren Panzern werden sie niemanden satt machen!« schloß unter Gelächter ein Deputierter des Stadtsowjets seine Rede. »Die Arbeit, die in Moskau normalerweise geleistet wird, kann man ja so und so einschätzen – ganz gewiß ist aber, daß Moskau vor Kanonenmündungen nicht funktionieren wird!«

In der folgenden unwirtlichen Regennacht mußten die Verteidiger des Weißen Hauses die Gefahr, daß das Gebäude gestürmt werden konnte, zum Teil körperlich erfahren. Tatsächlich war es in dieser Nacht, daß der Sondereinsatzgruppe ›Alpha‹ des KGB der Befehl zum Sturm erteilt wurde. Die Soldaten verweigerten den Einsatz. Sie waren der Rolle des Nutzviehs müde. Die Moskauer Verkehrswacht hatte am vorhergehenden Tag ein ganzes Kontingent von Panzern absichtlich irregeleitet und belieferte das ›Not-Komitee‹ laufend mit Fehlinformationen über die Truppenbewegungen.

Im Sinne der Putschisten funktionierte Moskau nicht, aber es funktionierte auf eine neue Weise. Eine neue Gruppe von Bewohnern der Stadt machte sich bemerkbar, die sich erst in den letzten beiden Perestroika-Jahren etabliert hatte: die neuen Unternehmer. Sie investierten auf ihre Weise, nicht nur für die persönliche Zukunft, sondern für die Zukunft der eigenen Sache. Die Moskauer Geschäftswelt beorderte nicht nur ihre professionellen Objektschutz-Mannschaften auf das Schlachtfeld. Sie war auch bereit, über dreihundert Personenwagen, teilweise westlicher Provenienz, als ›Bausteine‹ für beide Barrikaden vor den Haupteingängen des Gebäudes zu opfern. Moskauer Kooperativen fuhren gleich lastwagenweise Betonplatten zur Verteidigung der Marktwirtschaft und Xeroxkopiertechnik für Jelzins Informationsstab an. In der entscheidenden Regennacht ermöglichten Moskaus Jungmanager den Bau provisorischer Dächer aus Tausenden von Metern Polyäthylenplane. Und sie belieferten die Demonstranten nicht nur gratis mit Pizza und Hamburgern und säckeweise mit Westzigaretten, sondern stellten der Logik folgend gleich auch noch fahrbare Toiletten am Moskwa-Ufer auf. Eher als Kuriosität ist anzumerken, daß die Moskauer Geschäftsleute das Bargeld gleich säckeweise bei Jelzins Mannschaft abladen ließen. Ein Material, dessen praktischer Nutzwert in jenen Tagen gering war.

»Es gab auf diesen Barrikaden keine Eigennützigkeit, wenn jemand einen Apfel hatte und davon abbiß, gab er ihn sofort an seinen Nachbarn weiter. Wenn jemand eine Flasche Mineralwasser hatte, gab er sie nach zwei, drei Schlucken weiter. Ein Jüngelchen verteilte löffelweise flüssigen Honig zur Stärkung, und die Weißbrotstangen wurden ohnehin gebrochen – wie beim Abendmahl«, berichtet Swetlana. Anja erlebte die entscheidende Nacht von Dienstag auf Mittwoch nicht auf den Barrikaden. Sie war nach Hause gefahren, um sich umzuziehen und stellte plötzlich fest, daß sie nicht mehr zum Weißen Haus zurückkehren konnte: An jenem Abend verhängten die Putschisten eine Ausgangssperre über die Stadt. Und so konnte Anja erst am nächsten Morgen um Punkt sieben Uhr wieder losmarschieren.

Wie sie sich ausdrückte »diesmal bereits in Uniform. Die ganze Nacht hatte es gegossen und schon bei meiner Ankunft war mir klar, daß auch andere Leute sich inzwischen kleidungsmäßig auf das Geschehen eingestellt hatten. Sie hatten nun, gleich ob Männlein oder Weiblein, Gummistiefel und Regenmäntel an oder wasserdichte Anoraks, dicke Hosen und mehrere Pullover übereinander. Bevor ich loszog, hörte ich auf dem bewußten Nachrichtenempfänger, daß in Moskau Blut geflossen war. Und wie alle, dachte ich: Nun hat es angefangen! Ich wußte, daß ich dorthin gehen mußte und es schien mir, daß es diesmal ernst und für lange war. Wohl niemand hätte gedacht, daß dieser Tag der letzte des Aufstandes sein würde. Alle dachten, daß nach dem ersten Blutvergießen die Schranke des Todes durchbrochen war und daß wir uns in langen und quälenden Nächten auf dem harten Asphalt die Beine in den Bauch stehen würden. Diesmal fand ich am Weißen Haus mehr Leute denn je vor: Neben mir fand sich halb Moskau ein – und nicht nur Moskau, sondern auch ein Bergmann aus Makejewa. Da wehten Fahnen von der ukrainischen Volksfront ›Ruch‹, die Fahne Litauens, Estlands und Lettlands, der armenischen und georgischen Volksfronten. Alle hatten sie begriffen, daß in diesem Moment ihr Platz hier war. Noch immer wurden die Frauen nicht in den inneren Kreis gelassen, damit sie sich im Falle eines Angriffes schneller in Sicherheit bringen konnten. Aber inzwischen arbeitete nicht nur die Radiostation im Inneren des Weißen Hauses, auch der *Russische Rundfunk* und die Alternativwelle *Echo Moskau* waren auf geheimnisvolle Weise wieder aktiv geworden; und so wurde ich mit meinem kleinen Rundfunkgerät für die Männer immer wertvoller, bis sie mich in ihre Reihen ließen. Als sich dann unsere Abteilung formierte, erklärten die anderen dem Oberkommandierenden bloß: ›Das hier ist unser Mädchen, die bleibt bei uns stehen.‹ Wir organisierten uns, niemand fragte den anderen nach seinem Familiennamen, Alter, Beruf oder sonst irgend etwas. Erst viel später, als die Spannung vorbei war, haben wir unsere Adressen getauscht. Dann kamen Leute mit Thermoskannen voll heißem Kaffee, wie wir ihn aus den Speisehallen kennen. Niemand hat seine Vorräte geschont, auch nicht die aller wertvollsten.«

Für Swetlana, die die ganze Nacht durchgehalten hatte, war der größte Moment an diesem Mittwoch, als lastwagenweise Blumen an der Freitreppe zum Fluß angeliefert wurden: »Da schwammen dann Wellen von Rosen, Nelken und Gladiolen über die Köpfe hinweg die Freitreppe hinauf. Dann kam plötzlich ein Wagen mit Xerox-Geräten und der dazugehörigen Technik. Und dann hieß es plötzlich: ›Ein Panzer geht auf uns los!‹ Als es sich aber bei näherem Hinsehen schon erwies, daß darauf Mädchen saßen, die mit der russischen Fahne winkten, und daß er ganz mit Blumen überstreut war, da erhob ein wahrhaft biblisches Jauchzen und Frohlocken an. Nie werde ich den Moment vergessen, als am selben Tag die Flußschiffe vom Passagierdampfer bis zum winzigen Frachtboot angeschwommen kamen und uns ihres Schutzes von der Wasserseite her versicherten. Die Matrosen sahen schmutzig aus, denn mit einer so veralteten Technik auf der Moskwa herumzuschippern ist kein Zuckerschlecken. Und gleich wurden ihnen Thermoskannen entgegengestreckt, gleich wurden sie bewirtet. Das Treiben auf den Barrikaden glich mittlerweile einem Volksfest. Und zur Krönung des Tages wurde am frühen Nachmittag über Lautsprecher die Meldung von der Flucht der Mitglieder des ›Notkomitees für Skandale‹ verbreitet: Als erstes gab *Echo Moskau* durch, es bestehe der Verdacht, sie seien in den Irak geflohen, weil Saddam Hussein sich als fast einziges ausländisches

*Unbeeindruckt: Den Zurufen der Demonstranten zum Trotz sichern zwei Soldaten den Manege-Platz hinter dem Kreml.*

Staatsoberhaupt mit dem Putsch solidarisiert hatte. Dann hieß es, die seien nach Peking abgehauen! Aber schon als die ersten Meldungen über ihre Flucht kamen, brach ein unbeschreibliches Freudengeheul an. Die Versammlung barst praktisch vor Freude. Neujahrsraketen wurden gezündet. Ich wandte mich an zwei junge Tschechen. Sie hatten den letzten Tag und die letzte Nacht neben mir gestanden, und jetzt konnte ich sie fragen: ›Na, haben wir jetzt genug getan, daß Ihr uns Prag 1968 verzeihen könnt?‹ Da haben sie mich wortlos umarmt.«

Nicht nur Dichter und Politiker, auch viele Künstler hatten mit den Moskauern in den drei Tagen am Weißen Haus ausgeharrt.

Und an diesem Abend gab es ein Konzert: ›Rock auf den Barrikaden‹. »Als wir am 21. August abends beim ›Rock auf den Barrikaden‹ sangen und tanzten«, erinnert sich Swetlana, »da hatten wir schon das Gefühl, daß unser Werk vollbracht ist. Trotzdem ging niemand in dieser Nacht fort. Denn was wäre, wenn plötzlich irgendwelche Kräfte auf die Idee kämen...? Na, das hätte uns ja gerade noch gefehlt! Wir hatten Angst vor dem KGB. Da hieß es, daß eine Abteilung von KGBlern sich als Bürger verkleidet unter uns gemischt hätte. Die ganze Zeit hatte man uns über Megaphon zur Vorsicht gegenüber Provokateuren in Zivilkleidung aufgefordert. – Und schließlich gab es ja auch noch die sowjetische Sondereinsatztruppe OMON! Und als der letzte Panzer abgezogen war, da hieß es plötzlich: ›Die OMON kommt.‹ Und eilig schnappten die Jungs sich Latten, Schlüssel, Ziegelsteine und was sonst noch so an zufälliger ›Munition‹ herumlag. Gott sei Dank war das ein Fehlalarm. Erst, als um drei Uhr nachts Ministerpräsident Silajew von seiner Krim-Mission zurückkam, waren wir beruhigt. Wir bildeten für ihn einen Korridor und riefen: ›Habt Ihr auch Krjutschkow geschnappt?‹ Und er: ›Alle! Kinder, wir haben alle! Wir haben gewonnen!‹«

»Und doch«, ergänzt Anja, »in diesem Moment gab es auch eine große Enttäuschung: Da sie ja Gorbatschow nach Moskau gebracht hatten, warteten wir natürlich alle auf Gorbatschow. Allen war klar, daß er sich direkt vom Flughafen Wnukowo zum Weißen Haus begeben müßte. Ihm selbst aber wohl nicht. Und als ein offizieller Wagen mit einem zuerst nicht genau identifizierbaren älteren, schlanken Mann an Bord vorfuhr, schrieen alle – und zum ersten Mal in diesen Tagen: ›Gorbatschow, Gorbatschow!‹ Aber dann stieg ein zierlicher Herr aus und sagte: ›Entschuldigen Sie bitte, ich bin Mstislaw Rostropowitsch.‹ Da riefen die Leute: ›Um so besser! Um so besser!‹ Rostropowitsch hatte schon an den Vortagen über *Radio Rußland* aus dem Weißen Haus zu uns gesprochen. Und dann hatte der Sender uns berichtet, daß er irgendwo auf den Stufen im Inneren saß, in der einen Hand ein halb aufgegessenes Butterbrot und auf den Knieen ein Maschinengewehr. Rostropowitsch war auf die erste Putschnachricht hin aus Paris zu uns geflogen. Er hatte sich ohne Visum einen Weg durch den Zoll gebahnt. Als Rostropowitsch später gefragt wurde, warum er nicht mit seiner Geige eingereist sei, sagte er: ›Es hätte mir im Ernstfall um sie leid getan!‹

In diesen Momenten waren wir alle gleich. Und niemand erwartete irgendeinen Lohn. Und wir waren verblüfft, als am letzten Morgen plötzlich irgendein Gehilfe Jelzins heraustrat und sagte: ›Na, Kollegen, Ihr braucht vielleicht Bescheinigungen für Eure Arbeitgeber.‹ Ich antwortete natürlich gleich, daß ich nichts dergleichen brauche, aber meine Nebenmänner stießen mich in die Rippen: ›Bist Du denn verrückt? Nimm sie doch, als ewiges Andenken!‹ Ja, und jetzt ist dieser Brief von Jelzin das Wertvollste, was ich besitze.«

Auf das Siegeskonzert am Mittwochabend und den Siegesspaziergang am Donnerstagvormittag folgte am Sonnabend das Begräbnis der drei Opfer der Unruhen dieser Woche. Über den passenden Ort für die Bestattung wurde nicht lange diskutiert: Der

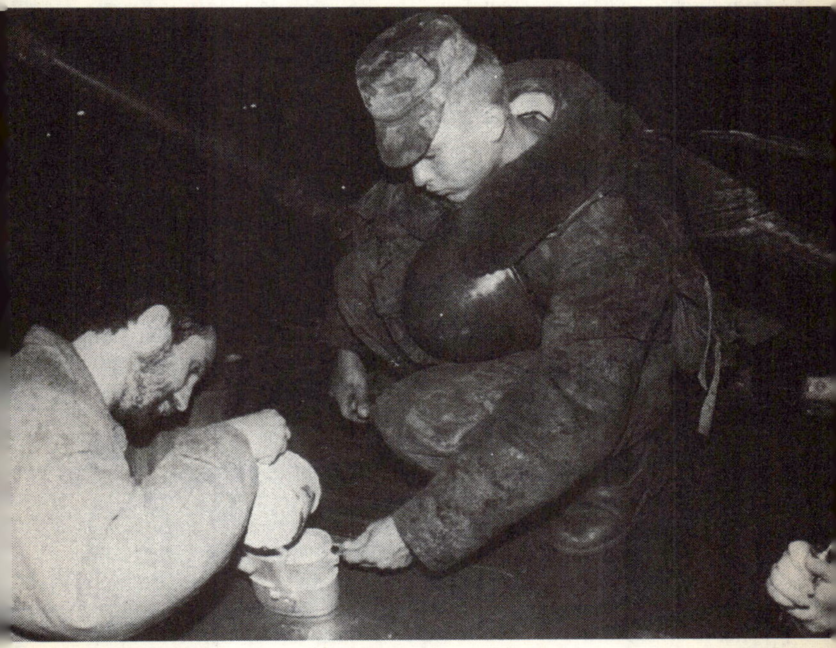

*Drei von fünf Panzerdivisionen sind zu Boris Jelzin übergelaufen. Ein Moskauer versorgt den Soldaten mit einem heißen Getränk.*

Wagankowskoje Friedhof im hügeligen Stadtviertel Krasnaja Presnja ist der größte Friedhof Moskaus und einer der ältesten. Heute befindet er sich im Herzen der Stadt, angelegt wurde er hingegen im Jahre 771 weit vor ihren Toren. Spätestens seit 1632 wurde dieser Ort zum Symbol russischer Aufmüpfigkeit und Freigeisterei. Weil in Moskau ständig Volkserhebungen drohten, verlegte Zar Michail Romanow, der Großvater Peters des Großen, seinen Hundetreiber-Hof hierher. Dies bedeutete nicht nur, daß aufwendige Jagden abgehalten wurden, sondern auch die Menagerie des Zaren. Zwerge und Spaßmacher sollten von diesem Stützpunkt aus die Bürger auf andere Gedanken bringen. In unserem Jahrhundert wurden hier bedeutende Schriftsteller und Sänger begraben, von denen viele zum Symbol des geistigen Widerstandes gegen das Terror-Regime wurden. Hier liegt die Familie der Dichterin Marina Zwetajewa, der Polit-Barde Vladimir Vysotzkij - der in den siebziger Jahren laut hinausschmetterte, was andere nur dachten. Selbstverständlich sollten nun auch Vladimir Ussow (30), Dmitri Komar (23) und Ilja Kritschewskij (28) hier ihre letzte Ruhe finden. Darüber gab es keine langen Diskussionen. Diejenigen, die hier an der Friedhofskirche unter dem goldenen Blätterdach in der herbstlichen Abendsonne auf den Trauerzug warten, empfinden den Tod der drei als ein logisches Kettenglied in der jahrhundertelangen Geschichte der Selbstverteidigung des russischen Volkes gegen Eindringlinge - in diesem Falle: den Eindringlinge von oben. Anja und Swetlana hatten sich schon um acht Uhr morgens mit ihrer ›Kampfgruppe‹ aus den drei Tagen getroffen, um an der Trauerfeier mit Präsident Jelzin vor dem Weißen Haus der Russischen Regierung teilzunehmen. Jetzt geht es auf fünf Uhr nachmittags zu und sie frieren in ihren feinen Seidenkleidern, die Füße schmerzen in den spitzen Schuhen. Auch dieses Opfer bringen die Moskauer der eigenen Würde: Nichts soll bei der Beerdigung fehlen. Damit alles ist »wie es sich gehört«.

Der Tod der drei - so scheint es jedenfalls nach den vorliegenden Zeugenaussagen - war nahezu ein Verkehrsunfall. Eine Reihe von unglücklichen Umständen muß den jungen Panzersoldaten, der den tödlichen Schuß auf Dmitri abgab, in Panik versetzt haben. Wladimir geriet unter die Ketten, als er den Leichnam Dmitris bergen wollte und der Panzer unvermittelt den Rückwärtsgang einlegte. Ilja traf ein Schuß, als die Soldaten die belagerten

Panzer schließlich verließen und dabei Warnschüsse in die Luft abgaben. Doch die Umstände sind hier ebensowenig von Bedeutung wie die Zahl der Toten. – In einem Land, dessen politische Umstürze schon Millionen von Leben gekostet haben, erscheint der Wert des aktuellen Opfers unermeßlich: »Wenn man Heiligkeit an Rettungstaten mißt, dann hat es wirklich Sinn, diese drei als Heilige zu bezeichnen«, formulierte eine dunkelhaarige Bürgerin geschliffen in das Mikrophon von *CNN*: »Ihr Tod war die entscheidende Wende zu unserem Sieg. So gesehen haben sie nicht nur Rußland gerettet, sondern die ganze Welt. Schließlich hatten die Putschisten den geheimen Code für die Auslösung eines Atomkrieges schon in der Hand!«

Strafe und Recht, die Frage, ob eine friedliche Zukunft im Inneren des Landes sicher ist, dies sind die Hauptthemen, die wieder die Wartenden beschäftigen. »Könnte man mit den ›Not-Komitee-Mitgliedern‹ nicht ein bißchen das machen... Na, Ihr wißt schon, was die Deutschen mit unseren Partisanen gemacht haben? Damit sie ausplaudern, wer hinter ihnen stand?« schlägt mütterlich eine Ärztin um die sechzig vor. Der Gedanke wird von den umstehenden Demokraten angeekelt zurückgewiesen. Die fröhlichen Gespräche enden, als unter Führung des Patriarchen der Russisch Orthodoxen Kirche die Trauergemeinde naht. Die überlebensgroßen Porträts der drei Verstorbenen, die über den Särgen vorangetragen werden, treiben vielen die Tränen in die Augen. »Ich habe ohne Rücksicht gekämpft, weil mein Leben nur in einem modernen, demokratischen Rußland sinnvoll ist. Ich habe um meine persönliche Zukunft gekämpft«, hat eben noch Anja gesagt. Jetzt fühlen alle, daß Wladimir, Dmitri und Ilja keine Zukunft mehr haben. Die Heldenehren ersetzen nicht die eigene Wohnung, das Zusammenleben mit einer Frau, Erfahrungen, die sie nicht mehr machen können. Die Gesichter ihrer Schwestern und Freundinnen sind vor Kummer unkenntlich. Ein zierliches junges Mädchen in schwarzen Jeans und schwarzer Lederjacke verliert im Kreise einer der trauernden Familien das Bewußtsein als die Sargnägel zugeschlagen werden. Den Sarg des vom Panzer zermalmten Wladimir hatte man – dem orthodoxen Brauch entgegen – nicht geöffnet. Die vielen Großmütterchen, die auf dem Friedhof eifersüchtig über die peinlich genaue Einhaltung des Rituals wachen, stören sich nicht daran, daß Ilja nicht in der Kirche, sondern ein wenig abseits seinen letzten Segen erhält:

»Die machen das eben auf ihre Weise«, heißt es. Ilja ist Jude. Er studierte Architektur und soll sehr begabt gewesen sein. »Unsere Gemeinde ist stolz auf ihn«, sagt mir eine jüdische Bekannte an seinem Grab. »Manche hoffen sogar, daß man uns Juden in Rußland jetzt ein bißchen toleranter behandeln wird.« Ganz zum Schluß der Zeremonie, unbemerkt von den übrigen Beteiligten, geleiten Afghanistan-Veteranen ein Grüppchen von Männern in zaristischen Uniformen vom Friedhof. Angehörige einer der nationalfaschistischen Gruppierungen, die sich »Pamjat« nennen. Sie wollten neben der Kirche antisemitische Parolen entfalten – und wären von den trauernden Bürgern fast gelyncht worden.

Ilja, als Vertreter der kreativen Berufe, Dmitri, als Arbeiter und Wladimir, als Mitarbeiter eines Joint-Ventures und Vertreter der neuen Unternehmerschaft, starben symbolisch für jene drei Gruppen der Moskauer Bevölkerung, die sich in den nun schon legendären drei Tagen an vorderster Front für eine neues und anderes Leben einsetzten. Die große Synthese, die der russischen Gesellschaft nach diesem August-Sieg widerfährt, umfaßt auch eine andere Außenseitergruppe: die Afghanistan-Veteranen, die in den vordersten Reihen die Demokratie verteidigt haben. In ihren Tarnanzügen prägen sie das Bild dieser Beerdigung, als Sargträger und Ordner – endlich sind sie gern gesehen und nicht mehr Repräsentanten der Schande des Vaterlandes. Die drei jung Verstorbenen, hatten alle in der Armee gedient. Dmitri war im Afghanistan-Krieg. Damals und auch danach hat sich seine Mutter um dieses Kind mehr Sorgen gemacht als um die anderen Geschwister. Dmitri kehrte schweigsam aus dem Krieg zurück. Vom Militär wollte er nichts mehr wissen.

Alles ist wie es sich gehört. Die Kapelle der Ehrenwache spielt Trauermärsche und die russische Nationalhymne. Kirchendienerinnen füttern die Gemeinde von großen Tellern mit Reis und Rosinen und ein altes Mütterchen stellt an jedes Grab ein Spankörbchen mit einem Apfel und einem Ei – zur Erinnerung, daß der Putsch während des russischen Erntedankfestes stattfand. Mannshoch türmen sich die Kränze auf den Gräbern. Die Blumenbinder haben ihr letztes gegeben: Fast unwirklich schimmern Rosen und Lilien. Die Schleifen der obersten drei Kränze weisen den Präsidenten Rußlands, den Vorsitzenden des russischen Ministerrates und den Präsidenten des russischen Parlamentes als Spender aus. Der alte Staat, der sich Sowjetunion nannte, ist hier nicht mehr

*Mit Gewalt an die Macht: Panzer versuchen die von Moskauer Bürgern errichteten Barrikaden zu überwinden.*

präsent. Seine typischsten Vertreter haben ihn in den Selbstmord getrieben. Verscharrt wurde er verschämt und über Nacht. Kein Geistlicher hat ihn begleitet.

Das Leben geht weiter. Noch sind die Beziehungen Rußlands zu den neuen souveränen Nachbarstaaten nicht geklärt, der zukünftige innere Aufbau des Vielvölkerstaates ist nicht geordnet, der jungen Demokratie drohen neue Gefahren. Immerhin: Sechsundvierzig Prozent der Moskauer sehen, Umfragen zufolge, jetzt optimistischer in die Zukunft als vor dem Putsch. Die ewigen Kritiker Boris Jelzins im Westen bemängeln, daß er die *Prawda* verboten, Michail Gorbatschow vor den Deputierten des russischen Parlamentes unter Druck gesetzt und den zum größten Teil nicht demokratisch gewählten Kongreß der Volksdeputierten der UdSSR zum Teufel gejagt hat. Den Publizisten Andrej Nujkin erinnern sie an jene Dame, die zusieht, wie ein Kapitän mit seinem

Messer ein Kind aus dem Haifischrachen errettet, und die ihn anschließend kritisiert: »Wie kann man nur einen Fisch mit dem Messer verletzen!«

»Das Kind«, schreibt Nujkin in *Moscow News*, »haben wir dem Haifisch erst einmal aus dem Rachen gezogen. Ich meine unsere erst vor kurzem geborene Demokratie. Und falls sie - was Gott geben möge - zu einem kräftigen Teenager heranwächst, der sich schon selber helfen kann, dann werden wir - schau mal einer an - wohl auch noch gute Manieren annehmen!«

# Die Geschichte der Sowjetunion I (1917–1985)

»Genossen! Die Arbeiter- und Bauernrevolution ist vollbracht. Von nun an tritt Rußland in eine neue Epoche seiner Geschichte ein, und diese dritte russische Revolution muß in ihrem Endergebnis zum Sieg des Sozialismus führen. Wir haben jetzt gelernt, einmütig zusammenzuarbeiten. Davon zeugt die soeben vollbrachte Revolution. Wir haben jene Kraft der Massenorganisation, die alles besiegen und das Proletariat zur Weltrevolution führen wird. In Rußland müssen wir jetzt den Aufbau des proletarischen, sozialistischen Staates in Angriff nehmen. Es lebe die sozialistische Weltrevolution!«

Mit diesen euphorischen Worten feiert Wladimir Iljitsch Uljanow ›Lenin‹ am Nachmittag des 25. Oktobers 1917 vor begeisterten Anhängern die Machtergreifung der Bolschewisten. Obwohl Lenin von einer »neuen Epoche der Geschichte« spricht, ahnt er zu diesem Zeitpunkt wohl nicht, in welchem Ausmaß die Oktoberrevolution das Gesicht der Welt verändern würde (nach dem bei uns gültigen julianischen Kalender, der in Rußland erst im Februar 1918 eingeführt wurde, fand die Oktoberrevolution am 7. November 1917 statt; im folgenden Text wird von Beginn an die julianische Zeitrechnung verwendet).

## *Rußland vor der Revolution*

Zu Beginn des 20. Jahrhunderts, am Vorabend des Ersten Weltkrieges, steht Rußland inmitten einer Phase tiefgreifenden Umbruchs. Ein geradezu unglaublicher Industrialisierungsprozeß, der in den letzten Jahren das Land erfaßt hatte, läßt den Abstand zur westlichen Welt rasch geringer werden. Gemessen am Gesamtvolumen der Industrieproduktion steht Rußland zu diesem Zeitpunkt an fünfter Stelle in der Welt. Hervorgerufen durch einen intensiven geistigen Austausch mit den westeuropäischen Ländern und einem stark verbesserten Bildungssystem erlebt das Land zudem eine kulturelle Blütezeit, die noch heute als das »Silberne Zeitalter« der russischen Kultur bezeichnet wird.

Doch die soziale Entwicklung kann mit dem wirtschaftlichen

und kulturellen Aufschwung nicht Schritt halten. Trotz Hochkonjunktur sind die Löhne extrem niedrig, die Wohnverhältnisse miserabel. Auch die politische Entwicklung lahmt hinterher. Das zaristische Herrschaftssystem erweist sich als völlig wirklichkeitsfremd und verliert bei der Bevölkerung jeglichen Rückhalt.

Der Kräfteverfall der Monarchie beschleunigt sich, als Rußland in den Ersten Weltkrieg eintritt: Während sich nach einigen Anfangserfolgen die militärischen Niederlagen häufen, treibt die kriegsbedingte Wirtschaftskrise das Volk zunehmend in den Hunger. Im Winter 1916/17 zeigt sich die Bevölkerung vom Krieg völlig erschöpft. Das weite Vordringen des deutschen Feindes, Hungersnot und Friedenssehnsucht lassen die Streikbereitschaft rasch ansteigen. Dennoch ist von einer unmittelbar bevorstehenden Revolution nicht viel zu verspüren. Selbst Lenin, der sich seit Kriegsausbruch in der Schweiz aufhält, glaubt nicht an eine baldige und vor allem erfolgreiche Revolution.

Als es Ende Februar und Anfang März 1917 in Petrograd einmal mehr zu Hungerkrawallen, Streiks und Demonstrationen kommt, laufen Teile der Petrograder Garnison zu den Aufständischen über. Der gegenüber dem zaristischen Regime in scharfer Opposition stehende russische Reichstag (Duma) verlangt daraufhin die sofortige Einberufung eines dem Parlament verantwortlichen Ministeriums, worauf Zar Nikolaus II. die Auflösung der Duma befiehlt. Doch das Parlament kommt dem Befehl nicht nach. Stattdessen bildet es zur »Wiederherstellung der staatlichen und öffentlichen Ordnung« zunächst einen Exekutivausschuß und dann, am 15. März 1917, eine Provisorische Regierung unter Führung des liberalen Fürsten Georgi Jewgeniewitsch Lwow. Noch am selben Tag muß Zar Nikolaus II. für sich und seinen Sohn abdanken, 24 Stunden später verzichtet auch sein Bruder Michail als letzter Thronanwärter. Eine der größten, bedeutendsten und scheinbar festgefügtesten Monarchien in Europa hat aufgehört zu existieren.

Bereits drei Tage zuvor, am 12. März, war ein zweites Machtorgan in Erscheinung getreten: der »Petrograder Sowjet der Arbeiter- und Soldatendeputierten« unter Führung der Menschewisten, also der gemäßigten Sozialdemokraten. Ihnen gegenüber standen die Bolschewisten. Diese hatten zwar zu diesem Zeitpunkt noch wenig Macht, konnten aber auf einen hervorragenden Mann zurückgreifen: Lenin.

*Wladimir Iljitsch Uljanow »Lenin«: Der Begründer der Sowjetunion.*

Lenins seit 1902 entwickelte Konzeption von einer durch und durch undemokratischen Elitepartei, die als Avantgarde des Proletariats die wahren Wünsche und Vorstellungen der Arbeiter- und Bauernschaft tragen und durch das alleinige Ergreifen der Macht Rußland in den Kommunismus hineinführen sollte, hatte schon vor dem Ersten Weltkrieg die russische Sozialdemokratie gespalten: Nach einer zufälligen Abstimmungsmehrheit am Ende des zweiten Kongresses der Gesamtpartei (1903 in London und Brüssel) nannten sich die Anhänger Lenins nunmehr Bolschewisten (Bolschewiki = Mehrheitsgruppe), während die andere, zahlenmäßig an sich weitaus stärkere Gruppe der gemäßigten Sozialdemokraten von nun an Menschewisten (Menschewiki = Minderheitsgruppe) hieß.

Die endgültige Spaltung der russischen Sozialdemokratie erfolgte 1912, als sich die Bolschewisten organisatorisch verselbständigten und eine eigene Partei gründeten. Angelehnt an die Theorien von Marx und Engels strebten die Bolschewiki eine sozialistische und schließlich kommunistische Gesellschaft an. Ausbeutung, Klassengegensätze und der Staat sollten langsam überwunden werden. Am Ende dieser Entwicklung erhofften sie sich eine Gesellschaft freier Menschen, die gemeinsam ihre Geschicke planten und regelten.

Doch im politischen Leben Rußlands blieben die Bolschewisten zunächst unbedeutend – im Gegensatz zu den Menschewisten, die die entscheidenden Ämter im Petrograder Sowjet besetzten. Dieser Sowjet (Rat) hatte sich aus der noch sehr lebendigen Tradition der Arbeitersowjets entwickelt. Diese wiederum waren seit 1905 in ganz Rußland auf unmittelbare Initiative der parteilich meist ungebundenen Arbeiterschaft entstanden, um zunächst nur als soziale, dann aber auch zunehmend als politische Interessenvertretungen des Proletariats zu fungieren.

Nach dem Auftauchen des Petrograder Sowjets kommt es im übrigen Land zu einer regen Wiederbelebung dieser Räte, der Sowjets. Aus dem Nebeneinander der beiden Machtorgane, also der Provisorischen Regierung unter Fürst Lwow auf der einen und dem Petrograder Sowjet auf der anderen Seite, entsteht eine folgenschwere Doppelherrschaft.

Eine wirkliche Autorität, die den revolutionären Prozeß hätte steuern können, wird unmöglich gemacht – zumal beide Institutionen gegensätzliche soziale Kräfte verkörpern: die Provisorische Regierung das verhältnismäßig schwache Besitzbürgertum und Besitzbauerntum sowie die liberalen Teile des Adels und der Intelligenz, der Petrograder Sowjet dagegen das Arbeiter- und Bauernproletariat sowie die radikalen Teile des Kleinbürgertums und der Intelligenz. Da sich die Armee auf die Seite des Petrograder Sowjets schlägt, ist die Provisorische Regierung vom Petrograder Arbeiter- und Soldatenrat abhängig. Zwar trägt die Provisorische Regierung offiziell die Verantwortung, die Macht aber liegt in den Händen des Sowjets.

## *Der Aufstieg der Bolschewisten*

Die im politisch-gesellschaftlichen Leben untergeordnete Rolle der Bolschewisten ändert sich schlagartig, als im April 1917 Lenin aus seinem Schweizer Exil zurückkehrt. Paradoxerweise nimmt Lenin dazu die Hilfe der deutschen Führung in Anspruch. Um den Kriegsgegner Rußland entscheidend zu schwächen, ist der deutschen Regierung jedes Mittel recht, innerhalb der russischen Führung ein größtmögliches Chaos herbeizuführen - und sei es durch die Hilfe des überall als radikalen Sektierer und Übermarxisten verrufenen Lenins. So wird er mit einer Gruppe von Gesinnungsgenossen in einem Eisenbahnwagon durch Deutschland geschleust. Am Abend des 16. April trifft Lenin in Petrograd ein.

Damit beginnt, wie es Trotzki später einmal ausdrücken sollte, »die bolschewistische Partei mit voller, und was noch wichtiger ist, mit eigener Stimme zu sprechen«. Denn bereits einen Tag nach seiner Ankunft verkündet Lenin seine Geschichte gewordenen Aprilthesen. Unter der zugkräftigen Parole »Alle Macht den Sowjets« ruft Lenin zum sofortigen Bruch mit der Provisorischen Regierung und mit den anderen sozialistischen Parteien, insbesondere den Menschewisten, auf. Dafür fordert er die umgehende Errichtung der »Sowjetrepublik«, als deren wichtigstes Kennzeichen er das Fehlen eines ständigen Heeres, der Polizei und der Bürokratie, die Nationalisierung der Banken und des Grundbesitzes und die Aufsicht der Arbeiter und Landarbeiter über die gesamte Produktion und die Verteilung der Güter bezeichnet.

Am 18. Mai treten sechs Menschewisten und Sozialrevolutionäre in die Regierung ein, was am 16. Juni auf dem 1. Allrussischen Sowjetkongreß (105 Bolschewisten, 248 Menschewisten, 285 gemäßigte Sozialrevolutionäre) scharfe Kritik von Seiten Lenins hervorruft. Im Juli 1917 unternimmt die bolschewistische Partei auf Veranlassung Lenins den ersten Versuch, in einem bewaffneten Aufstand die Macht zu ergreifen: Als Tausende von kriegsunwilligen Soldaten und Arbeitern am 15. Juli in Petrograd mit dem Ruf »Alle Macht den Sowjets« gegen die von Kriegsminister

Alexander Kerenski befohlenen Angriffsoperationen an der Front (die zu einer fürchterlichen Niederlage führten) protestieren, übernimmt Lenin – wenngleich zögerlich – die Führung der Aufständischen. Doch der Aufstand wird militärisch niedergeschlagen, Lenin muß nach Finnland fliehen. In seinem finnischen Exil bleibt der Bolschewisten-Führer allerdings nicht untätig: Er vollendet sein bekanntestes Werk »Staat und Revolution« und legt damit die theoretischen Grundlagen für den künftigen Sowjetstaat.

In der Zwischenzeit verliert die Provisorische Regierung weiter an Ansehen. Fürst Lwow legt entnervt das Amt des Ministerpräsidenten nieder; sein Erbe tritt am 8. Juli der in der Bevölkerung wenig beliebte Kerenski an. Auch er kann den rapiden Autoritätsverlust der Provisorischen Regierung nicht aufhalten. Dagegen werden die Bolschewisten mit ihren Forderungen nach »Frieden, Land und Brot« immer mehr zum Sprachrohr der vom Krieg ausgehungerten und müden Bevölkerung. Insbesondere bei der Frage der Beendigung des Krieges treten sie offensichtlich glaubwürdiger auf als die anderen Parteien.

## *Die Oktoberrevolution*

Lenin erfaßt die günstige Situation. Aus seinem finnischen Exil ruft er das Zentralkomitee seiner Partei immer leidenschaftlicher auf, durch einen gewaltsamen Umsturz die Macht an sich zu reißen. In einem Brief vom 26. September hämmert er seinen Parteifreunden ein: »Die Geschichte wird uns nicht verzeihen, wenn wir die Macht jetzt nicht ergreifen.« Und in einem weiteren Brief vom 14. Oktober beschwört er: »Werte Genossen! Die Ereignisse schreiben uns so klar unsere Aufgabe vor, daß eine Verzögerung entschieden zum Verbrechen wird. (...) Wenn man die Macht nicht ohne Aufstand ergreifen kann, so muß man sofort mit dem Aufstand beginnen. Es ist sehr gut möglich, daß man gerade jetzt die Macht ohne Aufstand ergreifen kann. (...) Die Regierung kann nichts machen, es gibt keine Rettung für sie, und sie wird kapitulieren. (...) Die Losung: die Macht den Sowjets, den Boden den Bauern, Frieden den Völkern, Brot den Hungernden. Der Sieg ist sicher und zu neun Zehnteln auch die Aussicht, daß er unblutig sein wird. Warten wäre ein Verbrechen an der Revolution.«

Schließlich hält es Lenin nicht mehr in seinem Exil: Anfang

Oktober eilt er nach Petrograd und erzwingt in einer denkwürdigen Sitzung des Zentralkomitees (23. Oktober) den Beschluß zur Machtergreifung durch einen bewaffneten Aufstand. Vorsichtshalber kehrt Lenin danach noch einmal in seinen finnischen Unterschlupf zurück. Allerdings kann er sich beruhigt auf seinen langjährigen Weggefährten (und oftmaligen Widersacher) Leo Bronstein ›Trotzki‹ verlassen. Mit Umsicht organisiert dieser in Abwesenheit Lenins den Aufstand. Unmittelbar vor ihrem Beginn erreicht die ZK-Mitglieder ein weiteres Schreiben Lenins: »Es ist sonnenklar, daß jetzt jede Verzögerung des Aufstandes den Tod bedeuten würde. (...) Man darf nicht warten! Man kann alles verlieren! Die Geschichte wird eine Verzögerung den Revolutionären nicht verzeihen, die heute siegen können (und bestimmt siegen werden), während sie morgen Gefahr laufen, alles zu verlieren. (...) Die Regierung schwankt. Man muß ihr den Rest geben, koste es was es wolle.«

Und Lenin behält Recht. Beim Sturm auf den Sitz der Provisorischen Regierung, dem Petrograder Winterpalais, setzen die Regierungsmitglieder den bolschewistischen Berufsrevolutionären kaum Widerstand entgegen. Während praktisch die gesamte Regierung verhaftet wird, kann Ministerpräsident Kerenski gerade noch fliehen und sich so der Verhaftung entziehen. Da in den Augen der meisten Bauern und Arbeiter das komplizierte System der Doppelherrschaft den drängendsten Aufgaben – die Schaffung von Frieden, Landverteilung und Lebensmittelversorgung – nicht Herr geworden war, wird die Machtübernahme der Bolschewisten in vielen Teilen des Landes durchaus begrüßt.

Anders sehen dies die Menschewisten und rechten Sozialrevolutionäre. Aus Protest verlassen sie den noch für den Abend des 25. Oktobers einberufenen 2. Allrussischen Sowjetkongreß – von Trotzki hämisch verabschiedet mit den Worten, daß sie nun auf dem »Kehrrichthaufen der Geschichte« gelandet seien. Konsequent den bolschewistischen Parolen aus den Tagen vor der Revolution folgend, erläßt der nun nur noch aus Bolschewisten und linken Sozialrevolutionären zusammengesetzte Sowjet(rumpf)kongreß auf Vorschlag der Bolschewisten diverse Dekrete über den Frieden und die Landverteilung. Die beiden ersten und zugleich wichtigsten Artikel des Dekrets »Über den Grund und Boden« bestimmen:

»1. Das Besitzrecht der Gutsbesitzer an Grund und Boden wird

*Die Oktoberrevolution: Lenin feiert mit seinen Anhängern die Machtübernahme der Bolschewisten (Bildmontage).*

unverzüglich aufgehoben. Eine Entschädigung wird nicht geleistet.
2. Die den Gutsbesitzern, Domänenverwaltungen, Klöstern, Kirchen gehörenden Ländereien gehen mit allem lebenden und toten Inventar, allen Baulichkeiten und allem Zubehör bis zur Entscheidung in der Bodenfrage durch die Konstituante in die Dorf-Agrarkomitees und Kreisbauernräte über.« Als Konsequenz dieses Dekrets werden über 150 Millionen Hektar Land ehemaliger Gutsherren entschädigungslos enteignet und zumindest teilweise der Verfügungsgewalt von Agrarsowjets unterstellt. Dieses bei den Bauern außerordentlich populäre Programm der Überführung von Privatbesitz in den Verantwortungsbereich ›kommunaler‹ Verwal-

tung wird in der Folgezeit auf das gesamte Wirtschaftssystem übertragen - ein Programm, das eigentlich von den Sozialrevolutionären entwickelt worden war, die von Lenin bislang heftig bekämpft wurden.

Am 26. Oktober 1917 ruft der Sowjetkongreß den »Rat der Volkskommissare« als neues Regierungsorgan ins Leben. Die Bezeichnung geht auf Trotzki zurück, der sich den Namen ausgedacht hatte. Lenin zeigt sich begeistert: »Rat der Volkskommissare, ausgezeichnet: Riecht furchtbar nach Revolution!« Den Vorsitz des Rates, der ausschließlich aus Mitgliedern der Bolschewisten besteht, übernimmt natürlich Lenin. Trotzki wird Leiter des »Kommissariats für Äußeres«, der zu diesem Zeitpunkt noch unbedeutende Josif Dschugaschwili ›Stalin‹ Leiter des »Kommissariats für Nationalitätenfragen«.

Damit ist der Staatsstreich von Petrograd, die Oktoberrevolution, abgeschlossen. Lenins Streben nach Macht hatte gesiegt über die Fehler und Schwächen seiner Gegenspieler und die Unkenntnis der Provisorischen Regierung über den Umgang mit der Macht. Geschickt hatte Lenin die Krisensituation in Rußland ausgenützt, als die Regierung auf der Fortführung des Krieges bestand, obwohl es offensichtlich war, daß kaum noch Gewinnchancen vorhanden waren und das restlos kriegsmüde Volk sich nichts sehnlicher wünschte als endlich Frieden. So ist die Oktoberrevolution ein Ergebnis des Ersten Weltkrieges. Sicherlich war die Machtübernahme der Bolschewisten nicht zwingend, doch der Konsequenz und Zielstrebigkeit, mit der Lenin die Bolschewisten an die Macht brachte, hatte zu diesem Zeitpunkt niemand etwas entgegenzusetzen. Gleichwohl war die Oktoberrevolution keine echte Volkserhebung. Zwar hatten sich die Bolschewisten seit dem Frühjahr 1917 von einer im politisch-gesellschaftlichen Leben unbedeutenden Gruppe zu einer der großen Parteien aufgeschwungen, doch war es nicht so, daß im Hebst bereits die gesamte Bevölkerung hinter den Bolschewisten stand. In den Tagen der Oktoberrevolution hatte die bolschewistische Partei gerade 250 000 Mitglieder. Ihr Vorteil war, daß sie auf die tiefe Enttäuschung über die bisherige Entwicklung und die dafür verantwortlichen politischen Kräfte bauen konnten. Letztendlich war die Oktoberrevolution ein von oben gesteuerter Umsturz, eine organisierte Verschwörung, die erst im Laufe der Zeit - mit allen erdenklichen Mitteln - die Massen auf ihre Seite zog.

## *Das Bemühen um den Machterhalt*

Nach der erfolgreichen Machtergreifung konzentriert sich Lenin sofort auf die völlige Ausschaltung aller nicht-bolschewistischen Kräfte. Bereits am 1. Dezember 1917 läßt er die von der Februarrevolution errungene Pressefreiheit aufheben; fortan dürfen nur noch Parteiblätter der Bolschewisten und linken Sozialrevolutionäre erscheinen. Staat und Kirche werden rigoros getrennt, Banken, Privathandel und Industrie verstaatlicht oder der Arbeiterkontrolle unterstellt. Im Dezember wird die »Allrussische Außerordentliche Kommission zur Bekämpfung von Konterrevolution und Sabotage« - die überall gefürchtete »Tscheka« (russische Abkürzung der Kommission: CK = Tscheka) - gegründet. Ihr erster Chef wird Felix E. Dsershinskij. Sofort beginnt die mit fast unbegrenzter Machtbefugnis ausgestattete Staatssicherheitspolizei, mit einem unglaublichem Terror gegen alle »Feinde der Arbeiterklasse« und widerspenstige Bolschewisten vorzugehen. Ihr Chef Dsershinskij erhält schnell den Beinamen »Großinquisitor der russischen Revolution«. Um dennoch den Anschein einer »breiten Front der Demokratie« zu erwecken und um dem Zustandekommen einer gemeinsamen antibolschewistischen Einheitsfront entgegenzuwirken, muß Lenin bereits Anfang November 1917 einige linke Sozialrevolutionäre in den zunächst nur mit Bolschewisten besetzten Rat der Volkskommissare aufnehmen. Freilich werden den Nicht-Bolschewisten nur unbedeutende Ämter zugewiesen. Schwerer wiegt da schon die zweite Konzession, die Lenin - höchst widerwillig - machen muß: Er schafft es nicht, die Durchführung der schon vor der bolschewistischen Machtübernahme beschlossenen freien Wahlen zu einer verfassunggebenden Versammlung (Konstituante) zu umgehen.

Die Wahlen vom 8. Dezember 1917 enden für die Revolutionäre in einem Debakel: Die Bolschewisten erhalten nur ein Viertel der abgegebenen Stimmen, zusammen mit ihren verbündeten Gruppierungen stellen sie nicht einmal ein Drittel der Abgeordneten der Konstituante. Gleichwohl kommt dieses Ergebnis nicht überraschend, spiegelt es doch die erwartete Verteilung der Sympathien in der Bevölkerung ziemlich deutlich wider. In diesem Augenblick zeigt sich, daß die Kommunisten - bei allen taktischen Zugeständnissen - nicht bereit sind, sich dem demokratischen Willen einer noch so großen Mehrheit zu beugen. Als die Verfassunggebende Versammlung bei ihrer ersten Zusammenkunft am 18. Januar 1918 gegen die Stimmen der Bolschewisten Rußland zur »Demokratischen Föderativen Republik« proklamiert und nicht, wie von den Bolschewisten verlangt, die »vorbehaltlose Anerkennung der Sowjetmacht« bestätigt, läßt Lenin die Konstituante mit Hilfe bolschewistischer Matrosenwachen gewaltsam auflösen. Schließlich sanktioniert der durch sorgfältig manipulierte Wahlen zusammengesetzte 3. Allrussische Sowjetkongreß Ende Januar das Vorgehen mit überwältigender Mehrheit.

Um die Radikalität ihres Programmes zu unterstreichen, nennen sich die Bolschewisten im März 1918 in »Kommunistische Partei Rußlands (Bolschewiki)«, KPR(B), um. Überraschend gelingt es dem genialen Taktiker Lenin in den kommenden Wochen und Monaten gerade aus jenen Ereignissen großen Nutzen zu ziehen, die das bolschewistische Regime immer wieder an den Rand des Abgrunds bringen sollten. Bestes Beispiel: der Friede von Brest-Litowsk. Bereits im Dezember 1917 hatten die Bolschewisten einen Waffenstillstand mit dem deutschen Gegner vereinbart. Aufgrund ihrer überall verbreiteten demagogischen Losung »Frieden um jeden Preis« blieb den Bolschewisten letztlich auch nichts anderes übrig, als einen Friedensvertrag anzustreben – zumal sich die hungernde Bevölkerung und das demoralisierte Militär nichts sehnlicher wünschte als die Einstellung der Kämpfe. Als es dann am 3. März 1918 in Brest-Litowsk zur Unterzeichnung des Sonderfriedens mit den Mittelmächten kommt – einem ›Diktatfrieden‹, bei dem Rußland auf außerordentlich weitgehende Bedingungen der Deutschen eingeht, bedeutende Gebiete abtreten muß und mit seinen bisherigen Verbündeten bricht – wirkt sich das für die Bolschewisten durchaus positiv aus: Aus Protest gegen die Unterzeichnung des umstrittenen Vertrages verlassen nämlich die linken Sozialrevolutionäre den Rat der Volkskommissare und versuchen am 6. Juli durch einen Putsch die Bolschewisten zu stürzen. Doch die Revolte scheitert kläglich und die linken Sozialrevolutionäre verschwinden in der politischen Bedeutungslosigkeit.

## *Bürgerkrieg und Kriegskommunismus*

Doch die anti-bolschewistischen Kräfte – angefangen bei den Monarchisten über bürgerliche Demokraten und Sozialrevolutionäre bis hin zu den Menschewisten – geben nicht auf. Anfang 1918 organisieren sie sich zum Widerstand gegen die bolschewistischen Machthaber. Als im Juni 1918 britische, amerikanische, japanische und französische Interventionstruppen in Murmansk und Archangelsk landen, wird als Grund zwar die Verletzung der materiellen Interessen der Ententemächte genannt - die Nichtanerkennung der russischen Staatsschulden und die Enteignung von Industriebetrieben -, doch dürfte auch die Möglichkeit zur Unterstützung der gegenrevolutionären Kräfte eine entscheidende Rolle gespielt haben. Zusammen mit den Antibolschewisten bilden die alliierten Truppen die »Weiße Armee«. In dem folgenden, drei Jahre dauernden und schrecklichen Terror verbreitenden Bürgerkrieg geraten die Bolschewisten mehr als einmal an den Rand einer Niederlage. Doch die von Trotzki unglaublich rasch aufgebaute Rote Armee ist den »Weißen« an Effizienz und Koordination schlußendlich doch überlegen. Politische und soziale Gegensätze, mangelhafte Abstimmung der militärischen Aktionen und das Fehlen eines konstruktiven gesellschaftlichen Programmes bei den Weißen tragen zum Sieg der Bolschewisten bei. Dennoch dauert es bis zur Jahreswende 1921/22, bis sich die Weißen endgültig geschlagen geben.

Nach der Beendigung des Bürgerkrieges beherrscht das von den Bolschewisten fest in der Hand befindliche sowjetrussische Reich fast das gesamte Territorium des Zarenreiches. Den großrussischen Kern bildet die bereits im Juli 1918 vom 5. Sowjetkongreß geschaffene »Russische Sozialistische Föderative Sowjetrepublik« (RSFSR). Doch der Sieg über die Weißen ist teuer erkauft. Verheerende Verwüstungen und eine unbeschreibliche Hungersnot prägen das Land im Winter 1920/21. Indes ist es nicht nur der Krieg, der die Menschen in grenzenlose Armut treibt. Es ist auch die Schuld einer völlig verfehlten Wirtschaftspolitk der Kommunisten: Nach den umfassenden Verstaatlichungsmaßnahmen von 1918 hatten die Betriebe anfangs noch unter einer relativ freien Arbeiterselbstverwaltung gestanden. Doch während der Bürgerkriegsjahre gab die KPR(B) verstärkt der zentralistischen Planung den Vorzug. Die Sozialisierung wurde überstürzt und meist auch dilettantisch durchführt, ebenso wie die Enteignungen aller Großbetriebe. An allen Ecken und Enden mangelte es an fachlich ausgebildeten Leitern. Auch die Landwirtschaft befand sich in einem katastrophalen Zustand. Da die Bauern immer weniger in der Lage waren, Nahrungsmittel in die Industriezentren zu liefern, war die kommunistische Führung bereits im Mai 1918 zur ›Ernährungsdiktatur‹ übergegangen: Durch willkürlich durchgeführte Zwangseintreibungen wurde von den Bauern die Abgabe ihrer Agrarprodukte erzwungen. Die Phase des ›Kriegskommunismus‹ hatte das Land an den absoluten wirtschaftlichen Abgrund gebracht.

## *Lenins Herrschaft geht zu Ende*

So wird Anfang 1921 der Ruf nach Beendigung der Bevormundung des gesamten öffentlichen Lebens durch die bolschewistische Partei immer lauter. Arbeiterdemonstrationen in verschiedenen Industriezentren machen den Bolschewisten deutlich, daß ihre soziale Basis zu zerbröckeln beginnt. Den Höhepunkt dieser Entwicklung, die einer Absage an das bolschewistische Regime gleichkommt, bildet der Aufstand der Kronstädter Matrosen im März 1921. Damit erhebt sich das Proletariat selbst gegen die Diktatur des Proletariats. Die führenden Bolschewisten, von den Kronstädtern als »Polizeimaschine der kommunistischen Autokratie« bezeichnet, reagieren mit grausamstem Terror. Die Aufständischen werden simpel als »Konterrevolutionäre« abgeurteilt und brutal zusammengeschossen. Leiter der militärischen Operationen gegen Kronstadt, das regelrecht erstürmt werden muß, ist unter anderem Trotzki.

Lenin, der klar erkennt, daß sich der Kronstädter Aufstand gegen die bolschewistische Ein-Parteien-Herrschaft gerichtet hatte, ist dennoch keinen Augenblick bereit, das von ihm errichtete Parteiregime zu lockern bzw. zu liberalisieren. Im Gegenteil: Bereits im März 1921, auf dem 10. Parteikongreß, veranlaßt er zwei Resolutionen, die zum weiteren Ausbau der »Diktatur des Proletariats« im Sinne der unumschränkten Herrschaft der bolschewistischen Partei führen. Während die eine ab sofort jegliche Bildung von ›Plattformen‹ und Gruppen innerhalb der Partei verbietet (Fraktionsverbot), verwirft die andere die Vorstellung von einem Eigenleben der Gewerkschaften. Das Organisationsprinzip der ›monolithischen Einheit‹ wird innerhalb der KPR umgesetzt. Außerdem setzt er der bisherigen Duldung nichtkommunistischer Parteien ein Ende. Zahlreiche nichtkommunistische Politiker werden verhaftet und nach Sibirien oder Zentralasien deportiert.

Auf dem gleichen Parteikongreß gelingt es Lenin, das System des Kriegskommunismus durch eine »Neue Ökonomische Politik« (NÖP) zu ersetzen. Im Rahmen dieses Wirtschaftsprogrammes sollen neben der sozialistischen Staatskontrolle wieder Elemente der Marktwirtschaft wirksam werden. Die großen Industrien bleiben zwar in den Händen des Staates, in mittleren und kleineren Betrieben jedoch wird das Privateigentum begrenzt wieder zugelassen. Den Bauern wird der Verkauf eines Teils ihrer Erzeugnisse auf dem freien Markt erlaubt.

Die Geburtsstunde der Sowjetunion folgt im Dezember 1922: Aus dem föderativen Zusammenschluß zwischen der im Juli 1918 von den Bolschewisten ausgerufenen RSFSR (Russische Sozialistische Föderative Sowjetrepublik) und den inzwischen geschaffenen drei anderen Sowjetrepubliken Ukraine, Weißrußland und Transkaukasus (gebildet aus Georgien, Armenien und Aserbaidschan) ensteht mit Billigung durch den 10. Allrussischen Sowjetkongreß vom 27. Dezember 1922 und dem 1. Allunions-Sowjetkongreß vom 30. Dezember 1922 die »Union der Sozialistischen Sowjetrepubliken« (SSSR; deutsche Abkürzung: UdSSR). Die am 6. Juli 1923 in Kraft gesetzte und am 31. Januar 1924 vom 2. Allunions-Sowjetkongreß ratifizierte Verfassung des neuen Bundesstaates beinhaltet formal das föderative, inhaltlich aber das zentralistische Prinzip. Auf dem Papier wird den einzelnen Unionsrepubliken zwar das Recht des freien Austritts gewährt, im täglichen Leben werden ihnen jedoch jegliche Rechte im Bereich von Außenpolitik, Außenhandel, Justiz, Volkserzeihung usw. vorenthalten. Zum obersten Staatsorgan wird der alljährlich tagende Allunions-Kongreß erklärt, der sich aus Delegierten der auf verschiedenen Ebenen gebildeten Sowjets zusammensetzt. Direkt gewählt werden nur die Dorf- und Stadtsowjets. Geistliche und Angehörige der Bourgeoisie sind vom Wahlrecht ausgeschlossen. Für die Erledigung der laufenden Regierungsgeschäfte bleibt weiterhin der Rat der Volkskommissare zuständig. Die eigentliche Trägerin der Macht, die kommunistische Partei, wird in der Verfassung mit keinem Wort erwähnt.

Zu diesem Zeitpunkt kann Lenin kaum mehr aktiv in der Politik mitwirken. Ein schwerer Schlaganfall hatte ihn bereits im Mai 1922 schwer geschwächt. Nur der Geist des Todkranken blieb unbeschadet: In einer Reihe von Briefen und Aufzeichnungen schreibt Lenin seine Gedanken nieder, mahnt vor der zunehmenden

Korruption innerhalb der Partei und ihrer Bürokratisierung. Vor allem aber zeigt er sich in einem an den Parteikongreß gerichteten Brief vom 25. Dezember 1922 extrem besorgt über die »unermeßliche« Macht des neuen Generalsekretärs Josif Stalin. Obwohl er Trotzki scharf kritisiert, sieht er in ihm den »wahrscheinlich fähigsten Mann im jetzigen Zentralkomitee«. In einem Nachtrag zu dem Brief vom 4. Januar 1923 warnt er: »Stalin ist rücksichtslos, und wenn dieser Fehler auch in den Beziehungen unter uns Kommunisten ganz erträglich ist, so wird er unerträglich im Geschäftszimmer des Generalsekretärs. Darum schlage ich den Genossen vor, einen Weg ausfindig zu machen, um Stalin von dieser Position zu entfernen und dafür einen anderen Mann zu ernennen.« Doch die Briefe erreichen ihre Adressaten nicht. Stalin schafft es, die Schreiben abzufangen und somit den für ihn nachteiligen Inhalt seinen Parteigenossen und der Öffentlichkeit vorzuenthalten. (Erst 1956, drei Jahre nach Stalins Tod, werden sie veröffentlicht.) Für Lenin selbst ist es inzwischen zu spät, den Kampf gegen Stalin aufzunehmen. Im März 1923 erleidet er einen zweiten Schlaganfall, der dritte führt am 21. Januar 1924 zu seinem Tod.

## *Stalins Aufstieg*

Stalin hatte in der Zwischenzeit einen recht lautlosen Aufstieg innerhalb der Partei vollzogen. Als er am 3. April 1922 zum Generalsekretär der Partei ernannt worden war, glaubte ihn noch jeder auf einem verhältnismäßig unbedeutenden Posten. Auf Anweisung Lenins und des Politbüros wurde er mit der ›Säuberung‹ der mittleren und unteren Parteiorgane von allen oppositionellen Elementen betreut. Doch als die Krankheit Lenins offene Machtkämpfe innerhalb der Partei nach sich zieht, beginnt Stalin – immer unter Berufung auf die von Lenin geforderten ›Säuberungs‹-Maßnahmen –, Personen aus der Partei zu entfernen, die seinen eigenen Zukunftsplänen womöglich im Wege stehen könnten. An ihrer Stelle installiert er ihm ergebene und von ihm abhängige Funktionäre. Nach eigenen Angaben besetzt er allein zwischen April 1922 und Mai 1924 über 16000 Posten neu, davon 8000 Schlüsselpositionen. So wird aus dem verhältnismäßig unbedeutenden Sekretär der Partei innerhalb kürzester Zeit der Beherrscher des Apparates und damit einer der mächtigsten Männer des Staates.

Nach Lenins Tod wird im Juni 1924 das Politbüro neu besetzt. Da die Machtkämpfe noch nicht ausgestanden sind, herrscht auch im Politbüro, der damals wichtigsten Machtinstanz in Partei und Staat, tiefes gegenseitiges Mißtrauen. Besonders Leo Trotzki – der aus ganz unterschiedlichen Gründen von jedem der Politbüromitglieder gefürchtet wird – bekommt das zu spüren. Vor allem Lew Kamenjew (Vorsitzender des Politbüros), Grigori J. Sinowjew (Parteisekretär von Leningrad, wie Petrograd seit Anfang 1924 heißt) und Stalin versuchen mit allen zur Verfügung stehenden Mitteln, sich ihrem politischen Widersacher zu entledigen. Und tatsächlich schafft es dieses Triumvirat, Trotzkis Einfluß stetig zu unterhölen. Trotzki, dem seine Demontage natürlich nicht verborgen bleibt, schwankt zwischen Auflehnung und Resignation. Als er sich im Januar 1925 widerstandslos als Kriegskommissar absetzen läßt, ist sein politisches Schicksal bereits besiegelt. Stalin, von Machthunger besessen, geht nun daran Kamenjew und Sinowjew abzuschießen, da er sie für seine politischen Zwecke nicht mehr benötigt. Im Dezember 1927 auf dem bereits völlig von ihm beherrschten 15. Parteikongreß ist er am Ziel: Einstimmig werden Trotzki, Kamenjew und Sinowjew aus dem Politbüro, dem ZK und der Partei ausgeschlossen.

In den kommenden Monaten folgen ihnen weitere hochkarätige Parteimitglieder, die bei Stalin in Ungnade gefallen sind. Durch die Besetzung aller entscheidenden Partei- und Staatspositionen und durch wechselnde Bündnisse mit Politbüro-Mitgliedern gelingt es dem intellektuell nicht gerade herausragenden Stalin bis Ende 1929, alle Gegner und Konkurrenten aus dem politischen Leben auszuschalten. Als Stalin im Dezember 1929 ebenso eitel wie pompös seinen 50. Geburtstag feiert, sind alle ihm einst an Macht und Ansehen überlegenen Männer aus dem politischen Leben ausgeschaltet. Stalin ist zum absoluten Alleinherrscher aufgestiegen.

Mit dem Aufstieg Stalins beginnt auch die Umsetzung einer gänzlich anderen Wirtschafts- und Gesellschaftspolitik, wie sie von Lenin vetreten worden war. Schon im Dezember 1924 hatte Stalin mit seiner Doktrin vom »Aufbau des Sozialismus in einem Lande« seine Position klar gemacht. In scharfem und bewußtem Gegensatz zu Trotzkis und seit 1917 auch Lenins Theorie, daß die Revolution in Rußland nur gesichert werden könne, wenn sie sich auch in den europäischen Industriestaaten durchsetzt, sieht Stalin

*Josif Wissarionowitsch »Stalin«: Sein Name steht für Terror und Unterdrückung.*

die sofortige Verwirklichung des Sozialismus im eigenen Land als vorrangig. Er will nicht auf die Revolution in Westeuropa warten, sondern die UdSSR zu einem sozialistischen Kernland ausbauen, das durch die »Umwandlung der Sowjetunion aus einem Agrarland in ein Industrieland« der »kapitalistischen Einkreisung« widerstehen kann.

So wird die unter Lenin begonnene »Neue Ökonomische Politik«, die eine beachtliche wirtschaftliche Normalisierung und die Beendigung der Hungerkrise gebracht hatte, schrittweise zurückgenommen. Im April 1929 verabschiedet das ZK den ersten Fünfjahresplan. Er sieht eine verstärkte Industrialisierung unter Bevorzugung der Grundstoff-, Investitionsgüter- und Rüstungsindustrie vor, bei extremer Vernachlässigung der Konsumgüterindustrie und des Wohnungsbaus. In der Landwirtschaft setzt eine brutale Zwangskollektivierung der Bauern ein, die in sogenannten »Sowchosen« und »Kolchosen« (agrarische Großbetriebe) zusammengefaßt werden. Opfer der Repressionen sind hauptsächlich die Großbauern oder Kulaken, die als Klasse praktisch ›liquidiert‹ wird. Ein Teil kommt in Sibirien um, ein anderer Teil verschwindet im Industrieproletariat. Zwar werden die Planzahlen in der Schwerindustrie erheblich überfüllt, doch als Folge der tiefgreifenden ökonomischen Veränderungen in der Landwirtschaft kommt es 1932/33 zu einer verheerenden Hungersnot, der über zehn Millionen Menschen (!) zum Opfer fallen.

Zur selben Zeit baut Stalin sein ›Lieblingsspielzeug‹ weiter aus: die sowjetische Geheimpolizei. Seit Ende der zwanziger und Anfang der dreißiger Jahre überzieht sie die gesamte Gesellschaft mit grenzenlosem, lähmendem Terror (1922 wurde die Tscheka umbenannt in GPU, 1934 in NKWD, 1944 in MWD und 1953 schließlich in KGB). Seine innerparteilichen Widersacher läßt er in mehreren ›Säuberungs‹-Wellen und Schauprozessen zwischen 1936 und 1938 hinrichten, darunter fast die gesamte Garde der alten Bolschewisten und einen Großteil der Offiziere der Roten Armee. Stalin selbst pflegt um seine Person einen geradezu komödiantenhaften Kult. Inmitten dieser Schreckensherrschaft gibt sich die UdSSR im Dezember 1936 eine neue Verfassung, die erstmalig den Führungsanspruch der KPdSU festschreibt. Höchste Steigerungsraten vor allem in der Schwerindustrie ziehen unterdessen die Aufmerksamkeit der kapitalistischen Welt, die erst 1929 in den Strudel der Weltwirtschaftskrise geraten war, auf sich. Als Josif Stalin am 6. Mai 1941 zusätzlich zu seinem Posten als Erster Sekretär der Partei auch noch den Vorsitz im Rat der Volkskommissare übernimmt (es ist das erste Mal in der Geschichte Sowjetrußlands, daß Partei und Regierungsapparat derart offen miteinander verbunden sind), steht er - sowohl innenpolitisch als auch im Kontext der kommunistischen Weltbewegung - auf dem Höhepunkt der Macht.

## *Die Sowjetunion wird Weltmacht*

Der Überfall der deutschen Truppen am 22. Juni 1941 kommt für Stalin - trotz mehrfacher Warnungen - völlig überraschend. Schließlich hatte er mit Hitler einen Nichtangriffspakt abgeschlossen, der der Sowjetunion darüber hinaus weitgehende Interessensphären im Baltikum und Ostpolen zusichern sollte (Hitler-Stalin-Pakt). Die Rote Armee, noch geschwächt durch die rabiaten ›Säuberungs‹-Wellen, muß verheerende Niederlagen hinnehmen. Erst durch einen gewaltigen Menschen- und Materialeinsatz gelingt es den sowjetischen Streitkräften, die Deutschen in die Flucht zu schlagen. Am 2. Mai 1945 kapituliert Berlin vor der Roten Armee. Ein paar Tage später, am 8. Mai, ist der »Große Vaterländische Krieg« durch die totale Kapitulation der deutschen Truppen endgültig vorbei. Mit rund dreißig Millionen gefallenen Sowjetbürgern, das sind fast zehn Prozent der damaligen Bevölkerung, und einem zum Teil völlig verwüsteten Land ist es freilich ein teuer erkaufter Sieg.

Aber der Sieg führt zu einer neuen Legitimation des kommunistischen Systems. Durch seine Proklamierung des »Großen Vaterländischen Krieges« und dem erfolgreichen Appell an den Patriotismus und die Heimatliebe der plötzlich als »Brüder« und »Schwestern« titulierten Sowjetbürger, war es Stalin gelungen, bei der Bevölkerung ein neues Selbstbewußtsein zu wecken. Außerdem läßt die von den faschistischen Machthabern befohlene brutale Besatzungspolitik und die unmenschliche Behandlung der Kriegsgefangenen (Von mehr als fünf Millionen kommen über die Hälfte durch Hunger, Gas, Erschießung und Zwangsarbeit um.) das stalinistische Regime als das kleinere von zwei Übeln erscheinen. Was Stalin der Bevölkerung zugemutet hatte, scheint nun gerechtfertigt. Stalin hat endgültig den Gipfel seiner Autorität erreicht - zumal die Sowjetunion zur Weltmacht aufgestiegen war.

Bei der Potsdamer Konferenz spielt Stalin diese neue Rolle voll aus und kann bedeutende territoriale Gewinne verzeichnen: Nordostpreußen, Ostpolen, die Karpatenukraine, die Nordbukowina und Bessarabien, dazu die baltischen Staaten. Die Sowjetunion

*Stalin (l.) auf der Konferenz von Teheran, zusammen mit US-Präsident Franklin D. Roosevelt (m.) und dem britischen Premier Winston Churchill (r.).*

umfaßt damit 22 Millionen Quadratkilometer bzw. ein Sechstel des Festlandes der Erde. Dazu kann sie ihren Einfluß auf Osteuropa (und Korea) ausdehnen, wo unter politischem und militärischem Druck von Seiten der Sowjetunion kommunistische Satellitenstaaten einen Sicherheitsgürtel um das Sowjetreich bilden. Zur Durchsetzung ihrer Machtposition in der Welt unternimmt die Sowjetunion im Zuge des aus den Interessengegensätzen der Siegermächte hervorgegangenen Kalten Krieges gegenüber dem Westen Vorstöße bis hart an den Rand militärischer Konflikte. Doch sie erreicht weder mit der Berlin-Blockade (1948/49) noch im Koreakrieg (1950-53) die gesteckten Ziele. Nachdem Stalin die deutsche Frage nicht im kommunistischen Sinne lösen kann, gelingt ihm die Konsolidierung seiner Macht auf deutschem Boden durch die Gründung der DDR 1949.

Die sowjetische Wirtschaft erholt sich erstaunlich schnell: 1948 erreicht die Gesamtproduktion den Vorkriegsstand von 1940, bis

1952 wird sie durch forciertes Arbeitstempo, durch die Wiedereinführung verlängerter Arbeitszeiten und nicht zuletzt durch große Lieferungen aus den Satellitenstaaten sogar verdoppelt – ohne daß sich allerdings der Lebensstandard der Menschen verbessert. Alle Hoffnungen in Richtung einer Demokratisierung des stalinistischen Regimes, die um 1945 vielfach auch im Westen gehegt wurden, werden bitter enttäuscht. Die Sowjetunion erlebt intern eine weitere düstere Phase, in vielem vergleichbar mit der Terrorzeit der dreißiger Jahre. Verhaftungen, Verurteilungen und Deportationen stehen wieder auf der Tagesordnung, etwa zehn Millionen Menschen werden in Straflager gesteckt. Darüber hinaus stülpt der im Alter immer mißtrauischer werdende Stalin über seine bemitleidenswerte Bevölkerung einen Mantel perma-

*Soldaten der Roten Armee hissen am 2. Mai 1945 die Sowjet-Fahne auf dem Berliner Reichstagsgebäude.*

nenter Unsicherheit und drückender Furcht. Der Regierungschef, Erste Sekretär der Partei und siegreiche Generalissimus versetzt – gestützt auf den Staatssicherheitsdienst – das ganze Land in Schrecken. Immer wieder kommt es zu kleineren ›Säuberungen‹, welchen auch oberste Parteimitglieder zum Opfer fallen. Anfang der fünfziger Jahre scheint Stalin eine weitere, umfassende ›Säuberung‹ vorzubereiten. Offensichtlich will er die alte Parteielite in einer blutigen Rotation auswechseln und durch neue Leute ersetzen. Doch dazu soll er nicht mehr kommen.

## *Die Chruschtschow-Ära*

Am 5. März 1953 stirbt Stalin. Als sich die Meldung wie ein Lauffeuer in der Bevölkerung verbreitet, kann es zunächst kaum jemand glauben. Er, Stalin, der große Imperator, soll tot sein? Anschaulich beschreibt der sowjetische Schriftsteller Ilja Ehrenburg die Empfindungen und Gefühle der Menschen, die die Nachricht vom Tode Stalins bei ihm und seinen Mitbürgern auslöste: »Wir hatten längst vergessen, daß Stalin ein Mensch war. Er hatte sich in einen allmächtigen und geheimnisvollen Gott verwandelt. Und nun war der Gott an einer Gehirnblutung gestorben. Dies erschien unvorstellbar. Mir tat der Gott nicht leid, der im Alter von 73 Jahren an einem Anfall gestorben war, als wäre er kein Gott sondern ein gewöhnlicher Sterblicher gewesen. Aber ich hatte Angst vor dem, was nun kommen würde.«

Doch die Sorge Ilja Ehrenburgs bleibt unberechtigt. Es beginnt eine Phase der innenpolitischen Liberalisierung, die sogenannte ›Tauwetter‹-Periode. Eine allgemeine Aufbruchstimmung macht sich breit, die sich auch in den offen ausgetragenen Machtkämpfen zwischen den politischen Eliten widerspiegelt. An Stelle der totalitären Diktatur eines einzelnen rückt wieder das Prinzip der kollektiven Führung, an deren Spitze Georgi M. Malenkow (Vorsitzender des Ministerrates), Wjatscheslaw M. Molotow (Außenminister) und Nikita Chruschtschow (Generalsekretär der KPdSU) stehen. Von ihnen kann sich letztendlich Chruschtschow durchsetzen. Als er 1958 zum Ministerpräsidenten gewählt wird, sind Partei und Staat abermals in einer Person verknüpft.

Unter Chruschtschows Führung beginnt die Phase der ›Entstalinisierung‹. Eingeleitet durch seine berühmte Geheimrede auf dem 1956 stattfindenden XX. Parteitag, in der er schonungslos mit

*Ein temperamentvoller Redner: Nikita Chruschtschow.*

Stalins Herrschaft abrechnet, findet sie ihren äußerlichen Höhepunkt in der Entfernung der Leiche Stalins aus dem Mausoleum am Roten Platz. Stück für Stück geraten die Verbrechen des stalinistischen Terrorregimes ans Tageslicht, viele der unschuldigen Opfer werden rehabilitiert, die Straflager beginnen sich zu leeren. Doch viele Vorhaben bleiben nur Stückwerk und zahlreiche Tabus bestehen. Vor allem stößt man bei der Suche nach den Ursachen des stalinistischen Machtsystems nicht bis zu den Wurzeln vor. Wie auch? Denn schließlich waren Chruschtschow und seine Gefolgsleute mit diesem System groß geworden, hatten unter Stalin Karriere gemacht und waren für viele Verbrechen selbst verantwortlich. Anstatt beispielsweise die mangelnden Kontrollmechanismen in der Partei ins Zentrum der Kritik zu rücken, werden ganz einfach Stalin und einige seiner engsten Mitarbeiter sowie der Personenkult für alle Repressionen und Mißstände verantwortlich gemacht.

Auch in die ins Stocken geratene Wirtschaft versucht Chruschtschow neuen Schwung zu bringen. Eine Reform jagt die andere, doch die alten, seit Jahrzehnten bestehenden Strukturen verhindern die für einen Erfolg nötige Flexibilität und Selbständigkeit. Letztlich bleibt die einseitige Förderung der Schwer- und Rüstungsindustrie zu Lasten der Versorgung der Bevölkerung erhalten, die unzureichenden Produktionsergebnisse im landwirtschaftlichen Bereich können auch durch immense ›Neulandaktionen‹ nicht entscheidend gesteigert werden.

Während es Chruschtschow also nicht gelingt, der Wirtschaft entscheidende Impulse zu geben, muß er auch außenpolitisch einige Schlappen einstecken. Chruschtschows Außenpolitik ist geprägt von dem Begriff der »friedlichen Koexistenz«, der im Parteiprogramm der KPdSU vom November 1961 folgendermaßen definiert wird: »Die friedliche Koexistenz bildet die Grundlage des friedlichen Wettbewerbs zwischen Sozialismus und Kapitalismus im internationalen Maßstab und stellt eine spezifische Form des Klassenkampfes dar. Indem die sozialistischen Länder sich konsequent für die friedliche Koexistenz einsetzen, streben sie nach unablässiger Festigung der Position des sozialistischen Weltsystems in seinem Wettstreit mit dem Kapitalismus.« Diese Politik der »rivalisierenden Partnerschaft« führt zunächst zu einer Politik der Entspannung und dem Beginn der sowjetisch-amerikanischen Annäherung. 1955/56 beginnt die UdSSR durch Aufnahme diplomatischer Beziehungen und Gewährung umfangreicher Entwicklungshilfen, sich um die im Entkolonialisierungsprozeß befindliche Dritte Welt zu bemühen. Dabei ist sie vor allem bestrebt, afrikanische Staaten in ihrer Politik der Bündnisfreiheit zu bestärken. In Südostasien erklärt sie sich auf der Grundlage der friedlichen Koexistenz zum Garanten der Blockfreiheit, die Unterstützung Ägyptens in der Suez-Krise 1956 stärkt das sowjetische Ansehen in der arabischen Welt.

Doch bereits 1956 schließt sich eine Phase der Krisen an. Um ihre Vormachtstellung im Ostblock behaupten zu können, drohen die Sowjets mit einer Intervention in Polen (polnischer ›Frühling im Oktober‹ 1956) und schlagen im gleichen Jahr den ungarischen Aufstand (Oktober/November 1956) militärisch nieder. Ende 1957 kündigt sich in der Sowjetunion eine politische Durchbruchoffensive großen Stils an. Ihr Ziel ist es, »die imperialistischen Mächte durch ein Wechselspiel von zielbewußt geschaffenen Krisen und Verhandlungen dahin zu drängen, sich durch stückweise Rückzüge eine Atempause nach der anderen zu erkaufen, bis sich das weltpolitische Gleichgewicht unwiderruflich in ein Übergewicht der kommunistischen Seite verwandelt haben würde«, wie es der Politologe Richard Löwenthal formuliert. Diese Politik findet ihre deutlichste Ausdrucksform in zwei von der Sowjetunion heraufbeschworenen Krisen: Zum einen in der Berlin-Krise von 1958, als die Sowjetunion ultimativ die Umwandlung von Berlin (West) in eine entmilitarisierte Stadt verlangt und die Vereinbarungen mit den Alliierten über Berlin aufkündigt; zum anderen manifestiert sich diese Politik in der Kuba-Krise von 1962, als die Sowjetunion weitreichende Raketen auf Kuba stationiert. In beiden Fällen ziehen die Sowjets den Kürzeren, was sich auch für Chruschtschow negativ auswirken sollte. In Verbindung mit dem auf Konfrontation hinauslaufenden Verhältnis zum sozialistischen ›Bruder‹-Staat China führen die außenpolitischen und wirtschaftlichen Mißerfolge zum Sturz Chruschtschows: Am 14. Oktober 1964 setzt das ZK der KPdSU Chruschtschow als Ersten Sekretär ab und wählt Leonid Breschnew zu seinem Nachfolger.

## *Von Breschnew bis Gorbatschow*

Die Breschnew-Ära wird heutzutage meist mit dem Begriff ›Stagnation‹ verbunden. Doch das ist nur die halbe Wahrheit. Nach dem Sturz Chruschtschows wird zuerst das Prinzip der kollektiven Führung wiederhergestellt – mit Leonid Breschnew als Generalsekretär, Nikolaj Podgorny als Vorsitzenden des Obersten Sowjet (nominelles Staatsoberhaupt; 1977 von Breschnew beerbt) und Alexej A. Kossygin als Ministerpräsident an der Spitze. Anders als bei Chruschtschow erscheint die Führungsgruppe nüchtern, eine Mannschaft von Managern und Technokraten.

Recht forsch gehen die neuen Machthaber an die Bewältigung der wirtschaftlichen Probleme heran. Im sogenannten ›Liberman-Plan‹ (nach Jewsej Liberman) versucht die KPdSU, wirtschaftliche Anreize durch die Einführung des bisher verpönten ›Profits‹ zu schaffen. Mit den neu eingeführten Kriterien Gewinn und Rentabilität soll eine ökonomische Kontrolle über den betrieblichen

Erfolg ermöglicht werden. An die Stelle der vorgeschriebenen Brutto-Produktion tritt die Erfüllung des Absatzplans: Damit soll mehr Wert auf Qualität als auf Quantität gelegt werden. Sowohl die zentralen Behörden als auch die Selbständigkeit der einzelnen Betriebe werden gestärkt, die Koordinierungsmöglichkeiten verbessert. Dazu werden vielfältige Anstrengungen unternommen, um die Schwankungen in der landwirtschaftlichen Produktion zu beseitigen und die Lebensverhältnisse zu verbessern. Doch die verabschiedeten Reformvorhaben stellen wiederum nicht die Grundstruktur der sozialsitischen Planwirtschaft in Frage, sondern wollen nur die ›Lenkungsschwierigkeiten‹ beseitigen. Die Folge ist ein ab Mitte der siebziger Jahre rapides Absinken des Wirtschaftswachstums, und zwar in einer Form, wie es die Sowjetunion noch nicht erlebt hat. Die einst schwungvoll begonnen Reformen versanden völlig, Lähmung und Apathie ergreift das Land. Bürokratie und Korruption, in dem die Partei bis hinauf zum Familienclan Breschnews verstrickt ist, nehmen unerträgliche Ausmaße an.

In der Zwischenzeit hatte auch eine andere Politik das innenpolitische Klima frostig werden lassen: Mit dem Ziel einer »multinationale Sowjetgesellschaft« vor Augen, unterliegen die nichtrussischen Völker einem von Moskau gesteuerten, allmählichen, aber systematischen Russifizierungsprozeß. Nach harter Kritik an dieser menschenverachtenden Politik von Seiten der Oppositionellen, setzt die Kreml-Führung ein ganzes Instrumentarium staatlicher Maßnahmen gegen die Dissidenten- und Nationalitätenbewegung ein: Politische Strafprozesse, langjährige Freiheitsstrafen, Zwangseinweisungen in Nervenheilanstalten, freiwillige oder Zwangsemigrationen und Ausbürgerungen. Und nach der Phase der Entstalinisierung wird die Poltik des früheren Diktators nun wieder zurückhaltender kritisiert.

Offenbar sollen bestimmte Grenzen nicht überschritten werden, wie auch die Beendigung der wachsenden tschechoslowakischen Selbständigkeits- und Liberalisierungsbewegung durch den Einmarsch der Truppen des Warschauer Paktes im August 1968 deutlich macht. Gerechtfertigt wird der Überfall mit den ›Breschnew-Doktrin‹, die allen sozialistischen Staaten nur eine beschränkte Souveränität und ein beschränktes Selbstbestimmungsrecht gewähren.

Während sich die Kreml-Führung innerhalb des Ostblocks um die Aufrechterhaltung der Hegemonie bemüht und ihre Rolle als

Ordnungsmacht voll ausspielt, strebt sie auf außenpolitischer Ebene die Sicherung ihrer Weltmachtstellung und der bestehenden Grenzen an und sucht – nach dem Zerwürfnis mit der Volksrepublik China – zunehmend die Annäherung an den Westen. Im November 1969 werden mit den USA in Helsinki die SALT-I-Gespräche zur Begrenzung der strategischen Rüstung aufgenommen, die KSZE-Diplomatie kommt ins Rollen. Breschnews Vorschlag einer Sicherheitskonferenz für Asien, die deutlich gegen China gerichtet ist, findet aber ebenso wie sein Plan eines kollektiven militärischen Sicherheitssystems keine politische Resonanz. Der Versuch, China zu isolieren, führt außerdem zu einer Annäherung an Indien und Japan.

Als 1968 in der Bundesrepublik die sozialliberale Koalition

*Maikundgebung auf dem Roten Platz am 1. Mai 1982: Marx, Engels und Lenin sind immer dabei.*

*Kabinett der Greise: Konstantin Tschernenko (l.), Leonid Breschnew (m.), Viktor Grischin (r.).*

unter Bundeskanzler Willy Brandt die Regierung stellt, kommt es ab 1969 zu Vehandlungen zwischen der Bundesrepublik Deutschland und der Sowjetunion, die 1971 im Berlin-Abkommen münden. Nach dem Rücktritt Brandts und US-Präsident Nixons, Breschnews Gesprächspartnern der ›ersten Stunde‹, gerät 1974 die Entspannungspolitk zwischen Ost und West in die Krise. Die Menschenrechtspolitk des neuen US-Präsidenten Carter, der sowjetische Versuch, sich in Afrika, Asien und im Vorderen Orient neue Einflußgebiete zu schaffen, und die Annäherung zwischen den USA und China gefährden vorübergehend den Abrüstungs- und Entspannungsdialog. Auch der Abschluß des SALT-II-Vertrages 1979 in Wien weicht die festgefahrenen Fronten kaum auf. Dennoch bemüht sich die Sowjetunion – trotz des Einmarsches in

Afghanistan - zu Beginn der achtziger Jahre um die Fortsetzung des eingeschlagenen Weges der friedlichen Koexistenz.

Als sich 1982 der Gesundheitszustand Breschnews zusehends verschlechtert, beginnen in den Führungsgremien die Auseinandersetzungen um die Nachfolge. Am 10. November 1983 stirbt Breschnew. Zwei Tage nach seinem Tod wird der Öffentlichkeit der neue Generalsekretär des ZK der KPdSU vorgestellt: Es ist zu aller Überraschung der bisherige KGB-Chef Jurij Andropow und nicht der offensichtlich von Breschnew favorisierte Konstantin Tschernenko. Der neue Generalsekretär sieht sich außerordentlichen innenpolitischen Problemen gegenüber: Die Wirtschaft liegt am Boden, Ordnungs- und Disziplinlosigkeit sind weit verbreitet, Korruption und nationale Spannungen (Baltikum, Kaukasus) an der Tagesordnung. Andropow, der kurze Zeit später auch zum Staatsoberhaupt gekürt wird, beginnt sofort mit einer entschiedenen Antikorruptionskampagne, doch sein innenpolitischer Elan wird durch eine Krankheit bald gebremst. Außenpolitisch gelingt es ihm in der kurzen Zeit, die ihm zur Verfügung bleibt, nicht, die Konfrontation mit den USA abzubauen. Schon wenige Monate nach seiner Amtsübernahme stirbt Andropow am 9. Februar 1984. So schafft es der unauffällige Parteibürokrat Tschernenko doch noch, an die Spitze von Partei und Staat zu kommen. Umgehend nimmt der konservative Tschernenko die Reformansätze Andropows zurück. Doch auch ihm ist nur eine kurze Regierungszeit vergönnt. Bereits am 10. März 1985 stirbt auch Tschernenko nach langer Krankheit.

Als tags darauf mit Michail Gorbatschow der neue Mann im Kreml vorgestellt wird, ahnt noch niemand, daß unter seiner Herrschaftszeit ein Umbruch stattfinden würde. Ein Umbruch, der heute bereits mit der denkwürdigen Oktoberrevolution verglichen wird.

## MICHAIL GORBATSCHOW - EIN KURZPORTRÄT

Der Mann, der die Welt seit über sechs Jahren in Atem hält, wurde am 2. März 1931 in einem Dorf der Region Stawropol als Bauernsohn geboren. Bereits während seines Jurastudiums trat Michail Gorbatschow 1952 der KPdSU bei. Kaum daß er sein Examen in der Tasche hatte, nahm er 1955 seine politische Karriere in Angriff. Unspektakulär, aber zielstrebig arbeitete er sich rasch nach oben. Obwohl Andropow ihm einige Brücken gebaut hatte, kam die Wahl Michail Gorbatschows am 11. März 1981 zum Generalsekretär der KPdSU überraschend. Von der Öffentlichkeit unbemerkt war er bis zur höchsten Spitze des sowjetischen Staates vorgedrungen. Und dort setzte er einen beispiellosen Prozeß in Bewegung. Perestroika und Glasnost - Umgestaltung und Offenheit - waren seine Forderungen. Während sich das sowjetische Volk und andere kommunistische Länder begeistert von Gorbatschows Reformprogrammen zeigte, warnten andere vor dem ›Wolf im Schafspelz‹. Gleichwohl konnten sie sich dem Charisma und der Ausstrahlung dieses Mannes nicht entziehen. 1987 erschien sein Buch *Perestroika*, in dem er seine Reformpolitik vorstellte. Doch sein Optimismus, den Sozialismus reformieren zu können, verschwand bald. Nationalitätenkonflikte und wirtschaftliche Mißstände setzten ihn unter Druck. Immer wieder sah sich Gorbatschow gezwungen, auf harte Mittel zurückzugreifen. Als er im Winter 1990/91 durch das Amt des Staatspräsidenten immer mehr Macht anhäufte, begannen viele, eine Diktatur zu befürchten. Ein rigider Entwurf des Unionsgesetzes sowie das Eingreifen des Militärs im Baltikum bestätigten diese Ängste. Das Unionsreferendum im März 1991 zum Fortbestehen der UdSSR wurde von den Sowjetbürgern nur knapp angenommen. Als im August 1991 der Unionsvertrag zu dem historischen Versuch gereift war, die UdSSR in eine föderative Gemeinschaft umzuwandeln, zogen die konservativen Militärs ihre Konsequenz. Obwohl der Putsch scheiterte, mußte Gorbatschow seinen Traum von der Einheit der Sowjetunion begraben.

# Die Geschichte der Sowjetunion II (1985–1991)

## *Die Reformen werden vorbereitet*

Zu keinem Zeitpunkt in der sowjetischen Geschichte konnten die hehren Ziele des Marxismus-Leninismus wirklich durchgesetzt werden, doch spätestens seit Mitte der siebziger Jahre beginnen Anspruch und Wirklichkeit in einem nie gekannten Ausmaß auseinanderzudriften. Die Gegensätze und Widersprüche in der sowjetischen Gesellschaft treten immer offener zu Tage.

Als Resultat der Bildungsanstrengungen der fünfziger Jahre existiert in den achtziger Jahren eine breite Schicht qualifizierter Akademiker, die jedoch in keinster Weise am politischen Prozeß beteiligt werden und im kulturellen und ökonomischen Leben nach wie vor entmündigt sind. Gleichzeitig verschlechtern sich die Ausbildungsmöglichkeiten wieder, da es versäumt wurde, die Hochschulen entsprechend der steigenden Zahl von Abiturienten auszubauen. Während ein Teil der Bevölkerung beginnt, ihre materiellen Ansprüche in Folge der außenpolitischen Öffnung der Sowjetunion am Westen und an Ostasien auszurichten, geht das Wirtschaftswachstum im eigenen Land rapide zurück. Trotz erheblicher Erfolge in einzelnen Wirtschaftsbereichen wie der Rüstungsindustrie oder der Weltraumtechnik fehlt es den sowjetischen Bürgern noch immer an den grundlegendsten Gütern des täglichen Bedarfs. Korruption und Schattenwirtschaft beherrschen die Situation im Land.

Die ungünstige Entwicklung, vor allem die Rückständigkeit der Wirtschaft und die Unzufriedenheit eines Teils der Bevölkerung, mündet schließlich in einer Krise des gesamten Systems. Die Kritik am Einparteienstaat, an der Planwirtschaft und ihren Nutzniesern beginnt zu wachsen – wenn auch zunächst nur im Verborgenen. Die sowjetische Gesellschaft spaltet sich: in Konservative, die auf irgendeine Weise vom System profitieren, und in Reformer, die Veränderungen wünschen. Doch auch innerhalb des Partei- und Staatsapparates gelangen einige Bürokraten zur Überzeugung, daß es so nicht weitergehen kann. Es geht ihnen nicht darum, das System grundlegend zu ändern oder gar abzuschaffen. Sie wollen das Land von Schlamperei und Korruption befreien und die Wirtschaft effizienter machen - nicht zuletzt um ihre eigenen Privilegien zu sichern.

So bilden sich in der sowjetischen Bürokratie zwei politische Flügel heraus: neben den alten konservativen Parteigängern, die den Blick für die Realität des Landes verloren haben, eine wachsende Gruppe modernistischer Technokraten, die auf Maßnahmen drängt. Den Technokraten gelingt es schließlich, die konservativen Apparatschiks davon zu überzeugen, daß die wirtschaftliche Misere bald zu öffentlichen Unmutsäußerungen der Bevölkerung führen könne.

Die Einsicht, den Protesten der Massen durch Reformen von oben vorbeugen zu müssen, führt 1982 ›notgedrungen‹ zur Wahl des ersten ›Reformers‹ Jurij Andropow als Nachfolger Leonid Breschnews. Der neue Generalsekretär der KPdSU beginnt einen Anti-Korruptionsfeldzug, drängt auf die Erhöhung der wirtschaftlichen Effizienz - und er enthebt einen Teil der alten Apparatschiks ihres Amtes. Damit hatten die Parteifunktionäre nicht gerechnet. Unruhe macht sich breit. Doch Andropow ist krank. Er kann sein Werk nicht fortsetzen, und nach seinem Tod kommt mit dem greisen Konstantin Tschernenko noch einmal einer aus dem konservativen Lager an die Macht. Das widersprach dem ausdrücklichen Willen Andropows, der seinen politischen Zögling Michail Gorbatschow als Nachfolger favorisiert hatte.

Ein Jahr später ist es allerdings soweit. Wenige Stunden nach Tschernenkos Tod am 10. März 1985 wird eine Sitzung des Politbüros einberufen. Um das Amt des Generalsekretärs bewirbt sich außer Michail Gorbatschow auch der konservative Moskauer Parteichef Viktor Grischin. Sein zweiter Gegenspieler, Grigorij Romanow, Politbüromitglied und Parteichef in Leningrad, war schon im Vorfeld wegen Korruptionsaffären von der Kandidatur zurückgetreten. Ausgerechnet auf der entscheidenden Sitzung des Politbüros wird nun auch ein Papier über die Korruption in der Moskauer Parteileitung und der Stadtverwaltung vorgelegt. Damit ist Viktor Grischin ebenfalls aus dem Rennen. Zudem fehlen auf dieser Sitzung zwei Mitglieder des Politbüros, die zum konservativen Lager gezählt werden. Sie kehren erst verspätet von einem Besuch in den USA zurück, da der Pilot der Maschine für den plötzlichen Rückflug nicht auffindbar (!) ist. Michail Gorbatschow wird mit knapper Mehrheit zum künftigen Generalsekretär bestimmt und am folgenden Tag, dem 11. März 1985, vom ZK

*Gorbatschow kommt an die Macht: Konstantin Tschernenko wird an der Kremlmauer beigesetzt.*

gewählt – wenn auch nicht einstimmig, sondern nur ›einmütig‹, wie es heißt. Seinen Wahlerfolg hat Gorbatschow nicht zuletzt der Fürsprache Andrej Gromykos vor dem ZK zu verdanken, als Dienstältestem im Politbüro ausgerechnet einem Vertreter der alten Garde.

Gespannt blickt die Welt nach Moskau. Obwohl Gorbatschow der erste sowjetische Führer ist, dessen Karriere nicht mehr in die Stalin-Ära zurückreicht, ist er ein typischer Parteifunktionär. Die Skepsis weicht – zumindest im Ausland – bald unverhohlener Sympathie: Von der abweisenden Arroganz und Strenge sowjetischer Machthaber wenig verwöhnt, sind die westlichen Politiker schon nach wenigen Auftritten fasziniert vom Charme und der Offenheit des neuen Generalsekretärs.

Gorbatschow hatte die krisenhafte Zuspitzung im Land erkannt und geduldig auf seine Chance gewartet: Nun stellt er sich, die Partei und die Staatsführung an die Spitze der Reformbewegung, von der sie früher oder später überrollt worden wären. Schonungslos analysiert er den Zustand der sowjetischen Wirtschaft und fordert unmittelbar nach Amtsübernahme die beschleunigte sozialökonomische Entwicklung des Landes. Diesem Ziel sei die politisch-ideologische Erziehung unterzuordnen - für diesen Zeitpunkt eine revolutionäre Forderung.

Doch der neue Generalsekretär muß vorsichtig agieren: Das Lager der Reformer ist - noch - zu schwach. So geht Gorbatschow zuerst daran, zahlreich Partei-, Staats-, Wirtschafts- und Medienfunktionäre auszuwechseln. Die personelle Umstrukturierung ist allerdings ein normaler Prozeß, der sich nach jeder Wahl eines Generalsekretärs wiederholt. Auf dem ZK-Plenum im April 1985 rücken Jegor Ligatschow, Nikolai Ryschkow und der KGB-Chef Tschebrikow als Vollmitglieder ins Poltibüro auf. Später wird sich insbesondere Jegor Ligatschow als großer Bremser der Reformen herausstellen, doch noch hält ihn Gorbatschow für einen Verbündeten. Drei Monate nach seiner Berufung ins Politbüro wird Ligatschow darüber hinaus ranghöchster ZK-Sekretär nach Gorbatschow. Romanow - Gorbatschows ehemals schärfster Rivale im Politbüro - muß dagegen gehen. Auch Andrej Gromyko, Gorbatschows ›Geburtshelfer‹, gibt - vermutlich nicht ganz freiwillig - sein Amt als Außenminister ab und erhält den Posten des Vorsitzenden des Präsidiums des Obersten Sowjets. Damit ist Gromyko formell Staatsoberhaupt, doch in der Praxis ist der Posten weniger einflußreich. Neuer Außenminister wird zur großen Überraschung aller der georgische Innenminister Eduard Schewardnadse, der bis dahin mit internationaler Politik nicht vertraut war. Im Herbst 1985 tritt der greise Ministerpräsident Tichonow zurück und Aufsteiger Nikolai Ryschkow wird Vorsitzender des Präsidiums des Ministerrates - und damit Regierungschef. Kurz vor dem Jahreswechsel verliert schließlich auch der korrupte Moskauer Parteichef Viktor Grischin sein Amt. An seine Stelle rückt auf Betreiben Gorbatschows der russische Bauernsohn und gelernte Ingenieur Boris Jelzin, der sich als risikofreudiger und kompromißloser Reformer entpuppt.

Nicht nur in Moskau, sondern auch in den Amtstuben der Provinz weht inzwischen ein neuer Wind. Der Generalsekretär wettert gegen Faulheit und Vetternwirtschaft und droht mit Entlassung oder zumindest mit dem Entzug von Privilegien. Doch abgesehen von personellen Änderungen und einer Kampagne gegen den Alkoholmißbrauch im Land, die ihm erste Feindschaften einbringt, geschieht im ersten Jahr nicht viel. Als Gorbatschow die Führung des Landes übernahm, hatte er kein Konzept, kein fertiges Programm der Erneuerung oder Umgestaltung. In der Folge beschränkt er sich zunächst auf einzelne Maßnahmen.

Gorbatschow wird in seiner Wortwahl progressiver, doch die Grundfesten des sowjetischen Systems, die Ideologie des Marxismus-Leninismus, das Machtmonopol der Kommunistischen Partei oder die sozialistische Planwirtschaft rührt er nicht an. Seine Regierung beschränkt sich darauf, mit traditionellen Mitteln, das heißt, durch die Umorganisation der wirtschaftlichen Leitungsorgane, durch Kampagnen zur Disziplin- und Produktivitätssteigerung am Arbeitsplatz, die wirtschaftliche Talfahrt zu stoppen. Auf dem 27. Parteitag der KPdSU, vom 25. Februar bis zum 6. März 1986, versucht Gorbatschow, die Bedeutung des neuen Parteiprogrammes herunterzuspielen. Der Grund: Es enthält – zumindest inhaltlich – keine nennenswerten Neuerungen. Statt dessen stellt er die sogenannte »Konzeption zur Beschleunigung der sozioökonomischen Entwicklung« in den Mittelpunkt des Parteitages. Von seinen Parteikollegen verlangt er ultimativ, die Verantwortung für die wirtschaftliche Misere auf sich zunehmen, und droht bei fortgesetztem Schlendrian mit Konsequenzen. Die Führungsrolle der Partei sei kein ideologisches ›Geschenk‹, sondern solle in der politischen Praxis neu erworben werden.

Auch auf diesem Parteitag werden zahlreiche Parteiposten neu besetzt, die politisch jedoch keinen Erdrutsch zugunsten Michail Gorbatschows bedeuten. Andere Spitzenfunktionäre wirken bei solchen Personalentscheidungen mit. Dies betrifft insbesondere die Zusammensetzung des ZK. Obwohl insgesamt 125 neue Mitglieder in das Gremium gewählt werden – was einer Erneuerungsrate von immerhin vierzig Prozent entspricht – hat Gorbatschow keine zuverlässige Stütze für seine Vorhaben gewonnen. Bis zu den nächsten ZK-Wahlen in fünf Jahren muß er mit dieser Konstellation leben. Dem früheren Leningrader Parteichef L. Saikow gelingt der Sprung ins Politbüro. Bemerkenswert ist allerdings die Ernennung fünf neuer ZK-Sekretäre, darunter des Gorbatschow-Vertrauten Alexander Jakowlew, der Leiter der ZK-Abteilung für Ideologie und Propaganda wird.

Im Anschluß an den 27. Parteitag tauchen immer häufiger die für die Entwicklung der Sowjetunion zentralen Begriffe ›Perestroika‹ für Umgestaltung und ›Glasnost‹ für Transparenz und Offenheit auf. Im Rahmen der Aufdeckung wirtschaftlicher Mißstände und der Suche nach den Schuldigen wird die Zensur der Medien allmählich gelockert. Berichte über schlechte Arbeitsleistungen, Korruption, Alkoholismus und schließlich über Drogensucht und Prostitution erscheinen in den Zeitungen. Die sowjetische Kultur- und Kunstszene gerät in Bewegung, vermehrt brechen sowjetische Künstler mit früheren Tabus - und Gorbatschow läßt sie agieren. Die Reaktorkatastrophe in Tschernobyl am 26. April 1986 und die peinlichen Vertuschungsmanöver bedeuten demgegenüber einen herben Rückschlag für die zaghaft wachsende Pressefreiheit. Tagelang wird den sowjetischen Bürgern jede Information vorenthalten, und erst am 14. Mai stellt sich Gorbatschow im Fernsehen der Öffentlichkeit.

Die Künstler und Reformer lassen sich trotzdem nicht beirren; kulturelle, ökologische, aber auch politische Gruppen gründen sich in großer Zahl. Der 16. Dezember wird zum ›Feiertag‹ für Glasnost. An diesem Tag ruft Michail Gorbatschow den Dissidenten Andrej Sacharow in seinem Verbannungsort Gorki an - das Telephon in Sacharows Wohnung wurde einen Tag zuvor eigens dafür installiert - und teilt dem Verdutzten mit, er könne nach Moskau zurückkehren. Der Atomphysiker erhält seinen Arbeitsplatz an der Akademie der Wissenschaften zurück und wird politisch rehabilitiert.

Allmählich realisieren Gorbatschow und seine Gefolgsleute, daß eine Belebung der Wirtschaft nicht ohne tiefgreifende Veränderungen in Gesellschaft und Herrschaftssystem zu erreichen ist. Gorbatschow plant, sich auf dem bevorstehenden ZK-Plenum weiter vorzuwagen. Doch im Winter 1986 kommt es zu nationalen Unruhen in der Republik Kasachstan, nachdem der kasachische Parteichef Kunajew von Moskau aus durch den Russen Kolbin ersetzt wurde. Trotz der Ausschreitungen in Alma Ata ist der Moskauer Führung die Brisanz des Nationalitätenproblems noch nicht in ihrem vollen Ausmaß bewußt.

Auf dem mehrfach verschobenen und schließlich im Januar 1987 einberufenen ZK-Plenum geht Gorbatschow weit über das hinaus, was er auf dem 27. Parteitag gefordert hatte. Seine Kritik am Verfall und am Handlungsdefizit in höchsten Partei- und

Staatsgremien wird schärfer. Offen fordert er – wohl zum Entsetzen seiner konservativen Kollegen –, mit der Demokratisierung innerhalb der Partei ernst zu machen. Wahlen sollen seinem Vorschlag entsprechend sowohl auf Unions- als auch auf Republikebene künftig durch Mehrfachkandidaturen und geheime Abstimmungen belebt werden. Dabei sollen parteilose Kandidaten zugelassen werden: für altgediente Parteifunktionäre ein Alarmsignal.

Gorbatschow schont niemanden: Die Moral und die Arbeitseinstellung der sowjetischen Bürger ließen zu wünschen übrig, viele zeigten ein verantwortungsloses Verhältnis zum sozialistischen Eigentum, indem Maschinen oder Rohstoffe in vielen Betrieben achtlos kaputt gemacht würden oder schlicht verschwänden. Er kritisiert betrieblichen und regionalen Eigennutz, die Zunahme der Kriminalität sowie egoistisches Konsumdenken. Auch an der Kulturpolitik hat er einiges auszusetzen. Die lähmende Stagnation spiegele sich in der Kultur, Literatur und Kunst der UdSSR wider. Mit der Feststellung, daß die theoretischen Vorstellungen des Sozialismus nicht über das Niveau der vierziger Jahre hinausgekommen und im Stalinismus steckengeblieben seien, greift der Generalsekretär erstmals ideologische Tabus an.

Die Perestroika wird somit von der Wirtschaft auf die gesamte Gesellschaft ausgedehnt und mit Glasnost als Voraussetzung für die Demokratisierung angesehen. Als politisches Glaubensbekenntnis formuliert Gorbatschow zum Abschluß des Treffens den berühmt gewordenen Satz: »Wir brauchen die Demokratie wie die Luft zum Atmen.«

Zwar fließen die entscheidenden Forderungen des Kremlchefs in Bezug auf Demokratisierung und Wahlreform nicht in die offiziellen Resolutionen des ZK-Plenums ein – das ZK ist nach wie vor zu zwei Dritteln mit Vertretern der Breschnew-Ära besetzt –, doch der Zug in Richtung Umgestaltung scheint angeschoben. Im Frühjahr 1987 wird das ›neue Denken‹ eingeleitet – in der Außenpolitik ebenso wie im Sinne einer moralischen Wende innerhalb der Sowjetunion. Die kritische Publizistik gewinnt an Schärfe; ihr wird die Aufgabe zuteil, die Gesellschaft aus Lethargie und Resignation zu reißen. Darüber hinaus setzt sich Gorbatschow für eine kontrollierte Aufarbeitung der sowjetischen Geschichte – insbesondere des Stalinismus – ein. Sie gerät jedoch bald außer Kontrolle. Nicht mehr nur Stalin und Breschnew werden Ziel der

Vorwürfe, sondern auch andere Parteigrößen der Vergangenheit und Gegenwart.

Das Personalkarussell dreht sich weiter. Da Gorbatschow an der Zusammensetzung des ZK vorläufig nichts ändern kann, konzentriert er sich auf andere Gremien in Partei, Regierung, Verwaltung, Wirtschaft und Wissenschaft, um seine Macht abzusichern. Auch die Provinz bleibt nicht verschont. Bis März werden insgesamt 65 der 159 sogenannten Ersten Parteisekretäre in der ganzen Sowjetunion neu ›gewählt‹. Diese ›Provinzfürsten‹ bilden die einflußreiche Mittelschicht der Parteihierarchie. Trotz des ausgedehnten Kaderwechsels gelingt es Gorbatschow jedoch nicht, diese regionalen Partei- bzw. Machtapparate unter Kontrolle zu bringen. Vermutlich auf Betreiben Jegor Ligatschows werden diese Posten – wie in Kasachstan – meist mit Moskauern oder gebietsfremden Funktionären besetzt, um Nationalismen und lokale Autonomiebestrebungen zu vermeiden.

Im ZK-Sekretariat kann Gorbatschow seine Macht hingegen weiter festigen, indem ein alter Studienkamarad Gorbatschows, Lukjanow, zum ZK-Sekretär gewählt wird. Parallel dazu verliert der abgesetzte kasachische Parteichef Kunajew seine Mitgliedschaft im Politbüro, womit ein weiterer Vertreter der alten Garde ausgeschaltet ist. Auf dem nächsten Plenum des ZK im Juni 1987 baut der Kremlchef seine Position im Politbüro aus: Mit der Beförderung von Jakowlew und Nikonow werden zwei Gefolgsleute Gorbatschows zu Vollmitgliedern. Gleichzeitig wird Sljunkow Vollmitglied und Armeegeneral Dimitri Jasow Kandidat des Politbüros, nachdem sein Vorgänger, Marschall Sergej Sokolow, im Anschluß an Matthias Rusts Abenteuerflug auf den Roten Platz seinen Stuhl räumen mußte.

Im Jahr 1987 nimmt die Umgestaltung und die Öffnung konkrete Formen an: Im Februar werden politische Häftlinge entlassen, im Frühjahr und Sommer finden auf Kommunalebene erste Wahlen mit mehreren Kandidaten und in geheimer Abstimmung statt, zur gleichen Zeit wird ein neues Unternehmensgesetz verabschiedet, das privatwirtschaftliche Organisationsformen (Kooperativen) zuläßt. Ein gerichtlicher Verwaltungsrechtsschutz wird eingeführt. Die Perestroika schreitet nach dem ›Versuch-Irrtum‹-Prinzip langsam voran – wenngleich noch immer ohne Gesamtkonzept.

Doch je mehr Perestroika und Glasnost Gestalt annehmen,

desto differenzierter werden die politischen Anschauungen in Partei und Staat: Insbesondere auf dem Land gibt es nach wie vor zahlreiche Vertreter der alten Garde, eine Art sowjetischer Mafiosi, die jeglicher Veränderung von Anfang an negativ gegenüberstanden und nun verbissen um ihren Machterhalt und ihre Privilegien kämpfen. Dazu kommt eine Gruppe von Konservativen, die zwar bereit sind, in bestimmten Teilbereichen, z. B. in der Wirtschaft, Reformen zuzulassen, sich darüber hinaus aber gegen Veränderungen stemmen. Diese Gruppe wächst in dem Maße, wie sich herausstellt, daß einzelne Reformschritte den Bedarf nach weitergehenden Reformen auslösen. Ehemalige Anhänger der Perestroika wandern ins konservative Lager der ›Bremser‹ ab. Sie befürchten eine Dynamik von unten, die ihre eigene Existenz bedrohen könnte.

Ebenso kristallisieren sich unter den ›wahrhaften‹ Reformern beliebig viele Variationen heraus: von den Befürwortern eines bedächtigen und schrittweisen Wandels bis hin zu den Radikalreformern, denen alles viel zu langsam geht. Sie würden das gesamte ökonomische und politische System am liebsten gleich morgen abschaffen.

Entscheidend werden schließlich die nationalistischen Strömungen, die sich nicht eindeutig einer der politischen Gruppierungen zuordnen lassen. Haben die Nationalisten in den verschiedenen Republiken zunächst die Perestroika untestützt – die öffentliche Anmeldung nationaler Ansprüche wurde dadurch überhaupt erst ermöglicht –, so werden sie später im Namen ihrer Autonomie oder Unabhängigkeit zu erbitterten Gegnern der Unionsvertreter, gleichgültig ob konservativ oder liberal.

Michail Gorbatschow muß zwischen all diesen mehr oder weniger einflußreichen Gruppen lavieren, schließt Kompromisse, versucht auszugleichen und zu vermitteln, um sein Vorhaben nicht zu gefährden. Obwohl er zweifelsohne der ›Vater‹ der Perestroika ist, wird er so fast automatisch zum gemäßigten Reformer. Oft wird er in den folgenden Jahren die Fronten und die Koalitionspartner wechseln, wird Funktionäre ihres Amtes entheben, die er selbst dorthin befördert hat. Das Risiko dieser Taktik – an Glaubwürdigkeit zu verlieren und zwischen den Fronten aufgerieben zu werden – ist dem Generalsekretär vermutlich bewußt, doch er sieht keinen anderen Weg.

Zum ersten Eklat kommt es im Herbst 1987. Während sich Politbüromitglied und zweiter ZK-Sekretär Jegor Ligatschow zum nichtoffiziellen Sprecher der Konservativen entwickelt, wird der Moskauer Parteichef und Gorbatschow-Zögling Boris Jelzin zur Leitfigur der Radikalreformer. Respektlos wütet Boris Jelzin gegen die Privilegien, gegen die Ferienhäuser, Dienstwagen, Spezialgeschäfte und Sonderrationen der Parteielite. Schließlich kritisiert er die Macht der Partei an sich - samt ihrem Generalsekretär. Von Jegor Ligatschow in der Folge behindert, wo immer es geht, beschließt Jelzin, aus dem ZK auszutreten. Seine ›Begründungsrede‹ vor dem Oktober-Plenum des ZK nützt er zu einem Rundumschlag: Die Unanfechtbarkeit der Autoritäten, die Unfehlbarkeit des Führers und die Doppelmoral, mit der seine Parteikollegen ans Reformwerk gingen, seien unerträglich. Damit überschreitet Jelzin endgültig die schmale Grenze zwischen systemkonformer Funktionärskritik und einem prinzipiellen Angriff auf den Parteiapparat.

Das Faß ist übergelaufen; die Funktionäre sind empört und wütend: Am 11. November wird Boris Jelzin, begleitet von Schmähreden seiner politischen Gegner, seines Amtes als Moskauer Parteichef und im Februar 1988 seines Amtes als Kandidat des Politbüros enthoben. Gorbatschow will oder kann seinem ehemaligen Verbündeten nicht helfen, dem er öffentlich politische Unreife vorwirft. Viele interpretieren den Sturz Jelzins auch als Warnung an Gorbatschow selbst, die Reformen nicht ohne ›Genehmigung‹ zu beschleunigen.

Die Feierlichkeiten zum 70. Jahrestag der Oktoberrevolution nutzt Gorbatschow zum Kompromiß zwischen beiden Richtungen. In seiner Festrede beschwört er die Notwendigkeit von Demokratisierung und Wirtschaftsreform, betont aber, den Weg des Kommunismus niemals zu verlassen.

Das Jahr endet mit einem außenpolitischen ›Highlight‹, denn Gorbatschow und der US-Präsident Reagan unterzeichnen am 8. Dezember in Washington den INF-Vertrag über die Vernichtung aller Mittelstreckenraketen. Innenpolitisch, insbesondere wirtschaftlich, geht es indes kaum voran.

Das ›neue‹ Denken steht nach wie vor im krassen Gegensatz zum ›neuen‹ Handeln. Die Widerstände in den Behörden, in den Betrieben, aber auch in der Gesellschaft erweisen sich zäher als erwartet.

## *Die Perestroika im Aufwind*

1988 tritt die Perestroika in eine neue Phase. In der ersten Jahreshälfte brechen mit aller Gewalt und ungeahnter Vehemenz die nationalen Konflikte des Vielvölkerstaates auf - mit allen ihren Auswirkungen auf das Ansehen Gorbatschows und seine Pläne. Zum anderen wird die Reform des politischen Systems verstärkt in Angriff genommen, denn das neue Denken soll sich endlich in Taten manifestieren.

Hatte Gorbatschow trotz erster nationalistischer Zwischenfälle noch ein Jahr zuvor das Nationalitätenproblem in der Sowjetunion als weitgehend gelöst bezeichnet, sieht er sich im Februar plötzlich einem nationalistischen Sturm gegenüber, wie niemand ihn erwartet hatte. Die Auseinandersetzungen zwischen christlichen Armeniern und moslemischen Aserbaidschanern werden zum Härtetest

*Boris Jelzin: Liebling der Medien.*

für die Perestroika. Das Gebietskomitee der in der Republik Aserbaidschan liegenden armenischen Enklave Berg-Karabach hatte die Unabhängigkeit von Aserbaidschan und den Anschluß an ›ihre‹ Republik Armenien verlangt. Daraufhin machen die Aserbaidschaner, insbesondere in der jungen Industriestadt Sumgait, Jagd auf alle dort lebenden Armenier. Es kommt zu pogromähnlichen Ausschreitungen, Truppen werden nach Sumgait in der Nähe der Hauptstadt Baku entsandt, doch die Zentrale verschweigt, welches Ausmaß dieses Massaker tatsächlich erreicht. In der Nachbarrepublik Armenien strömen indessen Tausende von Menschen auf die Straßen der Hauptstadt Eriwan, um für die Angliederung Karabachs und ihrer Landsleute zu demonstrieren – die Polizei greift nicht ein. Persönlich bittet Gorbatschow die armenischen Wortführer, Geduld zu zeigen, um die Perestroika nicht zu gefährden. Nicht zuletzt mit Hilfe der Truppen, die in Aserbaidschan stationiert bleiben, gelingt es zunächst, den Aufruhr zu besänftigen - doch die Demonstrationen gehen weiter.

Doch Gorbatschow hat die Geister der Freiheit und der Offenheit gerufen, nun bringt er sie nicht mehr los, denn fast parallel zu den Ereignissen im Kaukasus finden in den baltischen Republiken die ersten nationalen Massenkundgebungen statt, die bald danach zur Bildung von Unabhängigkeitsbewegungen führen.

Positives ist dagegen wieder einmal von der außenpolitischen ›Front‹ zu vermelden: Im April 1988 unterzeichnen sowjetische, amerikanische, afghanische und pakistanische Vertreter in Genf das Afghanistan-Abkommen und am 15. Mai beginnen die sowjetischen Truppen aus dem besetzten Afghanistan abzuziehen.

Wenige Tage später kann Gorbatschow die Mitglieder des ZK auf ein Thesenpapier einigen, das als Diskussionsgrundlage der bevorstehenden, von Gorbatschow initiierten außerordentlichen, unionsweiten Parteikonferenz dienen sollte. Das Kernstück des Thesenkataloges sieht nun endlich eine Reform des politischen Systems vor, das sich nach Auffassung Gorbatschows als unfähig erwiesen hatte, die Wirtschaft und die Gesellschaft vor Stagnation zu bewahren. Entsprechend der Einschätzung, daß sich die Parteigremien in den vorangegangen Jahrzehnten massiv an den staatlichen Organen vergriffen hatten, sollte nun durch die strikte Trennung von Partei- und Staatsaufgaben sowie durch die weitgehende Trennung von Exekutive und Legislative eine Art Gewaltenteilung eingeführt werden.

Und tatsächlich wird diese vom 28. Juni bis 1. Juli stattfindende 19. Parteikonferenz, auch Allunionskonferenz genannt, zu einer Sternstunde für Glasnost und Perestroika. Gebannt verfolgen über hundert Millionen Sowjetbürger am Fernsehschirm Rededuelle zwischen Konservativen und Reformern, lauschen gebannt Kritik und Gegenkritik, Vorschlägen und Visionen und schließlich dem politischen Mitternachtskrimi um Jelzin und Ligatschow. Gorbatschow kann die Angriffe auf Jegor Ligatschow und andere ältere Spitzenfunktionäre nutzen – Hinterbänkler fordern unter anderem das Staatsoberhaupt Andrej Gromyko zum Rücktritt auf –, um Druck auf die noch aus der Breschnew-Zeit stammenden Politbüro-Mitglieder auszuüben. Zahlreiche Konferenzdelegierte kritisieren offen, daß die gesetzlichen Maßnahmen im wirtschaftlichen Bereich keinerlei positive Ergebnisse zeigten, daß die Lebensmittelgeschäfte nach wie vor leer seien und daß sich die Versorgungslage in manchen Gegenden sogar drastisch verschlechtert habe. Boris Jelzin ist nach wie vor Mitglied der Partei und ergreift schließlich – der Saal steht unter Hochspannung – das Wort. Mutig verlangt er seine politische Rehabilitierung und bekräftigt abermals seine Forderung nach Transparenz von Parteientscheidungen und den Aktivitäten ihrer Führungspersönlichkeiten. Nur ein Teil der Delegierten spendet Beifall, aber jeder weiß, an wen sich diese Kritik richtet. Doch Jelzins Zeit ist noch nicht gekommen – seine Rehabilitierung steht noch aus.

Schließlich wird Gorbatschows soziopolitisches Reformprogramm wenn auch mit Abstrichen angenommen, obwohl es die Macht des Apparates drastisch verringert. Demnach sollen künftig die Sekretäre und Mitglieder aller Parteikomitees bis hin zum ZK erst nach eingehender Prüfung ihrer Qualitäten in geheimer Abstimmung gewählt werden. Sie und die Mitglieder der Büros, einschließlich des Politbüros, sollen nicht länger als zwei Amtsperioden (sprich höchstens zehn Jahre) auf ein und demselben Posten bleiben. Auf den folgenden Parteikonferenzen, die alle zwei bis drei Jahre stattfinden sollen, sollen bis zu zwanzig Prozent der Mitglieder der Parteikomitees und des ZK erneuert werden.

Noch einschneidender als die Veränderungen in der Partei sind allerdings diejenigen im staatlichen Aufbau. An der Spitze des Staates soll künftig ein neu zu bildender Kongreß der Volksdeputierten stehen, mit insgesamt 2250 Deputierten. Zwei Drittel der Deputierten, also 1500, sollen in 1500 Wahlkreisen in direkter, geheimer Wahl aus mehreren Kandidaten gewählt werden. Das restliche Drittel, sprich 750 Deputierte, soll von den gesellschaftlichen Organisationen der Sowjetunion, das heißt Gewerkschaften, Verbände u.a. nominiert werden, wobei der Partei allerdings hundert Sitze reserviert sind. Fast die gesamte Parteiführung kann so unter Umgehung der Wahlen in den Kongreß gelangen – ein ›Geschenk‹ an die Apparatschiks.

Zwar soll der neue Deputiertenkongreß das Recht haben, über alle verfassungsrechtlichen, politischen und sozialökonomischen Belange zu entscheiden, da jedoch nur eine Tagung im Jahr vorgesehen ist, kann dies nur als eine Art Richtlinienkompetenz interpretiert werden. Die Funktion eines Dauerparlaments (Sitzungsperiode: zweimal vier Monate) soll dagegen ein neuer Oberster Sowjet übernehmen. Der Oberste Sowjet soll wie sein institutioneller Vorgänger aus zwei Kammern, dem Nationaltätensowjet und dem Unionssowjet bestehen. Die insgesamt 542 Abgeordneten sowie der Vorsitzende des Obersten Sowjets werden nicht vom Volk, sondern vom Kongreß der Volksdeputierten aus ihren eigenen Reihen gewählt – ein weiteres Zugeständnis an die Parteifunktionäre. Sowohl der Oberste Sowjet als auch sein Vorsitzender sind dem Deputiertenkongreß rechenschaftspflichtig und der Vorsitzende kann von den Deputierten abberufen werden. Der Oberste Sowjet soll darüber hinaus Kommissionen bilden, die, ähnlich wie Bundestagsausschüsse nach Themenressorts unterteilt, ständig arbeiten. Die Vorsitzenden der Kommissionen sollen wiederum Mitglieder des Präsidiums des Obersten Sowjets sein.

Die strikte Trennung zwischen Staat und Partei wird allerdings insofern wieder aufgehoben, als der Erste Parteisekretär eines Gebietes ›in der Regel‹ mit dem Vorsitzenden des jeweiligen Sowjetparlamentes identisch sein soll. Ob dies auch für die Führungsgremien gelten soll, was bedeuten würde, daß Gorbatschow als Generalsekretär der KPdSU auch Vorsitzender des Obersten Sowjets würde, wird noch offen gelassen. Abschließend wird ein Zeitplan erstellt, innerhalb dessen die Reformen durch die entsprechenden Gesetze bzw. Verfassungsänderungen umgesetzt werden sollen.

Die auf der 19. Parteikonferenz beschlossenen Änderungen betreffen also vor allem die staatlichen Organe und wirken sich nur indirekt auf die Partei aus, indem der Machtzuwachs der Parlamente bzw. der Sowjets mit dem Machtverlust der Parteikomitees einhergeht. Die Reform der Partei nimmt der Generalsekretär wenig später in Angriff.

Auf dem ZK-Plenum Ende Juli 1988 werden zwar die Hauptrichtungen des Umbaus des Parteiapparates beschlossen, doch die Mitglieder des ZK ergreifen diesbezüglich noch keine konkreten Maßnahmen. Stattdessen gründen sie eine Reformkommission, der neben Gorbatschow als Vorsitzendem 77 weitere Mitglieder angehören. Die Aufgabe der Kommission ist es, Vorschläge zu erarbeiten, wie die Beschlüsse der 19. Parteikonferenz zur Reformierung des Staatsystems verwirklicht werden können. Ein Verfassungsänderungsgesetz und ein neues Wahlgesetz werden vorbereitet.

Unmittelbar nach dem Juli-Plenum gibt es allerdings immer mehr Anzeichen, daß sich die konservativen Kräfte gegen die beschleunigte Perestroika zu formieren beginnen. Während Gorbatschow für sechs Wochen auf die Krim fährt, um Urlaub zu machen, kritisiert Ligatschow öffentlich die Reformpolitik, aber auch das ›neue Denken‹ in der Außenpolitik. Staatsoberhaupt Andrej Gromyko äußert sich noch schärfer über Gorbatschows Politik und unterschreibt eine Verordnung, die die Teilnahme an ungenehmigten Demonstrationen mit einer hohen Geldstrafe bis hin zu zwei Monaten Zwangsarbeit belegt. Hierbei muß man wissen, daß in der ersten Jahreshälfte allein in Moskau 250 solcher ungenehmigten Protestkundgebungen stattgefunden haben. KGB-Chef Tschebrikow verdächtigt schließlich Oppositionelle des Kontakts mit ausländischen Geheimdiensten. Reformzeitungen werden die Auflagen gekürzt. Zur gleichen Zeit flammen im Kaukasus die Nationaltätenkonflikte wieder auf, es kommt erneut zu schweren Zwischenfällen. Schließlich wird über Nagornij-Karabach in Aserbaidschan, wo seit mehreren Tagen ein Generalstreik herrscht, ein ›Sonderzustand‹ verhängt, der unter anderem eine nächtliche Ausgangssperre beinhaltet. Moskau entsendet schließlich auch Truppen nach Eriwan, der Hauptstadt Armeniens, wo ebenfalls gestreikt wird.

Viele befürchten, daß die Machtkrise zu einem Sturz Gorbatschows führen könnte. Doch es kommt ganz anders. Verärgert über die Ereignisse in Moskau, aber auch als Reaktion auf den Volkszorn über die schlechte Versorgungslage in Sibirien, den er im September im Verlauf einer Reise dorthin hautnah zu spüren bekommt, dreht Gorbatschow den Spieß um. Überraschend beruft der Kremlchef das Zentralkomitee zu einer Sondersitzung ein und verkündet den Parteigenossen, Andrej Gromyko habe um seine Versetzung in den Ruhestand gebeten. Das ZK enthebt Gromyko seiner Verpflichtungen als Mitglied des Politbüros. Außerdem stimmt es einer Verkleinerung und strukturellen Änderung seines eigenen Apparates zu.

Sechs ZK-Kommissionen für Partei- und Personalpolitik, für Ideologie, für Sozial- und Wirtschaftspolitik, für Agrarpolitik, internationale Politik und für Rechtspolitik werden neu gebildet. Sie sollen die Richtlinien der Partei festlegen und bei der Verwirklichung von Beschlüssen behilflich sein. Die zwanzig ZK-Abteilungen werden zu acht Abteilungen und der Geschäftsführung zusammengefaßt. Ihre Leiter sind künftig den Kommissionen unterstellt.

Bis auf den ukrainischen Parteichef Wladimir Schtscherbitzkij verlieren an diesem Tag alle Repräsentanten der Breschnew-Ära im Politbüro und ZK-Apparat ihre Ämter. Michail Solomentzew scheidet aus dem Politbüro aus. An seiner und Gromykos Stelle rückt Wladim Medwedew ohne vorhergehende Kandidatur zum Vollmitglied auf. Darüber hinaus müssen Wladimir Dolgick und Anatolij Dobrynin ihre Ämter als ZK-Sekretäre abgeben. Dobrynin, dessen Ausscheiden für viele zunächst überraschend kommt, wird persönlicher Berater Gorbatschows.

Wer geglaubt hatte, Gorbatschow lasse es mit dieser einschneidenden Reform bewenden, sah sich getäuscht. Nur einen Tag später, auf der Sitzung des – noch alten – Obersten Sowjets landet Gorbatschow den zweiten Coup. Ohne Debatte setzen die Delegierten Andrej Gromyko als Staatschef ab und wählen Gorbatschow zum neuen Vorsitzenden des Präsidiums des Obersten Sowjets. Gorbatschow kann nun daran gehen, das Amt eines nominellen Staatsoberhauptes in das eines starken Staatspräsidenten umzuwandeln. Stellvertreter wird sein früherer Kommilitone und Vertauter Anatoli Lukjanow. Rätselhaft bleibt die Entscheidung, Viktor Tschebrikow als Chef des KGB abzulösen, ihn stattdessen aber zum ZK-Sekretär und Leiter der neuen Kommission für Rechtsfragen zu machen, zumal er dafür bekannt ist, der Perestroika – ähnlich wie Ligatschow – kritisch gegenüber zu stehen. Neuer KGB-Chef wird Wladimir Krjutschkow.

Jegor Ligatschow, der zweite Mann in der Machthierarchie der Sowjetunion und konservative Gegenspieler Gorbatschows, kann

Politbüromitglied bleiben. Seine Stellung als zweiter ZK-Sekretär büßt er jedoch ein. Ihm wird die Leitung der ZK-Agrarkommission übertragen – ein Amt, das aufgrund der katastrophalen Agrarsituation als Schleudersitz gilt. Die anderen Kommissionen werden in den folgenden Wochen mehrheitlich mit Reformern besetzt. Georgij Rasumowski, Wladim Medwedew, Nikolai Sljunkow und Alexander Jakowlew übernehmen jeweils die Leitung einer Kommission. Die Leiter der ZK-Abteilungen werden I. Boldin, Gregorij Rasumowski, A.Kapto, I. Skiba, V. Simko, A. Pawlow, Valentin Falin und O. S. Beljakow. Sie sind allerdings – mit Ausnahme von Falin, Rasumowski und Boldin – für eine traditionalistische Grundeinstellung bekannt. Der langjährige Geschäftsführer Kruschina steht Gorbatschow nach wie vor sehr nahe. Die vorerst letzte wichtige Pesonalentscheidung ist die Ernennung Wadim Bakatins zum sowjetischen Innenminister.

Die sicherere Machtbasis der Reformer in den Partei- und Staatsgremien gibt Gorbatschow die Chance, seine Vorhaben nun zügiger durchzusetzen. Sorgen machen dem Generalsekretär jedoch weiterhin die nationalen Bestrebungen der sowjetischen Völker. Mitte November verabschiedet das Parlament von Estland eine Souveränitätserklärung. Zum selben Zeitpunkt demonstrieren rund 100 000 Georgier in Tiflis für die Beendigung der Russifizierung und für ein unabhängiges Georgien.

Am 1. Dezember 1988 verabschiedet der (alte) Oberste Sowjet mit Billigung des ZK die beiden Gesetze zur ›Novellierung der Verfassung‹ und ›Über die Wahlen der Volksdeputierten‹. Damit werden die auf der 19. Parteikonferenz beschlossenen Reformen des politischen Systems der Sowjetunion Verfassungswirklichkeit. Die neuen Bestimmungen stärken aber nicht nur die Sowjetparlamente, sondern vor allem die Rolle des Vorsitzenden des Obersten Sowjets. Das neue Staatsoberhaupt hat künftig weit größere Kompetenzen und überragt alle übrigen Staats- und Parteimitglieder. Bei der Vorbereitung der neuen Gesetze war von Glasnost kaum die Rede. Angesichts der kurzen Frist blieb für eine eingehende und öffentliche Diskussion keine Zeit. Die Tätigkeit der Kommissionen wurde der Öffentlichkeit erst gar nicht bekannt gemacht. Erst unmittelbar vor der Verabschiedung entwickelte sich eine ungewöhnlich offene und kontroverse Debatte, in der beispielsweise die Vertreter Estlands vergeblich ein Vetorecht gegen Unionsentscheidungen verlangten.

Während die Transparenz der Führungsentscheidungen nach wie vor zu wünschen übrig läßt, macht Glasnost in anderen Bereichen weiter Fortschritte. Gesellschaftliche, soziale und wirtschaftliche Probleme werden in den Medien immer schonungsloser kritisiert, Ergebnisse von Meinungsumfragen werden veröffentlicht, die sowjetische Vergangenheit offen diskutiert, auch wenn bestimmte Publikationen für die politische Führung gefährlich werden können. Die Zeitungen und Zeitschriften beziehen politisch Position und beginnen, sich untereinander zu bekämpfen. Der sowjetische Rundfunk wird, einschließlich der Nachrichtensendungen ehrlicher und abwechslungsreicher. Besonders seit die Störung ausländischer Sender eingestellt wurde, wirkt sich die Konkurrenz positiv auf die Programmgestaltung aus. Man traut sich nun, früher verbotene Bilder auszustellen, verbotene Filme zu zeigen, verbotene Bücher zu veröffentlichen. Auch die zahlreichen Religionsgemeinschaften profitieren längst von der neuen Offenheit. Doch all die Künstler, Schriftsteller, Filmemacher und Journalisten agieren nach wie vor im rechtsfreien Raum. Ihre Arbeit ist abhängig vom ›Goodwill‹ der Elite, denn Meinungs- und Pressefreiheit sind nicht gesetzlich verankert.

## *Probleme mit den Reformen*

Während Michail Gorbatschow am 7. Dezember gerade vor der Generalversammlung der Vereinten Nationen einen einseitigen Truppenabbau und einen Teilabzug sowjetischer Waffensysteme aus Osteuropoa bekannt gibt, verwüstet ein schreckliches Erdbeben den Westen Armeniens. Es fordert, wie erst später bekannt wird, rund 50 000 Todesopfer, etwa eine Million Menschen werden obdachlos. Mit westlicher Unterstützung werden Rettungstrupps, Räumgeräte und Hilfsgüter über eine Luftbrücke ins Katastrophengebiet entsandt. Gorbatschow beschließt, sich selbst ein Bild vom Ausmaß der Zerstörung zu machen und fliegt unmittelbar nach seiner Rückkehr aus New York nach Armenien. Fassungslos und zornig steht er da, als die Menschen inmitten der Toten und der Trümmer seinen Besuch nutzen, um den Anschluß Nagornij-Karabachs an Armenien zu fordern.

Nachdem es in Armenien und Aserbaidschan erneut zu blutigen Auseinandersetzungen gekommen war, wird Nagornij-Karabach am 12. Januar 1989 per Dekret und unter formaler Beibehaltung der Zugehörigkeit zu Aserbaidschan direkt den obersten Staatsorganen der Sowjetunion unterstellt. Wenige Tage später entbindet Moskau Aserbaidschans Regierungschef Gassan Seidow von seinen Pflichten und setzt an seiner Stelle Ajaz Mutaibow ein. Im gleichen Monat wird auch der Parteichef Usbekistans, Pulat Chabibullajew wegen Amtsmißbrauch und Korruption entlassen. Am selben Tag fallen in Tadschikistan etwa tausend Menschen abermals einem Erdbeben zum Opfer.

Fast genau vier Wochen später, am 25. Februar 1989, fordern Demonstranten in Duschanbe, der Hauptstadt Tadschikistans, die Wiederbelebung des nationalen Erbes. Die nationalen Kundgebungen dauern an, bis im Sommer desselben Jahres Tadschikisch zur Amtsprache erhoben und Russisch zur Verkehrssprache gemacht wird. Kurz vorher wird in Usbekistan ein ähnliches Gesetz verabschiedet.

Auch in den anderen Republiken weiten sich 1989 die nationalen Proteste gefährlich aus. Im März werden bei Demonstrationen in der Moldawischen SSR für die Aufwertung der moldawischen Sprache und die Einführung der lateinischen Schrift zahlreiche Demonstranten und Polizisten verletzt. Auch in Georgien entzündet sich der Nationalismus erneut, diesmal am Bestreben der Autonomen Region Abchasien, sich von der Republik Georgien zu lösen. Im April setzen Sondereinheiten sogar Giftgas gegen georgische Nationalisten in Tiflis ein – 19 Menschen bezahlen mit ihrem Leben. Im Mai verabschiedet das Parlament Litauens eine Souveränitätserklärung. Im Juni werden in Usbekistan über hundert Menschen bei Auseinandersetzungen zwischen Usbeken und Mescheten getötet, etwa tausend werden verletzt. Rund 15 000 Angehörige der meschetischen Minderheit müssen bis Mitte Juni durch Sondertruppen des sowjetischen Innenministeriums evakuiert werden. Im gleichen Monat kommen fünf Menschen in Kasachstan bei nationalen Unruhen ums Leben. Der kasachische Parteichef Gennaddij Kolbin wird durch den bisherigen Ministerpräsidenten Nursultan Nasarbajew ersetzt. Im Juli sterben zwanzig Menschen, als es erneut zwischen Georgiern und Abchasen zu Auseinandersetzungen kommt. Am 8. August werden in der Republik Estland Wahlgesetze verabschiedet, die durch verlängerte Wohnsitzfristen zahlreichen Russen und anderen Einwanderern das Wahlrecht verweigern würden. Rund 40 000 Einwanderer treten daraufhin in den Streik. Am 16. August werden die estnischen Wahlgesetze in Moskau für verfassungswidrig erklärt, worauf der Streik wieder beendet wird. Auch in Aserbaidschan und in der Moldawischen SSR gehen die Demonstrationen und Proteststreiks weiter. Am 23. August 1989 bilden schließlich anläßlich des 50. Jahrestages des Hitler-Stalin-Paktes zwei Millionen Balten eine 600 Kilometer lange Menschenkette, die die baltischen Hauptstädte Tallin, Riga und Wilna verbindet. Sie fordern, den »Anschluß-Pakt« für null und nichtig zu erklären, außerdem freie Wahlen im Baltikum sowie den Abzug der sowjetischen »Besatzungsarmee«. Am 25. August fordert die Moskauer Führung die baltischen Staaten ultimativ auf, den nationalen Kundgebungen und Vorhaben ein Ende zu setzen. Wenige Tage danach plädiert die KP Lettlands für die Streichung der Führungsrolle der KPdSU aus der Verfassung. In der Moldawischen SSR wird am 31. August die moldawische Sprache per Gesetz zur Amtssprache erklärt und das lateinische Alphabet wieder eingeführt.

Im Zeichen der sich ständig verschärfenden Nationalitätenkonflikte und Unabhängigkeitsbestrebungen finden am 26. März 1989 die Wahlen zum Kongreß der Volksdeputierten statt. Abgesehen davon, daß ein Drittel der Abgeordneten ohnehin von der KPdSU, den Gewerkschaften und anderen Organisationen entsandt werden - auch Gorbatschow selbst entzieht sich dem Votum der Bürger - kann von demokratischem Wettbewerb im westlichen Sinne kaum gesprochen werden. Noch immer gibt es kein Mehrparteiensystem und die Aufstellung mehrerer Kandidaten schreibt das Wahlgesetz nicht zwingend vor. So kommt es, daß in rund einem Viertel der 1500 Wahlkreise wiederum nur eine Person kandidiert, andere Manipulationsmöglichkeiten ergaben sich bereits zuvor bei den Wahlkreisversammlungen. Viele Apparatschiks lassen sich in einem abgelegenen Winkel des Landes wählen, da sie eine Kandidatur in den Städten fürchten. Aber dennoch: Zum ersten Mal in der Geschichte der Sowjetunion können die Bürger ohne Furcht vor Repressionen unter mehreren Kandidaten - wenn auch derselben Partei - wählen, oder wenn nur ein Kandidat zur Wahl steht, ihm zumindest die Zustimmung verweigern. Und in der Tat fallen Parteifunktionäre reihenweise durch, auch Spitzenfunktionäre, die im Partei- und Staatsapparat leitende Positionen inne hatten. In manchen Städten, wie in Moskau und vor allem in Leningrad, gerät die Wahl zu einem Kahlschlag unter den Führungskadern. Nur einer feiert den Triumph: der Radikalreformer

*Ethnische Unruhen in Usbekistan: Ein Demonstrant wird von der Polizei abgeführt.*

Boris Jelzin, der im größten Wahlkreis Moskaus 89,4 Prozent der Stimmen erhält.

Da viele Kandidaten die erforderliche Zahl der Stimmen nicht erhalten, müssen zwei Nachwahltermine festgesetzt werden, bevor der neue Volkskongreß erstmals tagen kann. Geschockt vom ersten Wahlergebnis und vom Umbau des Parteiapparats wird die Kritik der Funktionäre an der Poltik Gorbatschows wieder lauter. Der Generalsekretär reagiert sofort: Auf dem ZK-Plenum im April gelingt es ihm, wohl nicht ohne Druck, 110 Mitglieder der höchsten Parteigremien, zum ›freiwilligen‹ Ausscheiden zu überreden. 74 ZK-Mitglieder, 24 ZK-Kandidaten und zwölf Mitglieder der Zentralen Revisionskommission beantragen entweder ihre Pensionierung oder bekennen, mit der Perestroika nicht mehr Schritt halten zu können. Allerdings stellt auch die Beförderung der 24 neuen ZK-Mitglieder keine besondere Stärkung der Gorbatschow-Linie dar. Viele dogmatische ZK-Mitglieder beklagen den Autoritätsverfall und die Zustände in der KPdSU. Indem Gorbatschow das Sitzungsprotokoll veröffentlichen läßt, blamiert er die Genossen in der Bevölkerung, während sie über die tatsächlichen Hintergründe der ›Massenpensionierung‹ wiederum nichts erfährt.

Aufgrund der Nachwahlen findet die konstituierende Tagung des Volkskongresses erst vom 25. Mai bis 9. Juni 1989 statt. Trotz überzeugender Erfolge für die Reformer konnten die von den Apparaten nominierten Abgeordneten im Kongreß klar die Oberhand behalten. Allerdings werden sie bald als die schweigende Mehrheit in die Geschichte der Perestroika eingehen, denn das Redepult wird fast ausschließlich von den Reformern in Anspruch genommen. Wenig später schließen sich überdies die demokratisch gesinnten Deputierten, denen Gorbatschows Kurs zu halbherzig erscheint zur ›Interregionalen Abgeordnetengruppe‹ zusammen und bilden damit eine Art innerparteiliche Oppostition. Unter Führung von Andrej Sacharow, der zwar von der Akademie der Wissenschaften behindert, letztlich aber doch nominiert worden war, und unter Führung von Boris Jelzin, Gawriil Popow und Jurij Afanasjew sammeln sich in dieser Gruppe immerhin 360 Abgeordnete.

Live überträgt das sowjetische Fernsehen die täglichen Sitzungen des Kongresses. Unvorstellbar offen und unverhohlen kritisiert die demokratische Minderheit in ihren Reden die Armut, die schlechte Versorgung, die Verfilzung des Partei- und Staatsapparates, die kriminellen Machenschaften der Provinzfürsten und alle anderen Mißstände im Land. Insbesondere im Hinblick auf die Entwicklung im Baltikum und die Unruhen im Kaukasus und in Zentralasien spielt die Forderung nach mehr nationaler Eigenständigkeit eine große Rolle in den Debatten. Während der Sitzungen sind die Straßen der Städte wie leergefegt, die zunehmend politisierte und wütende Bevölkerung verharrt vor dem Fernsehapparat. Gorbatschow fällt es schwer, die Geschehnisse in den Griff zu bekommen. Indem er in den meisten Sitzungen als eine Art ›Parlamentspräsident‹ auftritt, schreibt er den Deputierten eine Tagesordnung vor und überwacht ihre Einhaltung. Noch vor (!) der Wahl des Obersten Sowjets, des eigentlichen Parlaments, läßt er sich vom Kongreß zum Vorsitzenden des Obersten Sowjets, sprich zum Staatspräsidenten wählen. Einen Gegenkandidaten gibt es nicht. Erster Stellvertreter und damit Vizepräsident wird im zweiten Anlauf und erst nach Insistieren Gorbatschows bei 179 Gegenstimmen und 137 Enthaltungen sein Vertrauter Lukjanow. Erst nach diesen Wahlen dürfen die Deputierten die Mitglieder der beiden Kammern des Obersten Sowjets, des Unions- und des Nationalitätenrates, wählen.

Insbesondere Andrej Sacharow und Boris Jelzin kritisieren Gorbatschows undemokratische Verfahrensweise, aber auch die Machtkonzentration in seinen Händen. Eindringlich warnen die Abgeordneten vor einem möglichen Mißbrauch dieser Macht entweder durch Gorbatschow selbst oder aber durch seinen Nachfolger. Am 9. Juni, dem letzten Sitzungstag des Kongresses, bringt Sacharow ein Dekret ein, in welchem er die Abschaffung der »führenden Rolle« der KPdSU, politischen Pluralismus und die Einschränkung der Macht Gorbatschows fordert. Zwar hat Gorbatschow in seiner Grundsatzrede vor dem Kongreß, die Ausarbeitung einer absolut neuen Verfassung angekündigt, doch die Führungsrolle der Partei möchte er nicht antasten. Eine Debatte über das Dekret wird nicht gestattet. Im übrigen: Als Jelzin im Volksdeputiertenkongreß nicht genügend Stimmen erhält, um in den Obersten Sowjet einzuziehen, gehen hunderttausend Moskauer spontan auf die Straße, um für ihren ›Star‹ zu protestieren. Ein sibirischer Abgeordneter, der den Sprung in den Obersten Sowjet geschafft hatte, stellt ihm daraufhin - auch nicht ganz demokratisch - seinen Sitz zur Verfügung.

Die vom Kongreß soeben gewählten und gleichberechtigten Kammern des Obersten Sowjets erhalten jeweils vier Ständige Kommissionen und zusammen 14 Komitees. Damit steht auch die Zusammensetzung des neuen Präsidiums des Obersten Sowjets fest, das jedoch im Unterschied zu früher selbständig ist. Dem

Präsidium gehören neben Gorbatschow als Leiter und wiederum Lukjanow als seinem Ersten Stellvertreter die Vorsitzenden der Obersten Sowjets der 15 Unionsrepubliken, die Vorsitzenden der Kommissionen und Komitees des Obersten Sowjets und schließlich der Vorsitzende des Komitees für Volkskontrolle an. Mit diesen 42 Spitzenfunktionären - als Leiter des Komitees für Bauwesen und Architektur gehört auch Jelzin dem Präsidium an - stellt dieses Gremium ein bedeutendes Machtzentrum dar.

Zu den ersten Aufgaben des Obersten Sowjets, der am 7. Juni 1989 zu tagen beginnt, gehört die Bestätigung der Regierungsmitglieder - ein vollkommen neuer Akt in der Geschichte der Sowjetunion. Und tatsächlich kommt es - zum Ärger Gorbatschows - zu intensiven Personaldebatten, in deren Verlauf auch einige der von Ministerpräsident Nikolai Ryschkow vorgeschlagenen Kandidaten abgelehnt werden. Die Regierungsbildung dauert fast zwei Monate, sprich die gesamte erste Sitzungsperiode des Obersten Sowjets, die am 4. August zu Ende geht, wodurch die gesetzgeberische Tätigkeit des Obersten Sowjets in den Hintergrund tritt. Nationale Unruhen und seit dem 11. Juli auch Bergarbeiterstreiks in sibirischen und ukrainischen Kohlerevieren sind die politischen Rahmenbedingungen des parlamentarischen Starts in der Sowjetunion.

Noch während der Oberste Sowjet seine Sitzungen fortführt, wird im Juli ein Treffen des ZK organisiert, um sich in Anwesenheit der Ersten Parteisekretäre der Republiken über die Zukunft der KPdSU zu beraten. Es ist offensichtlich: Nicht nur die Partei in ihrer Struktur und Tätigkeit, das Einparteiensystem an sich ist in die Krise geraten. Gorbatschow muß gewußt haben, daß die Einführung des Parlamentarismus beinahe zwangsläufig die weitergehende Forderung nach Pluralismus und Mehrparteiensystem in sich birgt. Doch noch wehrt er sich dagegen. Er hofft, durch eine neue, nach dem Prinzip der Selbstverwaltung aufgebauten Organisation die Führungsrolle der KPdSU bei der Perestroika und in der Gesellschaft aufrecht erhalten zu können. Ligatschow und Saikow geben der ›übermäßigen‹ Ausweitung von Glasnost die Schuld an der Parteimisere, Ryschkow schließlich sieht in Gorbatschows persönlicher Überforderung einen Grund des schlechten Zustands der Partei! Die Politbüromitglieder Tschebrikow, Worotnikow, Schtscherbizkij und Nikonow schließen sich der Kritik an.

Aber nicht nur in der Partei, auch in der Bevölkerung macht sich am Ende der ersten Sitzungsperiode von Kongreß und Parlament Katerstimmung breit. Es waren keine Patentlösungen gefunden worden, worauf aber viele gehofft hatten. Die Krisensymptome häufen sich.

## *Die Perestroika in der Krise*

Schon vor der Verfassungsnovellierung 1988 hatte Gorbatschow bekannt gegeben, daß auf die erste Phase der politischen Reform, das heißt, auf den Umbau der obersten Staatsorgane, eine zweite Phase folgen sollte. Für diese zweite Phase kündigte er den Umbau der föderativen Struktur der Sowjetunion an, mit dem Ziel, die Beziehungen der einzelnen Nationen im Vielvölkerstaat zu verbessern. Denn unter dem Deckmantel des Sowjetföderalismus ist die UdSSR ein zentralisierter Staat gewesen. Je mehr sich nun die nationalen Konflikte im Land zuspitzen, desto weniger zeigen sich - paradoxerweise - Generalsekretär und Partei bereit, die geplante Regionalisierung und Dezentralisierung voranzutreiben. Gorbatschow weiß zu diesem Zeitpunkt nicht, daß es für eine Neuordnung ohnehin bereits zu spät ist.

Nach dem Vorbild der Balten schließen sich in immer mehr Republiken informelle Gruppen zu »Volksfronten« zusammen, die sich nationalitätenpolitische und Souveränitätsforderungen gegenüber der Zentralgewalt aufs Banner geschrieben haben: In Moldawien streiken die russischen Industriearbeiter, seit der moldawische Oberste Sowjet im August Moldawisch zur Amtssprache erhoben hat. Ukrainische Nationalisten verlangen die nationale und wirtschaftliche Souveränität der Ukraine; im September 1989 ruft die aserbaidschanische Volksfront zum Generalstreik und zur Blockade der Transportwege nach Berg-Karabach und Armenien auf. Wenig später verabschiedet das aserbaidschanische Parlament ein Gesetz über die Souveränität Aserbaidschans. Ebenfalls im September und im Oktober entscheiden sich nacheinander der kasachische, der kyrgisische und der ukrainische Oberste Sowjet für Gesetze, in denen sie kasachisch, kyrgisisch bzw. ukrainisch zur jeweiligen Amtssprache erheben. Im Oktober werden sowjetische Truppen in den Kaukasus entsandt, um Lebensmittel-, Benzin- und andere Transporte durch Aserbaidschan nach Armenien sicherzustellen. In Moldawien und Georgien gehen die Demonstrationen für mehr Unabhängigkeit weiter. Im November werden im

Parlament beider Republiken entsprechende Gesetze erlassen bzw. Erklärungen abgegeben, die die Möglichkeit vorsehen, gegen Moskauer Entscheidungen Einspruch einzulegen oder sie sogar aufzuheben. Georgien behält sich überdies das Recht vor, aus der UdSSR auszutreten. Und während des gesamten Zeitraumes kämpfen die Balten weiter für ihre Unabhängigkeit.

Kurz nachdem sich Delegierte aller Volksfronten im Lande zu einer »Überregionalen Vereinigung demokratischer Organisationen« zusammengeschlossen haben und angesichts der bevorstehenden zweiten Sitzungsperiode des Obersten Sowjet versammelt sich das ZK der KPdSU am 20. September 1989 zu einer mehrmals verschobenen Krisensitzung. In bezug auf die brennende Nationalitätenfrage fallen der Parteiführung nur halbherzige Lösungen ein. Zwar solle die Sowjetunion, so Gorbatschow, mit Hilfe eines Unionsvertrages zu einer wirklichen Föderation umgewandelt werden. Zwar rügt der Generalsekretär die in der Vergangenheit praktizierte Aus- und Umsiedlung ganzer Völker und spricht den Republiken das Recht auf eine eigene Amtssprache zu, doch freigeben will er sie auf keinen Fall. Eine Loslösung von der UdSSR sei fruchtlos, wirtschaftlich nicht zu verantworten und verurteilungswürdig. Derartige, in den Ohren der konservativen ZK-Mitglieder gemäßigten Töne mag sie schließlich dazu bewogen haben, einem großangelegten Personalumbau zuzustimmen.

Eine knappe Woche danach, nämlich am 25. September, tritt der Oberste Sowjet zu seiner zweiten Sitzungsperiode zusammen, die bis zum 28. November 1989 dauern wird. Schockiert vom zähen Kampf der Bergarbeiter für bessere Arbeitsbedingungen und mehr Geld, ebenso wie von den zahlreichen anderen, oft nationalistisch bedingten Streiks im Land, fordert Gorbatschow vom Parlament weitgehende ›Notstandsermächtigungen‹ und ein allgemeines Streikverbot. Er stellt den Abgeordneten ein Ultimatum, dem Streikverbot zuzustimmen, da die Streiks sämtliche Reformen zunichte machten. Doch die Abgeordneten des jungen Parlaments bereiten dem Generalsekretär erstmals eine Niederlage: Am 2. Oktober lehnt der Oberste Sowjet ein allgemeines Streikverbot ab und stimmt ihm lediglich in Schlüsselbereichen der Wirtschaft zu. Im Gegenteil: Eine Woche später wird das Streikrecht der Arbeiter – abgesehen von den oben genannte Ausnahmen – erstmals in der Geschichte des Staates gesetzlich garantiert, wenn Schlichtungsverhandlungen scheitern.

*Unzufrieden: Gegenkundgebung am Jahrestag der Oktoberrevolution in Moskau 1989.*

Seit Herbst 1989 scheint Michail Gorbatschow von seiner Mittlerposition abzurücken, die im Zeichen der sich verschärfenden Krise nur schwer durchzuhalten ist. Der Generalsekretär und seine Führungsmannschaft beginnen, sich an die konservative Apparate-Fraktion anzulehnen, mit der sie in allen Entscheidungsgremien über eine klare Mehrheit verfügen. Die demokratische Abgeordnetengruppe bezeichnet der Kremlchef als »eine Clique von Gangstern, die nach der Macht streben«. Auch die liberale Presse gerät in die Kritik: Intern wirft er den Blättern Panikmache und die Einschüchterung der Sowjetbürger vor. Zeichen dieser Trendwende ist die Änderung des Gesetzes über die Kooperativen durch den Obersten Sowjet am 14. Oktober 1989, das privatwirtschaftliche Initiativen erneut einengt, indem die regionalen und lokalen Parlamente Preisvorschriften für die Produkte der Kooperativen erlassen können. Allerdings gibt es im Vorfeld dieser Entscheidungen Protestkundgebungen der Bevölkerung über die »Züchtung von Millionären«, die mit teuren Restaurants, Werkstätten und Obstständen oft weit höhere Tagesgewinne erzielten, als die Masse sonst im Monat verdiene.

Doch es gibt auch Lichtblicke. Im Oktober 1989 verabschiedet der Oberste Sowjet ein neues Wahlgesetz, demzufolge künftig – gegen den ausdrücklichen Willen Gorbatschows – alle Abgeordneten des Volksdeputiertenkongresses direkt gewählt werden müssen. Dies gilt für die Wahlen zu den regionalen und lokalen Sowjets und soll bereits bei den im Winter geplanten Kommunalwahlen angewendet werden. Gorbatschow hatte beabsichtigt, die ›Drittelbesetzung‹ durch KPdSU und andere gesellschaftliche Organisationen auf alle Parlamente unterhalb der Unionsebene auszudehnen.

Während der offiziellen Feiern zum Jahrestag der Oktoberrevolution auf dem Roten Platz in Moskau kommt es erstmals zu einer Gegendemonstration, die von Bürgerrechtlern organisiert wird. Auf Transparenten beklagen sie ihren »Weg ins Nirgendwo«. In Moldawien verhindert die Bevölkerung mit Hilfe eines Sitzstreiks die geplante Militärparade. Nach der Verabschiedung eines Pachtgesetzes erläßt der Oberste Sowjet auf seinem vorletzten Sitzungstag ein Gesetz über die wirtschaftliche Selbständigkeit der baltischen Republiken.

Michail Gorbatschow trifft im Spätherbst zahlreiche ausländische Staatschefs, unter anderem den amerikanischen Präsidenten George Bush auf einem Zwischengipfel in Malta und den französischen Präsidenten François Mitterrand in Kiew. Am 18. Dezember 1989 unterzeichnet die Sowjetunion ein Handelsabkommen mit der EG.

## *Die dramatische Versorgungslage*

1989, dem vierten Jahr der Perestroika, hat sich die Versorgungslage in der Sowjetunion dramatisch verschlechtert. 1000 von 1200 Artikeln des täglichen Bedarfs sind laut dem sowjetischen Komitee für Statistik Mangelware. Während die Preise für Grundnahrungsmittel um 18 Prozent gestiegen sind, bleibt ihr Angebot um ein Drittel hinter dem Planziel zurück. Viele elementare Lebensmittel wie Fleisch, Fisch und Geflügel sind rationiert – und der Winter steht bevor. Nach den langen Streiks in den Kohlebergwerken könnte auch Brennstoff knapp werden.

Nach einer Umfrage stufen 93,5 Prozent der Menschen in der Sowjetunion die wirtschaftliche Lage des Landes als kritisch ein – langsam macht sich die Angst vor der Arbeitslosigkeit breit. Auf einem Treffen des ZK kommt es am 9. Dezember 1989 zum Schlagabtausch zwischen den ›Hardlinern‹ und Gorbatschow. Die Konservativen halten dem Generalsekretär die katastrophale Wirtschaftslage und die sozialen Spannungen vor.

Der Konflikt setzt sich auf dem Kongreß der Volksdeputierten, der am 12. Dezember seine zweite Sitzungsperiode beginnt, fort. Vor 2500 Deputierten muß der Generalsekretär eingestehen, daß die Perestroika noch zu keinen Ergebnissen in der Wirtschaft geführt hat. Ministerpräsident Nikolai Ryschkow nützt diese Gelegenheit, dem Kongreß einen ›konservativen‹ Wirtschaftsreformplan vorzulegen. Dieser angebliche Reformplan gleicht eher den traditionellen Fünfjahresplänen, in dem starre Produktionsziffern und Quoten selbst für die alltäglichsten Produkte, z. B. Eier, festgelegt werden. Der Kongreß billigt dieses Programm, das radikale Eingriffe in die sozialistische Eigentumsordnung und die Planwirtschaft verhindert.

Abgesehen von der wirtschaftlichen Talfahrt droht die Perestroika zu Beginn des Jahres 1990 in nationalistischen Aufständen zu ersticken.

In den baltischen Republiken reißen die Demonstrationen nicht ab. Bereits im Dezember 1989 hatte die litauische KP ihre Abspaltung von der KPdSU beschlossen, was das ZK verurteilt hat. Trotz der Aufforderung, diese Entscheidung auszusetzen, hält die KP Litauens an ihrem Enschluß fest. Unterdessen eskaliert der Nationalitätenkonflikt im Kaukasus: Die Volksfront Aserbaidschans übernimmt weitgehend die Macht in der Republik. Während eines Treffens nationalistischer Aserbaidschaner in der Hauptstadt Baku werden zahlreiche Armenier ermordet. Am 15. Januar 1990 verhängt Moskau nach weiteren bürgerkriegsähnlichen Auseinandersetzungen zwischen Armeniern und Aserbaidschanern erneut den Ausnahmezustand über Berg-Karabach und einige umliegende Gebiete. Wenige Tage später entsendet der Kreml sowjetische Truppen in die Hauptstadt Baku. Begleitet von heftigen Kämpfen, in deren Verlauf über hundert Menschen ums Leben kommen, werden bis Monatsende 30000 Menschen aus Baku evakuiert.

Auch in Tadschikistan wird wieder geschossen. Im Februar beschließt die Moskauer Führung, Truppen zu entsenden, um die blutigen Unruhen zu beenden. Erst nachdem die gesamte Führung der Republik zurücktritt, beruhigt sich die Lage. Aus Kyrgystan und der Nachbarrepublik Usbekistan werden zum gleichen Zeitpunkt Unruhen gemeldet. In Moldawien demonstrieren Tausende von Menschen für die Unabhängigkeit ihrer Republik. Unter dem Druck von Oppositionsgruppen setzt im ganzen Land eine Rücktrittswelle bei lokalen Parteifunktionären ein.

In dieser gefährlichen Situation tritt das ZK Anfang Februar 1990 zu einem weiteren Plenum zusammen, auf dem weitreichende Entscheidungen gefällt werden.

Unmittelbar vor der Tagung treffen sich in Moskau Vertreter von KPdSU-Parteiclubs aus über hundert Städten, die eine »Demokratische Plattform« verabschieden. Sie fordern die Aufspaltung der KPdSU in mehrere Parteien oder Fraktionen.

Wenige Tage später kommt es in Moskau zur bislang größten ungenehmigten Massenkundgebung aller Zeiten: Hunderttausende demonstrieren für Demokratie und gegen die Alleinherrschaft der Partei - mit Erfolg. Denn was die Parteiführung einschließlich Gorbatschow im Herbst noch vehement abgelehnt hat, wird nun Wirklichkeit: Laut ZK-Beschluß gibt die KPdSU ihren verfassungsrechtlichen Führungsanspruch in Staat und Wirtschaft auf.

Auf einem vorgezogenen Parteitag im Sommer 1990 soll dieser Entschluß des ZK bestätigt werden.

Der Weg zum Mehrparteiensystem ist damit frei - eine revolutionäre Wende in der Parteipolitik, auch wenn dieses Machtmonopol in der Realität ohnehin längst nicht mehr existiert hatte. Darüber hinaus soll die Führungsstrukur der KPdSU grundlegend reformiert werden. Geplant ist, das Amt eines Parteivorsitzenden zu schaffen, dem zwei Stellvertreter zur Seite stehen, sowie eines Präsidiums des ZK, dem die Parteichefs aller Republiken angehören. Das ZK beschließt den Entwurf eines neuen Parteiprogramms, das radikale Wirtschaftsreformen - einschließlich private Eigentumsformen - zulassen will, das Demokratisierung fordert und das Recht der sowjetischen Völker auf Selbstbestimmung betont.

## *Präsidialsystem oder Diktatur?*

Gorbatschow strebt jedoch die Errichtung eines Präsidialsystems an. Um der Krise des Landes Herr zu werden, soll die Macht ganz bewußt für einen bestimmten Zeitraum in den Händen des Präsidenten und seiner Regierung konzentriert werden. Die ZK-Miglieder legen sich allerdings nicht fest, ob der neue Präsident vom Volk oder vom Parlament gewählt werden soll. Seine Vollmachten werden vermutlich sehr viel größer sein, als die des Vorsitzenden des Obersten Sowjets. Außenminister Eduard Schewardnadse spricht sich noch für die Einführung der Präsidentschaft aus, da Demokratie mit Machtlosigkeit nicht vereinbar sei.

Unmittelbar nach dem Besuch von Bundeskanzler Helmut Kohl in Moskau, wo Gorbatschow seine Zustimmung zur deutschen Einheit erteilt, tritt am 14. Februar 1990 der Oberste Sowjet zu seiner dritten Sitzungsperiode zusammen. In Moskau und vielen anderen Städten finden erneut Massendemonstrationen statt. Hunderttausende stimmen einer Resolution des Abgeordneten und Radikalreformers Jurij Afanasjew zu, in der die Erneuerung der politischen Strukturen, ein unabhängiges Rußland im Rahmen einer neuen Sowjetföderation, freie Marktwirtschaft und ein ›Runder Tisch‹ verlangt werden. Noch im selben Monat, am 27. Februar, billigt der Oberste Sowjet die Einführung eines Präsidialamtes mit weitreichenden Kompetenzen. Da dies einer Änderung der Verfassung bedarf, muß der für den 12. März einberufene Volkskongreß zur Hälfte zustimmen. Das Gesetz beinhaltet eine Übergangsregelung, derzufolge der Präsident dieses eine Mal vom Volkskongreß, nach Ablauf der ersten Legislaturperiode jedoch direkt vom Volk gewählt werden soll. Vor der Abstimmung kommt es zu einer heftigen Debatte. Zahlreiche Abgeordnete warnen vor einem Schlag gegen die Demokratie und empfinden die Schaffung eines Präsidialsystems als Rückfall in den machtpolitischen Zentralismus. Die Deputierten Litauens, Lettlands, Estlands und Georgiens beteiligen sich deshalb nicht an der Abstimmung. Gorbatschow weist solche Bedenken als Demagogie zurück.

Am 24. Februar 1990 wird in Litauen das Parlament gewählt. Neben den Kandidaten der gespaltenen KP stehen erstmals Kandidaten anderer nichtkommunistischer Parteien auf dem Stimmzettel, die in Litauen durch ein eigenes Parteiengesetz zugelassen sind. Das unzweideutige Ergebnis der Wahl: moskautreue KP-Mitglieder haben in der nach Unabhängigkeit strebenden Republik keine Chance mehr. Am 4. März müssen schließlich die Bürger der Russischen Föderation, Weißrußlands und der Ukraine an die Urne. Die Wahlen zu den Obersten Sowjets der drei Republiken werden entsprechend dem neuen unionsweiten Wahlgesetz durchgeführt, das heißt, die Wähler können sich erstmals auch auf regionaler und lokaler Ebenen zwischen mehreren Kandidaten und unterschiedlichen politischen Richtungen entscheiden - auch wenn es offiziell nach wie vor nur eine Partei gibt. Letztendlich setzen sich in erster Linie die reformfreudigen Kandidaten durch. Boris Jelzin erhält in seinem Wahlkreis 72 Prozent der Stimmen und kann gestärkt ins russische Parlament einziehen. Immer schärfer kritisiert Jelzin Gorbatschow. Der Staats- und Parteichef habe den Kontakt zu den Menschen verloren und die Perestroika sei wegen ihrer unschlüssigen Umsetzung festgefahren und mißglückt. In der Tat hält - einer neuen Umfrage zufolge - die Hälfte der Sowjetbürger ihre Lebensumstände heute für schlechter als vor Beginn der Perestroika; die KPdSU habe ausgespielt.

Am 11. März 1990 tritt die mongolische Parteiführung nach Massendemonstrationen zurück. Am selben Tag bzw. in einer dramatischen Nachtsitzung erklärt das litauische Parlament die Unabhängigkeit Litauens. Mit dieser ›Blitzentscheidung‹ will man den Kongreß der Volksdeputierten vor vollendete Tatsachen stellen, der wenige Stunden später - ebenfalls im Eilverfahren - die Schaffung des mit aller Machtfülle ausgestatteten Präsidentenamtes beschließt. Obwohl in Moskau und anderen Städten trotz massiver Drohungen Zehntausende gegen eine »Diktatur« Gorbatschows auf die Straße gehen, wird nach der notwendigen Verfassungsänderung wie erwartet Gorbatschow in dieses Amt gewählt. Von 2500 Deputierten sind allerdings nur 1878 anwesend, und davon stimmen nur 1329 für den einzigen Kandidaten. Zum neuen Vorsitzenden des Obersten Sowjets wird Gorbatschows bisheriger Stellvertreter in diesem Amt, Anatoli Lukjanow, gewählt. Zur Unterstützung des Präsidenten wird außerdem ein Präsidialrat eingerichtet, der Maßnahmen der Innen-, Außen- und Sicherheitspolitik ausarbeiten soll. Hinzu kommt ein Rat der Föderation, dem ähnlich wie im bisherigen Präsidium des Obersten Sowjets die Vorsitzenden der Republik-Sowjets angehören sollen.

Neben weitreichenden Vollmachten bei der Regierungsbildung und im außenpolitischen Bereich kann der neue Präsident unter bestimmten Voraussetzungen Dekrete mit Gesetzeskraft erlassen. Zeitlich befristet kann Gorbatschow im Falle einer Gefahr für die Sicherheit der UdSSR den Ausnahmezustand verhängen - mit allen Konsequenzen. Und wenig später, am 20. März 1990, macht Gorbatschow erstmals von seinen präsidialen Vollmachten Gebrauch: Per Dekret ordnet er die Entwaffnung der Litauer an, schränkt die Visamöglichkeiten wieder ein und veranlaßt schärfere Grenzkontrollen, nachdem der Kongreß die Unabhängigkeitserklärung des Parlaments von Litauen für illegal erklärt hatte. Eine entspechende Warnung ergeht auch an Estland, wo zusammen mit Lettland am 18. März gewählt worden war. Wie in Litauen gingen in Estland und Lettland die Kandidaten der Unabhängigkeitsbewegung als eindeutige Sieger hervor.

Ende März benennt Gorbatschow die 16 Mitglieder ›seines‹ neuen Präsidialrates. Dazu gehören Außenminister Eduard Schewardnadse, KGB-Chef Wladimir Krjutschkow, Verteidigungsminister Dimitri Jasow, Planchef Jurij Masljukow, ZK-Sekretär Alexander Jakowlew, Innenminister Wadim Bakatin, der Vorsitzende der Unionskammer des Obersten Sowjets, Jewgeni Primakow, ZK-Mitglied Valeri Bodin und - kraft seines Amtes - Ministerpräsident Nikolai Ryschkow. Die große Zahl von Parteiführungsmitgliedern im Präsidialrat spricht nicht für den erklärten Verzicht der KPdSU auf ihr Führungsmonopol im Staat.

Am 3. April verabschiedet der Oberste Sowjet im Eilverfahren ein Ausführungsgesetz über das Verfahren zum ›Austritts‹-Artikel 72 der sowjetischen Unionsverfassung. Es verlangt die Erfüllung mehrerer Bedingungen, bevor ein Austritt möglich wird: Zunächst müssen sich in einem Referendum, an dem alle Bürger der austrittswilligen Republik teilnehmen, zwei Drittel der Stimmberechtigten für den Austritt entscheiden. Des weiteren müssen die Zukunft autonomer Gebiete sowie deren Vermögens- und Finanzausgleich geklärt und andere Auflagen erfüllt sein. Liegen diese Bedingungen vor, kann die Republik nach einer Übergangszeit von fünf Jahren die Union verlassen. Da die Verfahrensregeln einen Austritt fast unmöglich machen, sprechen Kritiker vom »Gesetz über den Nichtaustritt«.

Während Lettland und Estland einen vorsichtigeren Kurs zur Unabhängigkeit beschließen, der eine Übergangszeit beinhaltet, weitet sich der Nervenkrieg zwischen Litauen und der Zentrale im April zum Wirtschaftskrieg aus. Nach mehreren vergeblichen Anläufen, einen Kompromiß zu erreichen, verhängt Moskau eine Wirtschaftsblockade über Litauen. Obwohl Gorbatschow nicht mehr auf die Rücknahme, sondern nur noch auf ein ›Einfrieren‹ der Unabhängigkeitserklärung besteht, kommt es zu keiner Lösung. Sowjetische Truppen halten in Litauen im weiteren Verlauf der Krise öffentliche Gebäude besetzt, während es in mehreren Republiken zu Solidaritätskundgebungen kommt. Überall im Land entstehen neue Gruppen und Parteien wie die Liberaldemokraten, die Russische Demokratische Partei, die Sozialdemokraten oder die Christlich-Demokratische Bewegung. Eine landesweite Allianz gegen die KPdSU existiert allerdings noch nicht.

Als am 1. Mai 1990 die Gewerkschaften in Moskau ihre traditionelle Kundgebung veranstalten, entwickelt sich ein Skandal. Aufgebracht, mit Transparenten und Bildern bewaffnet ziehen Zehntausende durch die Straßen und bekunden ihre Unzufriedenheit: Monarchisten mit dem Porträt des Zaren in der Hand, Konservative, Kommunisten, Nationalisten. Die Demonstranten beschimpfen Gorbatschow und die übrigen Funktionäre auf der Tribüne des Lenin-Mausoleums und pfeifen sie aus, bis die Redner die Tribüne vorzeitig verlassen. Aber auch bei einer sehr viel kleineren Demonstration der Reformer kommt der neue Präsident nicht gut weg. Die wirtschaftliche Not macht alle unzufrieden.

Nach fünf Jahren des ökonomischen Niedergangs – die Sowjetunion gerät in akute Zahlungsschwierigkeiten – scheint die Führung nun zu radikalen Reformen bereit. Doch diese erweisen sich bei näherem Hinsehen abermals als halbherzig: Am 24. Mai legt Ministerpräsident Ryschkow dem Obersten Sowjet ein neues Wirtschaftsprogramm vor, mit dem eine »regulierte Marktwirtschaft« eingeführt werden soll. Die Pläne umfassen die Einführung eines vom Staat unabhängigen Bankensystems, die allmähliche Umwandlung von Staatsbetrieben in Aktiengesellschaften, Genossenschaften oder Pachtunternehmen, ein neues Steuerrecht und vor allem drastische Preiserhöhungen bei den bislang hoch subventionierten Lebensmitteln sowie bei kommunalen Diensten und im Verkehr. Brot soll bereits zum 1. Juli 1990 das Doppelte kosten. Die anderen Preise sollen jedoch erst ab 1991 stufenweise angehoben werden, bis sie – vielleicht in mehreren Jahren – ganz

*Deprimierend: Die Versorgungskrise spitzt sich zu, die Regale sind leer.*

freigegeben werden. Die Regierung will auf diese Weise den Umstellungsschock mildern - zumal bis zu vierzig Millionen Arbeitslose erwartet werden.

Zuvor soll die Bevölkerung in einem Referendum - es wäre das erste in der sowjetischen Geschichte - über dieses Reformprogramm abstimmen. Wie sehr die Regierung in Bedrängnis geraten ist, zeigt die Tatsache, daß sie ihr politisches Überleben von der Zustimmung der Bevölkerung abhängig macht. Gorbatschow spricht in Zusammenhang mit den Wirtschaftsreformen von einer »Wende«, die der »Oktoberrevolution« gleichkomme, während die Radikalreformer das Programm als völlig unzureichend und zu langfristig bezeichnen. Allerdings setzen in Moskau bereits nach Bekanntmachung Hamsterkäufe ein, die eine Ausweispflicht bei Einkäufen nötig machen. Die Brotpreiserhöhung wird schließlich gestrichen.

Nur Tage später wird der Radikalreformer Boris Jelzin im dritten Wahlgang vom Kongreß der Russischen Föderation zum Parlamentspräsidenten gewählt. Gorbatschow spricht sich in einer heftigen Rede vor dem Parlament gegen Boris Jelzin aus; er favorisiert den russischen Ministerpräsidenten Alexander Wlassow, der jedoch scheitert. Gorbatschow weiß, daß Jelzin kaum zu Kompromissen bereit ist, und er fürchtet, Jelzin könnte durch ein unangemessenes Reformtempo nicht nur die Perestroika, sondern die gesamte Sowjetunion zerstören. Abgesehen davon könnte Jelzin aber auch ein ernsthafter Konkurrent seiner Macht werden, obwohl Jelzin seinen Willen zur Zusammenarbeit mit der Unionsführung bekundet hatte.

Wenige Tage vor seiner Abreise zu einem Treffen mit dem amerikanischen Präsidenten George Bush in Washington, stellt Gorbatschow den Litauern ihre Unabhängigkeit in Aussicht. Allerdings nicht jetzt, sondern in zwei Jahren - vorausgesetzt, sie würden ihre Erklärung bis dahin ›einfrieren‹. Sämtliche Sanktionen würden sofort aufgehoben, so das Angebot - doch das litauische Parlament gibt nicht nach. Unterdessen kommt es wieder zu Auseinandersetzungen zwischen Armeniern und dem sowjetischen Militär, in deren Verlauf 24 Menschen getötet werden. In Eriwan nehmen über hunderttausend Menschen an einer Trauerkundgebung teil. In Kyrgystan fordern Anfang Juni blutige Kämpfe zwischen Kyrgisen und Usbeken erneut 139 Todesopfer. Über die kyrgisische Hauptstadt Frunse wird als Reaktion der Ausnahmezustand verhängt. Gleichzeitig erklärt der russische Volksdeputiertenkongreß am 12. Juni 1990 die Souveränität der Russischen Föderation, der größten Teilrepublik der Sowjetunion und räumt den russischen Gesetzen Vorrang vor den Gesetzen der Union ein. Der bisherige stellvertretende Ministerpräsident der

UdSSR, Iwan Silajew, wird zum neuen Ministerpräsidenten der Republik gewählt.

Von seinem Rivalen Jelzin weiter in die Defensive gedrängt, schlägt Michail Gorbatschow vor, die Sowjetunion in eine »Union souveräner Staaten« umzuwandeln, und kündigt eine Lockerung der Sanktionen gegen Litauen an. Währenddessen verabschiedet der Oberste Sowjet der Union ein Mediengesetz, das die Vorzensur abschafft, aber erst im August 1990 in Kraft tritt. Das Reformpaket zur Einführung der ›regulierten‹ Marktwirtschaft wird an die Regierung zurückverwiesen. Die Mitglieder des Obersten Sowjets fordern, bis Anfang September konkrete Vorschläge für die Umsetzung auszuarbeiten.

Vom 2. bis zum 13. Juli 1990 findet der vorzeitig einberufene 28. Parteitag der KPdSU statt - eine weitere Prüfung für Michail Gorbatschow. Zwei Wochen zuvor hatten ihn konservative Kritiker auf der russischen Parteikonferenz, bei der orthodoxe Kommunisten die erneute Gründung einer eigenen russischen KP beschlossen, abermals scharf kritisiert. Gorbatschow hatte daraufhin indirekt mit seinem Rücktritt als KPdSU-Generalsekretär gedroht. Nun müssen sich viele der über 4600 Parteidelegierten ihren Weg zum Parteitag durch Demonstranten bahnen, die ihren Unmut über die Partei kundgeben. Und innerhalb der Partei sind die Fronten zwischen ›Hardlinern‹ und Radikalreformern härter denn je. Keiner weiß, ob Gorbatschow, der immer noch zwischen diesen Fronten steht, den agressiven Richtungskampf überstehen kann und will. Kaum einer glaubt, daß die Partei dieses Treffen überhaupt ohne Spaltung überlebt.

In seiner Eröffnungsrede muß Gorbatschow seine Politik der Perestroika - wie schon oft - gegen Vorwürfe beider Seiten verteidigen und Fehler einräumen. Doch dann geht er zum Gegenangriff über: Insbesondere der Regierung Ryschkow wirft er Versäumnisse vor, die die Durchsetzung und Beschleunigung der Wirtschaftsreformen erschwert hätten. Als ihm Parteidelegierte vorwerfen, in den ost- und mitteleuropäischen Satellitenstaaten den Zusammenbruch des Sozialismus zugelassen zu haben, hält ihnen Gorbatschow die Wahlfreiheit eines jeden Volkes als neuen Grundsatz der Union entgegen.

Trotz aller Schwierigkeiten wird der Generalsekretär mit 73,8 Prozent der Stimmen in seinem Amt bestätigt. Der Plan des ZK vom Februar 1990, das Amt eines Parteivorsitzenden zu schaffen, wird nicht verwirklicht. Dafür gibt es jetzt einen Vize-Generalsekretär: Gorbatschow gelingt es, seinen Favoriten, den gemäßigte Konservativen Wladimir Iwaschko, durchzusetzen. Er erhält 66,6 Prozent der Stimmen. Der Vertreter der Konservativen, Jegor Ligatschow, der gegen Iwaschko angetreten war, erhält klägliche 16,6 Prozent. Als der Parteitag wenige Tage später die 412 Mitglieder des ZK wählt bzw. bestätigt, erlebt Ligatschow eine weitere böse Überraschung: Er ist auch hier nicht mehr mit von der Partie. Allerdings läßt Ligatoschow wissen, daß er nicht die Absicht hege, die Szene zu verlassen. Eigentlich waren nur 398 Sitze vorgesehen, doch es kamen 14 Bewerber mehr über die notwendige Fünfzig-Prozent-Hürde. Darunter Gorbatschow-Vetraute wie Valentin Falin, der Historiker Roj Medwedjew, das Präsidialratsmitglied Valerij Boldin oder der stellvertretende Ministerpräsident und Wirtschaftsfachmann Leonid Abalkin. Gorbatschow sorgt dafür, daß das ZK um diese 14 Sitze erweitert wird. Allerdings gibt es künftig keine ZK-Kandidaten mehr. Das Politbüro der Partei wird völlig umgestaltet. Statt wie bisher zwölf Vollmitglieder und sieben nichtstimmberechtigte Kandidaten hat es nunmehr 24 Mitglieder. Doch während das Politbüro der KPdSU vor den Reformen das eigentliche Kabinett des sowjetischen Einparteienstaates darstellte, zeigt seine neue Zusammensetzung eine eindeutige Machtverschiebung in Richtung Präsidialrat. Außer Generalsekretär Gorbatschow und seinem Stellvertreter Iwan Iwaschko gehören dem Politbüro erstmals die Parteichefs der 15 Republiken an, sowie sieben weitere Mitglieder, deren politisches Gewicht allerdings nur mäßig ist. Dazu gehören unter anderem der spätere Putsch-Anführer Gennadij Janajew, der bislang kaum in Erscheinung getreten war.

Damit ist außer Gorbatschow selbst kein Mitglied der Moskauer Regierung mehr im offiziellen Spitzengremium der Partei vertreten. Die politische und personelle Trennung von Partei und Staat soll unterstrichen werden – durch die Mitgliedschaft der Parteichefs der Republiken aber auch die zunehmende Föderalisierung der KPdSU. Der Parteitag billigt die Grundlinien eines neuen Parteistatuts, das die Aufgabe des Führungsanspruchs der Partei bestätigt und die KPs der Unionsrepubliken für selbständig erklärt.

Kurz vor Abschluß des Parteitages geben der russische Republikpräsident Boris Jelzin, die Bürgermeister von Moskau und Leningrad, Gawril Popow und Anatoli Sobtschak, sowie Anhänger der innerparteilichen Gruppierung »Demokratische Plattform« ihren Austritt aus der KPdSU bekannt. Sie kündigen die Gründung einer eigenen Partei an, doch zur befürchteten Spaltung oder Auflösung der KPdSU kommt es auf diesem 28. Parteitag nicht. Wenig später räumt Jelzin auf: In einer Anti-Privilegien-Verordnung befiehlt der Oberste Sowjet der russischen Republik die Abschaffung aller Privilegien und Sonderrechte der Nomenklatura.

Drei Tage nach dem Parteitag verabschiedet der Oberste Sowjet der Ukraine mit überwältigender Mehrheit eine Souveränitätserklärung und stellt ukrainische Gesetze über diejenigen der UdSSR. Er geht damit über ähnliche Erklärungen anderer Republiken hinaus und postuliert den neutralen Status der Ukraine - ohne Zugehörigkeit zu einem der Militärblöcke. Angestrebt wird eine eigene Staatsbürgerschaft sowie eine eigene Währung.

Am 25. Juli 1990 erläßt Präsident Gorbatschow ein Dekret, das allen bewaffneten Milizen eine Frist von zwei Wochen für die Abgabe von Waffen, Munition und Sprengkörpern setzt. Der KGB und andere Organe sollen die Waffen einsammeln; für den Notfall wird mit dem Einsatz von Truppen gedroht. Wegen des geringen Erfolges wird die Frist kurz vor Ablauf des Ultimatums um zwei Monate verlängert. Doch blutige Auseinandersetzungen kann das Dekret nicht verhindern.

Mitte August kommt es zu heftigen Kämpfen an der armenisch-aserbaidschanischen Grenze zwischen armenischen Freischärlern und Truppen des sowjetischen Innenministeriums. Das armenische Parlament verabschiedet eine Souveränitätserklärung, in der die eigene Gesetzgebung und Machtausübung über die der sowjetischen Zentralgewalt gestellt wird. Armenien will Teil der Sowjetunion bleiben und ändert lediglich ihren Namen in »Republik Armenien«.

## *Kurzzeitige Entspannung*

Doch im Nationalitätenstreit gibt es auch positive Anzeichen. Denn zum selben Zeitpunkt beginnen in Moskau offizielle Gespräche zwischen Vertretern der Zentralgewalt und der nach Unabhängigkeit strebenden Republik Estland. Moskau stellt solche Gespräche über die künftige Unabhängigkeit auch Litauen und Lettland in Aussicht. Andere Republiken entsenden Delegierte in die Hauptstadt, um mit Unions-Vertretern die Konturen einer künftigen »Union souveräner Republiken« auszuarbeiten. Gorbatschow stellt einen neuen Unionsvertrag in Aussicht, der unter Umständen sogar von Republik zu Republik verschieden sein könnte. Gleichzeitig warnt der Kremlführer jedoch vor der Mißachtung von Gesetzen: Das würde das Land in einen Zustand der Unregierbarkeit und des Chaos stürzen. Auf einer gemeinsamen Krisensitzung des Präsidialrates und des Rats der Föderation bezeichnet Gorbatschow die Souveränitätserklärungen der Republiken sogar als große Errungenschaft der Perestroika.

Anfang August, also schon vor dieser Krisensitzung hatten Gorbatschow und Jelzin ein Zweckbündnis geschlossen, um den Umbau der sowjetischen Plan- in eine Marktwirtschaft einzuleiten. Gorbatschow hat sich, nachdem der Oberste Sowjet das Stufen-Programm Ryschkows zurückgewiesen hatte, den radikaleren Ansichten Jelzins und seiner Berater zugewandt. Einem Abkommen zwischen den beiden Präsidenten der Sowjetunion und Rußlands entsprechend, wird eine Gruppe radikaler marktorientierter Experten gebildet. Die Expertengruppe unter Leitung des Ökonomen Stanislaw Schatalin soll ein Konzept zur Umsetzung des vom Jelzin-Team favorisierten ›500-Tage-Plans‹ (oder auch Schatalin-Plan, nach dem sowjetischen Wirtschaftsreformer Stanislaw Schatalin) erarbeiten, der eine weitgehende Privatisierung der sowjetischen Wirtschaft innerhalb von 500 Tagen vorsieht. Entsprechende Vorschläge sollen dem Obersten Sowjet bis September vorgelegt werden. Parallel dazu versucht ein Regierungsteam, geführt von Leonid Abalkin, Ryschkows Stufenplan zur Einführung der regulierten Marktwirtschaft nachzubessern.

Unterdessen verfault das Getreide auf den sowjetischen Feldern. Die Ernte hätte aufgrund des sonnigen Sommers rekordverdächtige Größenordnungen erreichen können, doch es fehlen Silos, Lagerhallen, Erntemaschinen, Wagons, Lkws und vor allem Menschen, denn aus den Städten wollen keine Erntehelfer mehr kommen. Das Verteidigungsministerium schickt 45 000 Armeelaster, das ZK-Sekretariat ruft Bauernhelfer an die Erntefront und sogar KGB-Leute werden um ihre Hilfe gebeten. Doch vieles ist nicht mehr zu retten. Einzelne Bezirke erklären den Notstand. Die Moskauer müssen bereits jetzt vier Stunden in der Schlange stehen, um Brot kaufen zu können. Im Herbst 1990 weitet sich die Versorgungskrise immer mehr zur Versorgungskatastrophe aus.

*Landwirtschaft in der UdSSR: Oft fehlen Maschinen und Menschen, um die Ernte einzubringen.*

Am 16. September ziehen schließlich 200 000 Menschen durch die Straßen Moskaus und fordern den Rücktritt der Unionsregierung sowie die rasche Einführung der Marktwirtschaft. Angesichts des drohenden Kollaps der sowjetischen Wirtschaft und der fortgesetzten politischen Unruhen beauftragt der Oberste Sowjet Gorbatschow, dem Gremium bis zum 15. Oktober einen konkreten Umbauplan für die folgenden 500 Tage vorzulegen. Damit scheint sich das sowjetische Parlament den Vorstellungen der Radikalreformer um den russischen Präsidenten Boris Jelzin anzunähern.

Der von Ministerpräsident Ryschkow und seinem Vize Leonid Abalkin vorgelegte Stufenplan, scheint damit ad acta gelegt. Darüber hinaus erteilt der Oberste Sowjet Gorbatschow für die Dauer des wirtschaftlichen Umbaus Sondervollmachten, um die Maßnahmen zu beschleunigen und um wieder »Recht und Ordnung« herzustellen.

## *Gorbatschows Wirtschaftswende*

Doch im Oktober 1990 ist wieder alles anders: Das Reformprogramm mit dem Titel »Grundlinien für eine Stabilisierung der Volkswirtschaft und den Übergang zur Marktwirtschaft«, das Gorbatschow den Ausschüssen des Obersten Sowjets vorlegt, ist nach eigenen Aussagen eine Synthese des radikalen Schatalin-Plans und des moderaten Reformprogramms Ryschkows und Abalkins. Der Umbau soll innerhalb von eineinhalb bis zwei Jahren in vier zeitlich nicht festgelegten Etappen erfolgen, wobei die konkrete Ausgestaltung der nur sehr allgemein formulierten Vorhaben den Republiken überlassen wird. In der ersten Etappe sollen die wichtigsten Gesetze erarbeitet und ›Stabilisierungsmaßnahem‹ ergriffen werden – darunter die Senkung des Haushaltsdefizits, die Erhöhung der Sparzinsen, die ›Entstaatlichung und Privatisierung‹ sowie eine Bodenreform. In der zweiten Phase sollen die Preise allmählich freigegeben werden, wobei die Stabilisierungsmaßnahmen der ersten Phase einen allzu großen Preisauftrieb verhindern sollen. In der dritten Phase soll der Markt dereguliert und in der vierten schließlich das Markt- und Finanzsystem weiter stabilisiert und verbessert werden.

Nach einer einstündigen Einführung Gorbatschows und anschließender Debatte nimmt der Oberste Sowjet die »Grundlinien« an. Doch wer gehofft hatte, die immer konfuseren Auseinandersetzungen um immer neuere Pläne hätten ein Ende, sieht sich getäuscht. Boris Jelzin wirft Gorbatschow vor, unter dem Druck der Regierung Ryschkow vom 500-Tage-Plan abgerückt zu sein, dessen Ausarbeitung er selbst mitinitiiert hatte. Gorbatschows Grundlinien würden spätestens in einem halben Jahr zur Katastrophe führen, wobei die Zentrale die Risiken der Reform allein auf die Republiken abgewälzt habe. Tatsächlich, so der russische Ministerpräsident Iwan Silajew, könnten die Republiken die ihnen übertragenen Aufgaben gar nicht erfüllen, solange ein großer Teile der materiellen und finanziellen Ressourcen bei der Unionsregierung in Moskau verblieben.

Das russische Parlament macht wenige Tage später deutlich, daß man auf dem Gebiet der russischen Republik das 500-Tage-Konzept auf eigene Faust verwirklichen wird. Zuvor hatte das Parlament ein Gesetz verabschiedet, das die Grundlagen der wirtschaftlichen Souveränität der größten und bevölkerungsreichsten Sowjetrepublik legt: Die Republik Rußland übernimmt die Kontrolle über Grund, Boden und Rohstoffe auf ihrem Territorium, die sie als ihr Eigentum bezeichnet. Eine solche Maßnahme der größten Republik kann den Regierungsapparat der Union lahmlegen. Das Zuständigkeits-Chaos im wirtschaftlichen Bereich scheint vorprogrammiert.

Unterdessen ordnet Michail Gorbatschow in einem Erlaß die Schaffung eines gemeinsamen Valutafonds der Republiken und der Union an, durch den die Rückzahlung sowjetischer Schulden im Ausland sichergestellt werden soll. Außerdem wird ein Komitee für ausländische Währungen eingerichtet, dem neben dem Vorsitzenden der Außenhandelskommission die Ministerpräsidenten der 15 Republiken angehören. Es soll die Import- und Valutapolitik koordinieren und die wirtschaftliche Selbständigkeit der Republiken bekunden.

Der Jahrestag der Oktoberrevolution feiert die Staatsführung wie immer mit einer Militärparade in Moskau. Diesmal tritt Gorbatschow ohne Politbüro-Kollegen, sondern zusammen mit Boris Jelzin und dem Moskauer Oberbürgermeister Gawriil Popow auf die Bühne. Während der parteioffizielle Umzug von kleineren Gegendemonstrationen begleitet wird, demonstrieren Jelzin und Gorbatschow der Bevökerung diesmal Verständigungsbereitschaft. Wenige Tage später treffen sich Gorbatschow und Jelzin erneut und Jelzin schlägt dem Präsidenten eine »Koalitionsregierung der nationalen Einheit« vor. In dieser Koalitionsregierung sollten, so Jelzins Vorschlag, die Ämter des Ministerpräsidenten, des Finanz- und Verteidigungsministers auf Vorschlag der Russischen Föderation besetzt werden. Nicht nur die Russen, auch andere Abgeordnete des Obersten Sowjets, sähen den Rücktritt Ministerpräsident Ryschkows, dessen Wirtschaftspolitk äußerst unpopulär ist, lieber heute als morgen.

Als die Abgeordneten des Obersten Sowjets nach zweiwöchiger Pause zu ihrer ersten Sitzung zusammenkommen, beschließen sie mit großer Mehrheit eine Änderung der Tagesordnung, um Michail Gorbatschow über die politische und wirtschaftliche Lage berichten zu lassen. Sie möchten vom Präsidenten vor allem Auskunft über seine Haltung zu Jelzins Vorschlag und über die Vorbereitungen des neuen Unionsvertrages. Ryschkow hatte inzwischen für eine lange Reihe von Konsumgütern eine plötzliche Freigabe der Preise angeordnet und das Parlament nur einen Tag vor Inkrafttreten informiert - was von den Abgeordneten in einer geschlossenen Sitzung scharf kritisiert wurde. Noch höher schlagen die Emotionen im russischen Parlament über diese eigenmächtige Maßnahme. Es setzt die Preisfreigabe kurzerhand außer Kraft. Unterdessen nimmt das georgische Parlament das Ziel der völligen Wiederherstellung der Unabhängigkeit in die georgische Verfassung auf.

Am Freitag, dem 16. November 1990, ist es soweit: Gorbatschow stellt sich den unzufriedenen Abgeordneten des Obersten Sowjets, um Bericht zu erstatten. Und wieder gelingt es Gorbatschow, die Unzufriedenheit in seinen eigenen Vorteil umzumünzen: In typischer Überrumpelungstaktik nützt er die - völlig unterschiedlich motivierten - Forderungen nach »entschiedenen Maßnahmen«, um seine eigenen Vollmachten auszudehnen: Man habe zu lange eine defensive Position eingenommen, jetzt sei es an der Zeit, zur Offensive überzugehen. Spekulationen über eine bevorstehende Hungersnot weist Gorbatschow zurück. Die künfigen Hauptaufgaben seien der Übergang zur Marktwirtschaft und der Abschluß des Unionsvertrages. Doch noch ehe solch ein Vertrag unterzeichnet wird, müsse, so der Präsident geschickt, für eine Übergangszeit das Funktionieren des bisherigen Machtsystems durch eine Stärkung der Autorität garantiert werden. So fordert er eine befristete Rücknahme von Republikgesetzen, die gegen die Beschlüsse der Zentralregierung gerichtet sind, um den »Machtkampf« in der Sowjetunion zu unterbinden. Darüber hinaus müsse die Unionsregierung reorganisiert und personell erneuert werden - aber nicht wie Boris Jelzin sich dies vorgestellt hatte. Jelzins Vorschlag, eine Koalitionsregierung der nationalen Einheit zu bilden, stellt Gorbatschow als russisches Machtstreben unter Umgehung der anderen Sowjetrepubliken hin.

In einer zweiten Rede vor dem Obersten Sowjet innerhalb von 24 Stunden konkretisiert Gorbatschow, was er meint: Die Befugnisse des erst im März geschaffenen Föderationsrates, dem die

Präsidenten der 15 Republiken angehören, sollen erheblich ausgedehnt werden. Bisher hatte der Föderationsrat eher ein Schattendasein geführt. Nun soll er nicht mehr nur beratend, sondern als Beschlußorgan zwischen dem Zentrum und den Republiken koordinieren. Durch die vermehrte Machtbeteiligung der Republiken in diesem Rat will Gorbatschow ihren Souveräntitäsbestrebungen den Wind aus den Segeln nehmen. Des weiteren ist die Schaffung eines ebenfalls direkt dem Präsidenten unterstellten Sicherheitsrates vorgesehen, in dem Mitglieder von Armee und Polizei sitzen und dessen »bevollmächtigten Vertretungen« in allen Regionen für die Durchsetzung der Unionsgesetze und Präsidentenerlasse sorgen sollen. Dieses Gremium dient zweifellos der Stärkung der Zentralmacht und insbesondere des Präsidenten. Außerdem soll das Amt eines Vizepräsidenten geschaffen werden. Für die meisten völlig überraschend soll schließlich der angesehene und mit hochrangigen Politkern besetzte Präsidialrat abgeschafft werden, der bislang als höchstes Beratungsgremium Gorbatschows galt. Die Regierung soll vorerst unangetastet bleiben, aber unmittelbar dem Präsidenten unterstellt werden. Die von Gorbatschow gewünschte Umstrukturierung der politischen Führung, die auf eine massive Stärkung der Exekutive hinausläuft, bedarf allerdings einer Verfassungsänderung und damit der Zustimmung des Kongresses der Volksdeputierten, der aber erst am 17. Dezember 1990 zusammentreten wird.

Mit 316 Stimmen erteilt der Oberste Sowjet seine grundsätzliche Zustimmung zu den Vorschlägen Gorbatschows. Die Beratungen über dieses Thema sollen nach der Rückkehr Gorbatschows von seiner Reise nach Rom und Paris fortgesetzt werden. Boris Jelzin verurteilt dagegen die massive Stärkung der Zentralmacht ohne vorherige Abstimmung mit den souveränen Republiken. Auch die baltischen Republiken erklären, daß sie die Änderungen nie und nimmer hinnehmen werden. Rußland beginnt, über die Zentrale hinweg, wirtschaftliche und politische Koopertionsverträge mit anderen Republiken zu schließen. Entsprechende Abkommen gibt es bereits mit der Ukraine, Moldawien, Georgien und Kasachstan. Ein Abkommen mit Weißrußland steht bevor.

Nach seiner Rückkehr vom KSZE-Treffen in Paris legt Gorbatschow den gespannten Abgordneten des Obersten Sowjets den Entwurf seines neuen Unionsvertrages vor. Zuvor attackierte er zornig einige Abgeordnete, die seine Vorschläge zur politischen

Umorganisation als zu unpräzise kritisiert hatten, und einen in der *Komsomolskaja Prawda* erschienen Artikel, worin vor der Gefahr einer zu großen Machtfülle in seinen Händen und einer Entmachtung des Parlaments gewarnt wurde. Gewisse Kräfte, so Gorbatschow, versuchten den Eindruck zu erwecken, er strebe eine Diktatur an. Tatsächlich wollten sie aber die Entwicklung in der Sowjetunion stoppen und die Perestroika zerstören. Gorbatschow ahnt offensichtlich nicht, daß auch seine engsten Vertrauen ähnliche Bedenken haben.

Gorbatschows Entwurf des Unionsvertrages ist ein Schlag ins Gesicht für alle nach Unabhängigkeit oder nur mehr Selbständigkeit strebenden Republiken: Nur oberflächlich vergrößert der neue Vertrag die Rechte der Republiken, tatsächlich aber stärkt er die Macht der Zentrale. Obwohl die Unterzeichnung freiwillig sein soll, geht er doch vom territorialen Erhalt der bisherigen UdSSR aus. Alle entscheidenden Kompetenzen, die Kontrolle über Armee und den Geheimdienst, die Außenpolitik und die Außenhandelspolitik, die Finanz- und Kreditpolitik, die Verkehrspolitik, die Energiepolitik, die Kommunikationspolitik, die Sozial-, die Kultur- und die Bildungspolitik unterliegen weiter der Union. Es gibt einen die gesamte Union umfassenden Markt und eine einheitliche Währung. Boden und Rohstoffe sind Eigentum der jeweiligen Republiken – mit Ausnahme dessen, was zur Ausübung der Vollmachten der Union notwendig ist. Die Gesetze der Republiken haben Vorrang in allen Fragen außer denen, die in die Kompetenz der Union fallen. Die Union kann Vollmachten übertragen – aber nur, wenn alle anderen einverstanden sind. Ein Austrittsrecht bleibt im neuen Vertrag unerwähnt. Der noch zu wählende Präsident der neuen Union soll Oberbefehlshaber der Armee sein. Er leitet den Föderationsrat, bestimmt die Richtlinien der Innen- und Außenpolitik und bildet mit Zustimmung des Obersten Sowjets die Regierung, der künftig neben den Ministern automatisch auch die Ministerpräsidenten der Republiken angehören sollen. Der Kongreß der Volksdeputierten soll auf seiner Dezember-Sitzung den Unionsvertrag beraten – möglicherweise seine letzte Sitzung, denn in Gorbatschows Vertragsentwurf ist dieser, zumindest zu zwei Dritteln demokratisch legitimierte Kongreß nicht mehr vorgesehen. Nahezu alle Republiken lehnen den Vertrag in seiner vorliegenden Form oder wie die baltischen Republiken grundsätzlich ab.

## *Der Rutsch nach rechts*

Im Vorfeld des Volksdeputiertenkongresses setzen Armee, Apparat und Staatsicherheitsdienst den Präsidenten immer mehr unter Druck. Er, der die Unordnung im Land heraufbeschworen hat, soll nun endlich wieder »Ordnung« schaffen. Und Gorbatschow geht auf die Forderungen der Sowjet-Konservativen ein. So beauftragt er das Verteidigungsministerium, das Innenministerium und den KGB, dafür zu sorgen, daß die Unionsverfassung in allen Republiken eingehalten wird. Verteidigungsminister Dimitri Jasow weist er an, die Streitkräfte zum bewaffneten Selbstschutz gegen gewaltsame Demonstranten auszubilden. Den KGB stattet er mit immer weitreichenderen Polizeiaufgaben aus. So hat der KGB künftig auch das Recht, Sondereinheiten zur Bekämpfung von Wirtschaftssabotage und zur Kontrolle der Verteilung von ausländischen Hilfsgütern aufzustellen.

Radikalreformer befürchten eine wachsende Bereitschaft Gorbatschows, othodoxen Kräften in Partei und Generalität nachzugeben, um mit ihrer Hilfe dem staatlichen Zerfall - notfalls mit Gewalt - entgegenzuwirken. Die Neubesetzung des Innenministeriums, die Gorbatschow Anfang Dezember vornehmen läßt, scheint diese These zu bestätigen. Innenminister Wadim Bakatin, ein weitsichtiger und überlegter Politiker, der demonstrativ für Systemveränderung und Rechtsstaatlichkeit eingetreten war, wird abgelöst. Seinen Posten nimmt der besonders im Baltikum verhaßte Parteifunkionär und Ex-KGB-Generalmajor Boris Pugo ein. Politisch kaum noch nachzuvollziehen ist schließlich die Ernennung von Generaloberst Boris Gromow zu seinem Stellvertreter, der aus seiner Abneigung gegenüber Gorbatschows Reformpolitik und den Unabhängigkeitsbestrebungen der Republiken nie einen Hehl gemacht hat. In Moskau kursierende Putschgerüchte hatten sich immer um diesen Mann gedreht, nun ist er stellvertretender Innenminister.

Inzwischen beschließt im Alleingang der Volksdeputiertenkongreß der russischen Republik die Legalisierung von Privateigentum in der Landwirtschaft. Russische Bauern dürfen künftig Land ihr privates Eigentum nennen und auch vererben. Allerdings darf es nur landwirtschaftlich genutzt und gegebenenfalls nur an den Staat verkauft werden. Während Boris Jelzin auf die wirtschaftliche Selbstbestimmung der Republiken pocht, werden auf Unionsebene weitere Schritte unternommen, um solche Alleingänge künftig zu verhindern.

Gorbatschow rechnet offensichtlich selbst nicht mehr mit einer Unterzeichnung des Unionsvertrages noch in diesem Jahr und schlägt dem Obersten Sowjet vor, ein Gesetz für die Übergangszeit zu verabschieden, das die Kompetenzen zwischen Union und Republiken regelt. Die Abgeordneten fordern ihrerseits von Gorbatschow, ein System provisorischer Vereinbarungen auszuarbeiten, mit deren Hilfe die Wirtschaft stabilisiert und die gesetzlichen Widersprüche zwischen Union und Republiken überwunden werden könnten. Und wieder melden sich die Konservativen zu Wort: In einem Manifest fordert der sogenannte Zentristische Block, eine Moskauer Gruppierung, zu der auch die konservative Abgeordneten-Gruppe Sojus gehört, ein »Komitee der nationalen Rettung« zu gründen und über die gesamte Sowjetunion den Ausnahmezustand zu verhängen. Fast parallel dazu fordern 3000 Direktoren der größten Industriebetriebe auf einer Versammlung die Ausrufung des wirtschaftlichen Notstands und die Einführung weiterer Sondervollmachten für die Regierung. Für den anwesenden Präsidenten haben sie kaum ein gutes Wort übrig, seine Politik sei »durchgefallen«. Gorbatschow verspricht den sowjetischen Wirtschaftsbossen, die Rolle der Rechtsschutzorgane, das heißt die der Polizei, gründlich zu verstärken.

Zwar verzichtet Gorbatschow auf die Verhängung des Ausnahmezustandes, doch sein Kurs wird unverkennbar härter: In einer Fernsehanprache warnt KGB-Chef Krjutschkow - wie er ausdrücklich betont auf Anweisung des Präsidenten - alle »Separatisten« und »nationalen Chauvinisten«, den Zerfall der UdSSR zu betreiben. Er kündigt an, daß der KGB alles tun werde, um den Zusammenbruch der UdSSR zu verhindern. Ausländische Geheimdienste und andere Organisationen werden beschuldigt, an der Sabotage im Sowjetreich mitzuwirken. Auch Gorbatschows Parteistellvertreter, Iwan Iwascho, schlägt nicht minder scharfe Töne an: Westliche Medien berichteten übertrieben und verfälscht über die sowjetische Krise. »Unmoralische Elemente« schadeten der Perestroika.

Unmittelbar nachdem die KP Georgiens ihre Trennung von der KPdSU bekannt gibt, beginnt in Moskau die Plenartagung des ZK der KPdSU. Abermals schwört Generalsekretär Gorbatschow seine Parteigenossen auf den »Erhalt und die radikale Erneuerung« der Union ein. Entschlossen sollten sich die Kommunisten gegen militanten Nationalismus wenden. Probleme der Partei selbst stehen diesmal im Hintergrund. Als Ergebnis des zweitägigen ZK-Plenums unterstützen die ZK-Mitglieder mehrheitlich den neuen Unionsvertrag als wichtigste Aufgabe der Kommunisten. Der Volksdeputiertenkongreß in Rußland will dagegen einen Alternativvorschlag erarbeiten und hat zu diesem Zweck eine spezielle Kommission eingesetzt. Als letzte der 15 Sowjetrepubliken erklärt sich inzwischen Kyrgystan für souverän. Die Begriffe sozialistisch und sowjetisch werden aus dem offiziellen Namen gestrichen. Die litauische KP, die sich bereits 1989 verselbständigt hatte, benennt sich in »Demokratische Partei der Arbeit Litauens« um.

Während die amerikanische Regierung bekannt gibt, sich aus Sorge um Präsident Gorbatschow und die Zukunft seines Landes ebenfalls an der internationalen Wirtschaftshilfe zu beteiligen, verabschiedet der Oberste Sowjet am 10. Dezember 1990 zwei neue Wirtschaftsgesetze: ein Investitionsgesetz, das eine Dezentralisierung und rechtliche Gleichstellung aller Investitionen, auch der privaten, festlegt, sowie ein Gewerkschaftsgesetz, in dem die Unabhängigkeit und finanzielle Selbständigkeit der Gewerkschaften garantiert wird. Eine Woche später veröffentlicht Gorbatschow einen Erlaß gegen die Desorganisation der Wirtschaft im Lande, in dem alle Betriebe verpflichtet werden, die Lieferverträge für 1991 abzuschließen.

Als am Montag, dem 17. Dezember 1990, die vierte Sitzungsperiode des Volksdeputiertenkongreß beginnt, scheint das Ende der Perestroika eingeläutet. Zwar ist es noch nicht sicher, ob Gorbatschow sein autoritäres Präsidialregime bei den Deputierten durchsetzen kann, doch alles deutet darauf hin. Lettland und Estland haben beschlossen, ihre Deputierten nur als Beobachter in den Kongreß zu entsenden. Das Parlament von Litauen lehnte ebenso wie Armenien jede Beteiligung an den Beratungen ab. Am Vorabend des Kongresses hat sich die moldawische Volksfront in einer Massenkundgebung gegen die Beitritt ihrer Republik zum Unionsvertrag ausgesprochen.

Bereits der Auftakt des Kongresses ist spektakulär. Noch bevor Gorbatschow seine Einführungsrede halten kann, beantragt eine kaukasische Abgeordnete, die Mißtrauensfrage gegen Gorbatschow auf die Tagesordnung zu setzen. Der Grund: Gorbatschow habe das Land ruiniert, die Völker gegeneinander aufgebracht und schließlich den Westen um Hilfe angebettelt. Ihr Antrag wird jedoch mit großer Mehrheit abgelehnt. In seiner anschließenden Rede, die nur mäßigen Beifall erntet, legt Gorbatschow noch einmal seine Pläne zur Einführung des Präsidialregimes dar. Über seine personellen Pläne läßt Gorbatschow die Deputierten im Unklaren. Er plädiert für eine Volksabstimmung in allen Republiken über die Unterzeichnung des neuen Unionsvertrages, bzw. über den Beitritt zur »Union souveräner Staaten«. Die Abgeordneten des Kongresses fordert er auf, mit Entschlossenheit festzustellen, daß die Verfassung der Sowjetunion Vorrang vor allen anderen Gesetzen habe.

In den Debatten der folgenden Tage scheint die Opposition gegen den Vetrag jedoch eher zu wachsen. Bereits am zweiten Tag ziehen die moldawischen Abgeordneten aus Protest gegen die Nationalitätenpolitik der Moskauer Zentrale aus dem Kongreß aus. Aber die Abgeordneten diskutieren nicht nur den Unionsvertrag, viele Redebeiträge drehen sich auch um die schlechte wirtschaftliche Lage. Die Perestroika kommt nicht gut weg und am Präsidenten wird heftige Kritik geübt. Am dritten Tag droht Michail Gorbatschow, die von Uruhen bedrohten Regionen per Notstandsgesetz zu regieren oder sie direkt unter die Herrschaft der Moskauer Zentralmacht zu stellen. Zuvor war Gorbatschow in einem schriftlichen Appell von mehr als fünfzig Persönlichkeiten des öffentlichen Lebens zu einem solchen Schritt aufgefordert worden. Sein Gegenspieler Boris Jelzin warnt dagegen eindringlich vor solch unbegrenzten Vollmachten für den Präsidenten. Rußland sei, so Jelzin, mit der Wiedererrichtung der Diktatur des Kremls nicht einverstanden. Und noch einer ist damit nicht einverstanden. Am nächsten Tag wird die Debatte jäh unterbrochen: Für die Deputierten völlig überraschend reicht Außenminister Schewardnadse seinen Rücktritt ein, aus Protest gegen die »herannahende Diktatur«. Offensichtlich will er damit ein Zeichen setzen. Die Ankündigung des engen Mitarbeiters und Freundes Gorbatschows verfehlt ihre Wirkung nicht: Insbesondere die Reformanhänger im Kongreß – aber auch Beobachter im Westen – sind bestürzt. Schewardnadse betont ausdrücklich, daß er nicht Gorbatschow als politischen Gegner betrachte, sondern seine konservativen Widersacher. Gorbatschow selbst reagiert überrascht und gekränkt. Vor den Deputierten rechtfertigt er seine

*Vierter Kongreß der Volksdeputierten: Gorbatschow wird zum Präsidenten gewählt und mit weitreichenden Vollmachten ausgestattet.*

Ausnahmemaßnahmen und eine starke Präsidialmacht zur Herstellung von Ordnung und Disziplin. Eine Diktatur und eine starke Macht, die notwendig sei, um einem möglichen Putsch vorzubeugen, dürfe man nicht verwechseln. Der Volkskongreß billigt schließlich mit überwältigender Mehrheit den von Gorbatschow eingebrachten Vorschlag, die Außenpolitik wie bisher fortzusetzen. Schewardnadse wird aber noch bis zum Abschluß der START-Verhandlungen im Februar im Amt bleiben.

Die oppositionelle Interregionale Gruppe im Kongreß nimmt die Warnungen Schewardnadses zum Anlaß, all jene Delegationen zur Rückkehr aufzurufen, die den Kongreß schon verlassen oder erst gar nicht besucht hatten. Der Generalstabschef der Streitkräfte Moissejew weist dagegen die Warnungen Schewardnadses kategorisch zurück.

Noch unter dem Eindruck der Rücktrittserklärung des Außenministers, setzt der Kongreß die Aussprache über den Unionsvertrag fort. Ein ultimativer Erlaß Gorbatschows zur Normalisierung der Lage in Moldawien und eine scharfe Rede von KGB-Chef Krjutschkow heizen die angespannte Atmosphäre weiter an. Der KGB-Chef fordert ein hartes Vorgehen gegen destruktive politische Kräfte und beschuldigt westliche Geheimdienste sowie ausländische Handelspartner der Einmischung und der Wirtschaftssabotage. Er wäre sogar bereit, Blutvergießen hinzunehmen, um die Ordnung im Lande wiederherzustellen. Mittlerweile befürchten viele, der Kreml könnte die nach Unabhängigkeit strebenden baltischen Republiken in den nächsten Tagen unter Militärrecht stellen. Der litauische Präsident Landsbergis hatte für diesen Fall die Bevölkerung bereits zum Widerstand aufgerufen.

Zwar wurde bereits am 22. Dezember 1990 ein verfassungsänderndes Gesetz zur Einführung des Volksentscheides in der Sowjetunion verabschiedet – unter anderem soll ein Referendum über die Zulassung von Privateigentum durchgeführt werden –, die Abstimmung über die Präsidialregierung wurde jedoch um zwei Tage verlegt. Es bestand die Gefahr, daß der Volksdeputiertenkongreß gar nicht abstimmungsberechtigt sein könnte, da viele Delegierte nicht gekommen oder vorzeitig abgereist waren. Trotz der scharfen Auseinandersetzungen und der geringen Teilnehmerzahl erreicht Gorbatschow schließlich doch die erforderliche Zwei-Drittel-Mehrheit zur Änderung der Verfassung. Er kann seinen Entwurf nahezu unverändert durchsetzen. Der bisherige Ministerrat mit 52 Ressortchefs wird in eine direkt dem Präsidenten unterstellte Regierung mit 15 Ministern umgewandelt. Das Amt eines Vizepräsidenten wird ebenfalls etabliert. Allerdings ist Gorbatschows Wunschkandidat, der Gewerkschaftsführer und das Mitglied des Politbüros Gennadij Janajew, bei der ersten Abstimmung gescheitert. Janajew, ein kaum bekannter und unscheinbarer Politiker, wurde von Gorbatschow als ein Mann mit Prinzipien und Verfechter der Perestroika dargestellt. Janajew selbst empfahl sich in einer vierzigminütigen Rede vor den Kongreßabgeordneten als »Kommunist aus der Tiefe seines Herzens« und gab für den Fall seiner Wahl die Lösung der Wirtschaftskrise als sein vordringlichstes Anliegen an. Das Politbüromitglied betonte aber, daß die Wirtschaftsreformen mit Bedacht durchgeführt werden müßten. Befürchtungen, es könne eine Diktatur eingeführt werden, wies Janajew entschieden zurück. Dennoch verfehlt er knapp die erforderliche absolute Mehrheit. Gorbatschow, der den Mißerfolg seines Kandidaten zunächst mit steinerner Miene registriert hatte, versucht mit dem Argument, einen Mann seines Vertrauens als Stellvertreter zu brauchen, eine zweite Abstimmung durchzudrükken. Mit Erfolg: Im zweiten Wahlgang wird Janajew gewählt.

Auch das zweite Kernstück von Gorbatschows Reformplan, der Unionsvertrag und die Einleitung von Volksabstimmungen über den Verbleib in der Union, wird vom Kongreß gebilligt. Damit der Unionsvertrag Gültigkeit erlangt, muß er aber noch von den Republiken unterzeichnet werden. Ein Vorbereitungskomitee, dem der Präsident, der Parlamentspräsident und die höchsten Vertreter der Unionsrepubliken angehören sollen, wird mit der weiteren Ausarbeitung des Entwurfs beauftragt. Hierbei sollen auch die Vorschläge der Republiken stärker berücksichtigt werden. Die Abgeordneten sprechen sich nach einer hitzigen Debatte dafür aus, die bisherige Namensform »Union der Sozialistischen Sowjetrepubliken (UdSSR)« beizubehalten und nicht das Wort sozialistisch durch das Wort souverän zu ersetzen, wie Gorbatschow es vorgeschlagen hatte.

Auch der Kompetenzausweitung des Föderationsrates und der Auflösung des Präsidialrates wird zugestimmt. Der Föderationsrat kann künftig mit Zwei-Drittel-Mehrheit Beschlüsse fassen, dabei gehören ihm jedoch künftig neben den Vertretern der 15 Unionsrepubliken auch die Repräsentanten der zwanzig Autonomen Republiken an. Außerdem wird der von Gorbatschow gewünschte Sicherheitsrat geschaffen, der für die äußere und innere Sicherheit verantwortlich sein soll. Ihm werden Vertreter des Außen- und des Verteidigungsministeriums sowie des KGB angehören. Obwohl die neue Regierung direkt dem Präsidenten unterstellt ist, soll das Amt des Ministerpräsidenten beibehalten werden. Allerdings hatte Gorbatschow den überraschten Volksdeputierten kurz vor der Abstimmung mitgeteilt, daß der umstrittene Ministerpräsident Nikolai Ryschkow einen Herzinfarkt erlitten hatte und im Krankenhaus läge. Ein auf dem Kongreß eingebrachter Gesetzentwurf, demzufolge für alle Dekrete des Präsidenten die Zustimmung des Parlaments notwendig sein würde, fällt bei den Abgeordneten durch. Gorbatschow hatte sich gegen die Vorlage ausgesprochen, die seiner Ansicht nach einem Begräbnis der Exekutive gleichgekommen wäre. Damit besitzt Gorbatschow nun all die Vollmachten, die er angestrebt hatte.

## *Im Baltikum wird geschossen*

Die unheilvolle Entwicklung der Perestroika seit Herbst 1990 mündet Anfang 1991 in eine Katastrophe. Hatte der Präsident den geprüften Sowjetbürgern in seiner Neujahrsansprache im Fernsehen noch eine Wende zum Guten versprochen und einsichtig schwere politsche Fehler eingestanden, eskalieren wenige Tage später die Konflikte zwischen den Republiken und der Zentrale, zwischen den Reformern und den Reaktionären. Nachdem in den baltischen Republiken stationierte, sowjetische Truppen zunächst nur einzelne Gebäude in Litauen und Lettland besetzt hatten, die die politisch unwichtig gewordenen Kommunisten als ihr Eigentum beansprucht hatten, werden in der zweiten Januarwoche Fallschirmjäger in die baltischen Staaten verlegt. Von Verteidigungsminister Dimitri Jasow entsandt, sollen die sowjetischen Sondereinheiten Fahnenflüchtige suchen - junge Männer, die entsprechend neuer Wehrdienstgesetze in den Baltenrepubliken den Einsatz in der sowjetischen Armee verweigern.

Am Tag ihrer Ankunft in Litauen versuchen etwa 50 000 aufgebrachte Menschen das litauische Parlament in Wilna zu stürmen, nachdem die litauische Regierung eine drastische Preiserhöhung für Lebensmittel angeordnet hatte. Sie fordern den Rücktritt der Regierung Prunskiene - mit Erfolg. Ministerpräsidentin Kazimiera Prunskiene tritt noch am selben Tag zurück und das Parlament setzt die Preiserhöhungen vorläufig aus. Danach überschlagen sich die Ereignisse: Unter Ausnutzung der instabilen Lage in der litauischen Hauptstadt besetzt die Sowjetarmee strategisch wichtige Punkte in der Stadt. Mit Hilfe seiner neuen Sondervollmachten droht Präsident Gorbatschow der Republik mit einer Übernahme der Regierungsgewalt durch die Moskauer Zentrale, wenn sich Litauen nicht an die sowjetischen Gesetze halte. In einem Brief an das litauische Parlament begründet Gorbatschow seine Drohung mit dem Wunsch des litauischen Volkes nach der Wiederherstellung der verfassungsmäßigen Ordnung. Der litauische Parlamentspräsident Vytautas Landsbergis weist die Drohung jedoch als rechtlosen Akt zurück. Nachdem die litauische Bevölkerung von der Drohung Gorbatschows erfährt, versammeln sich wiederum etwa 50 000 Litauer, diesmal jedoch, um das Parlamentsgebäude zu schützen. Während in Wilnas Straßen die Panzer rollen, und das Parlament mit der Bildung einer neuen

Regierung beschäftigt ist – die Abgeordneten wählen den Ökonomen Albertas Schimenas zum neuen Ministerpräsidenten –, können die Republiken Lettland und Estland den Einmarsch sowjetischer Truppen durch Gespräche und entsprechende Zugeständnisse noch hinausziehen. Nichtsdestotrotz verurteilen sie den Truppenaufmarsch in der Nachbarrepublik Litauen.

Unterdessen fordert Gorbatschow die Republik Georgien ultimativ auf, ihre bewaffneten Einheiten innerhalb von fünf Tagen aus dem autonomen Gebiet Süd-Ossetien abzuziehen, dessen Autonomiestatus Georgien im Dezember 1990 selbständig aufgehoben hatte. Das georgische Parlament weist die Anordnung als Einmischung in die inneren Angelegenheiten einer souveränen Republik zurück.

Sowohl in Litauen als auch in Lettland kommt es aber auch zu Protestkundgebungen der Unabhängigkeits-Gegner. Wie zuvor in Litauen versuchen nun lettische Demonstranten, das Parlamentsgebäude in Riga zu stürmen, um gegen Preiserhöhungen vorzugehen.

Bereits Anfang 1991 waren zum ersten Mal die Vertreter der 15 Unionsrepubliken in ihrer Funktion als Föderationsrat zusammengekommen. Auch die drei baltischen Republiken hatten an der Sitzung des neuen, formal sehr einflußreichen Gremiums teilgenommen, Litauens Vertreter allerdings nur als Beobachter. Die Teilnehmer einigten sich – mit Ausnahme Litauens – auf einen gemeinsamen vorläufigen Haushaltsentwurf, dessen Ratifizierung durch die Republiken allerdings noch aussteht. Der neue Vizepräsident Gennadij Janajew wurde darüber hinaus an die Spitze einer Expertenkommission berufen, die mit der sowjetischen Regierungsbildung beauftragt wurde. Nun sind Delegierte des Föderationsrates unterwegs nach Litauen, um nach Möglichkeiten zu suchen, wie die zugespitzte Lage in der Republik entschärft werden könnte. Gorbatschow hatte den Mitgliedern des Föderationsrates auf einer Sitzung am 12. Januar versprochen, daß es nicht zur Anwendung von Gewalt kommen werde, ehe nicht genauere Informationen über die Lage in Litauen vorlägen.

Doch noch bevor die Delegation in Wilna eintrifft, erobern sowjetische Truppen eine Nacht später das von einer Menschenkette geschützte Gebäude des litauischen Rundfunks. Bei der blutigen Aktion kommen 13 Menschen ums Leben, über hundert werden verletzt. Über Lautsprecher erfahren die schockierten

Litauer, ein »Komitee zur nationalen Rettung« habe die Macht übernommen. Erst später wird sich herausstellen, daß lediglich eine Hand voll Alt-Kommunisten hinter diesem Komitee steckt. Noch wissen die Menschen jedoch nicht, was passiert. Unterdessen stellt die Armee den im Parlamentsgebäude verbarrikadierten Abgeordneten ein Ultimatum, das Gebäude zu verlassen. Das Parlament ernennt in der Zwischenzeit den 34jährigen Gediminas Vagnorius zum neuen Ministerpräsidenten, nachdem der erst vor wenigen Tagen gewählte Schimanis samt seiner Familie in der Nacht verschwunden war.

Während Boris Jelzin das Eingreifen der sowjetischen Streitkräfte scharf kritisiert und nach Estland reist, um ein gemeinsames Vorgehen auszuhandeln, geht Gorbatschow am darauffolgenden Montag im Obersten Sowjet zur Tagesordnung über, ohne sich über die Ereignisse in Litauen zu äußern oder auf die Proteste aus aller Welt einzugehen. Aufgeräumt und offensichtlich gut gelaunt, stellt er dem Parlament seinen neuen Ministerpräsidenten vor, den bisherigen Finanzminister Walentin Pawlow. Die Ernennung Pawlows wird von den Abgeordneten gebilligt, womit Pawlow Nachfolger Nikolai Ryschkows ist. Außerdem schlägt Gorbatschow vier weitere Kandidaten als stellvertretende Ministerpräsidenten vor. Der sowjetische Botschafter in Washington, Alexander Bessmertnych, ein Freund Schewardnadses, soll darüber hinaus neuer Außenminister werden. Auch Bessmertnychs Ernennung wird daraufhin vom Parlament bestätigt. Erst später äußerst sich Gorbatschow zum Blutvergießen in Wilna. Ebenso wie Innenminister Pugo und Verteidigungsminister Jasow lehnt er jedoch jede Verantwortung für die Ereignisse ab. Er habe erst später vom Militäreinsatz erfahren, für den es keinen Befehl aus Moskau gegeben habe. Gleichzeitig weist er aber der litauischen Führung die Schuld an der Entwicklung zu, weil sie seit ihrer Unabhängikeitserklärung einen verfassungswidrigen Weg beschritten habe. Damit rechtfertigt Gorbatschow indirekt den Einsatz von Militäreinheiten in Litauen, schiebt die unmittelbare Verantwortung für die Gewaltanwendung jedoch auf den Oberbefehlshaber des Militärbezirks Baltikum ab, den Generaloberst Kusim.

Einen Tag später besetzen sowjetische Truppen auch eine Polizeischule in Lettland. Wiederum meldet sich ein »Komitee zur nationalen Rettung«, das die Machtübernahme ankündigt. Vorbeugend verbarrikadieren die Menschen – ebenso wie in

*Tote in Litauen: Die sowjetische Armee besetzt im Januar 1991 wichtige Gebäude in Wilna.*

Estland – wichtige Gebäude, während in Litauen Hunderttausende an der Trauerfeier für die Opfer der sowjetischen Militäraktion teilnehmen. Zahlreiche Delegationen aus anderen Republiken nehmen an den Feiern teil, um ihre Solidarität zu bezeugen.

Parallel dazu schlägt Gorbatschow dem Obersten Sowjet vor, das liberale Pressegesetz vorerst auszusetzen und alle Medien im Land dem Parlament zu unterstellen. Gorbatschow begründet seine Initiative mit der negativen Berichterstattung einiger Medien über die Ereignisse in Litauen. Tatsächlich aber waren viele Zeitungen bereits massiv in ihrer Arbeit behindert worden. Während abermals ein Abgesandter des Föderationsrates nach Wilna reist, um eine Untersuchung der Vorgänge einzuleiten und zwischen Wilna und Moskau zu vermitteln, wird die Kritik an Gorbatschows Führungsstil und seiner Haltung im Baltenkonflikt immer schärfer. Nicht nur Boris Jelzin, auch der ehemalige Innenminister Bakatin verurteilt die Gewaltaktionen scharf. In einem am 18. Januar veröffentlichten Appell fordern 116 namhafte sowjetische Künstler und Wissenschaftler, unter ihnen der Historiker und Abgeordnete Afanasjew, den sofortigen Abzug der sowjetischen Truppen aus Litauen und warnen vor einer herannahenden Diktatur. Drei Tage später demonstrieren mehrere hunderttausend Menschen in Moskau gegen die Militärintervention in Wilna und die Abkehr der Zentralregierung von der Reformpolitik. Auch in anderen Städten solidarisieren sich die Menschen mit den Balten. Schließlich ziehen sich aus Protest gegen den neuen Moskauer Kurs zahlreiche prominente Berater Gorbatschows aus der Sowjetführung zurück, so beispielsweise der Urheber des 500-Tage-Plans, Stanislaw Schatalin, der gemäßigtere Ökonom und ehemalige Vize-Regierungschef Leonid Abalkin, der diplomatische Berater Jewgeni Primakow und der Wirtschaftswissenschaftler Nikolai Petrakow. Aber auch das Ausland zieht Konsequenzen aus den Ereignissen. Europa legt seine geplante Sowjethilfe auf Eis, IWF und Weltbank setzen ihre Vorbereitungsarbeiten über einen Sonderstatus der Sowjetunion vorerst aus.

Das litauische Parlament beschließt, bereits im Februar 1991 einen Volksentscheid durchzuführen, in dem die Bevölkerung über die Unabhängigkeit entscheiden soll. Nun wird aber auch Lettland Ziel sowjetischer Intervention: Spezialeinheiten, die sogenannten Schwarzen Barette, besetzen das lettische Innenministerium, ein Kameramann wird erschossen. Obwohl die Besetzung nach sechs Stunden wieder aufgehoben wird, beschließt das lettische Parlament daraufhin, eigene Einheiten zur Verteidigung der Bürger aufzustellen. Auch Estland läßt seine Barrikaden verschärfen. Unter dem Eindruck der blutigen Ereignisse tritt der Oberste

Sowjet der Russischen Föderation zu einer Sondersitzung zusammen, auf der die »reaktionäre Wende« im Baltikum unter Beteiligung des Militärs und des KGB scharf verurteilt wird.

Gorbatschow ordnet indessen gemeinsame Patrouillen von Militär und Polizei an – eine Anweisung, die bereits auf einen Befehl des Innen- und des Verteidigungsministeriums vom 29. Dezember 1990 zurückgeht, bislang aber nicht veröffentlicht wurde. Ab dem 1. Februar 1991 sollen Einheiten der sowjetischen Streitkräfte und Angehörige der Miliz gemeinsam in den Straßen aller größeren Städte patrouillieren, um die »Rechtsordnung zu stärken« und die Sicherheit der Bürger zu gewährleisten. Der KGB darf von nun an zur Verfolgung von ›Wirtschaftsverbrechern‹ zusammen mit der Polizei ungehindert in staatliche und private Betriebe eindringen.

Zur Bekämpfung der Schattenwirtschaft, des Schwarzhandels und des Spekulantentums sowie zur Einschränkung der in Umlauf befindlichen Geldmenge holt Gorbatschow zu einem ungewöhnlichen Schlag aus: völlig überraschend läßt er am 23. Januar 1991 in den Fernsehnachrichten verkünden, daß alle Fünfzig- und Hundert-Rubelscheine nur noch drei Tage gültig seien, und daß von nun an höchstens bis zu 500 Rubel (Rentner 200 Rubel) im Monat abgehoben werden dürften. In der Sowjetunion bricht darauf das Chaos aus. Kaum einer kann noch arbeiten, weil jeder versuchen muß, innerhalb der nächsten Tage seine Geldscheine einzuwechseln. Die Banken sind restlos überfordert – zumal in vielen Republiken gar nicht genügend Kleingeld vorhanden ist. Alte und Behinderte haben kaum die Möglichkeit, die Umtauschfrist einzuhalten. Mehrere Rentner erleiden aus Panik, Hysterie und Verzweiflung in der Warteschlange einen Herzinfarkt. Die Republiken und lokalen Verwaltungsbehörden formen den Erlaß schließlich selbständig um, verlängern die Fristen und setzen die Umtauschhöhe für Rentner hinauf.

Erst am Ende des Katastrophenmonats erscheint ein Silberstreif am Horizont: Nach dem Besuch des neuen Außenministers Alexander Bessmertnych in Washington gibt der sowjetische Innenminister Pugo den Abzug der ›Zusatz-Truppen‹ aus dem Baltikum bekannt. Während der Föderationsrat sich auf seiner ersten Sitzung seit den blutigen Auseinandersetzungen im Baltikum gegen die Anwendung von Gewalt zur Lösung der Konflikte zwischen Union und Republiken ausspricht, schickt Gorbatschow eine Gesprächsdelegation ins Baltikum, um die Konflikte zu erörtern.

Aus Litauen ist allerdings zu hören, daß die Truppen keineswegs abgezogen, sondern im Gegenteil noch verstärkt werden. Estland hat unterdessen ebenfalls eine Volksabstimmung über die Unabhängigkeit für den 3. März angekündigt, um der von Moskau geplanten Allunionsbefragung zuvorzukommen. Lettland wird später dem Beispiel der beiden anderen Baltenrepubliken folgen.

Die Beratungen im Föderationsrat über den neuen Unionsvertrag verlaufen indessen ergebnislos, die Meinungsverschiedenheiten sind nach wie vor zu groß.

Auf einer parallel stattfindenden Plenartagung des ZK der KPdSU wird im Beisein der sowjetischen Militärbezirkskommandeure wiederum die Notwendigkeit eines Unionsvertrages hervorgehoben. In einer politischen Erklärung warnen die Parteifunkionäre davor, daß die Krise der Gesellschaft zu verheerenden sozialen Erschütterungen führen könne. Die Partei selbst lehnt jedoch jede politische Verantwortung für die Krise ab.

Trotz des massiven Protestes des russischen Parlamentes, marschieren seit dem 1. Februar Armee- und Polizeistreifen durch die Straßen Moskaus. Die in Vierergruppen patrouillierenden und bewaffneten Polizisten und Soldaten sollen bei Einbruch der Dunkelheit allein in Moskau auf bis zu 540 Mann aufgestockt werden. Wenig später wird der Patrouillen-Dienst auf 86 Städte und mehr als 12 000 Soldaten ausgedehnt.

Unterdessen hat die Russische Föderation ein eigenes Verteidigungskomitee gebildet, dessen Leiter, General Konstantin Kobes, sich jedoch gegen die Bildung einer eigenen Armee ausspricht. Vertreter der Russischen Föderation, der Ukraine, Weißrußlands und Kasachstans beginnen in der Zwischenzeit, ein gemeinsames Gegenkonzept zu Gorbatschows Unionsvertrag auszuarbeiten.

Wenige Tage vor der geplanten Volksabstimmung in Litauen erklärt Gorbatschow per Dekret das Referendum für illegal. Die litauischen Führer wollten die Bevölkerung lediglich für ihre separatistischen Ziele einspannen - so die offizielle Begründung. Legal ist nach Auffassung der Zentralführung allein die gesamtsowjetische Befragung, die inzwischen für den 17. März 1991 anberaumt wurde. In einer Fernsehansprache ruft der Präsident die sowjetische Bevölkerung auf, an dieser Volksbefragung teilzunehmen, denn der Erhalt der UdSSR sei »oberstes Ziel«.

Litauen weist Gorbatschows Dekrekt als Einmischung in innere Angelegenheiten zurück, doch die Angst ist groß, daß das Militär im Namen der Einheit erneut blutig zuschlagen könnte. Und die Angst ist berechtigt, denn unmittelbar nach Gorbatschows Dekret kündigt die sowjetische Armee an, einen Tag nach dem litauischen Referendum Militärmanöver in Litauen, Estland, Lettland und im Kaliningrader (Königsberger) Raum abzuhalten. Offensichtlich unbeeindruckt beschließt nun auch das russische Parlament, am Tag des Unionsreferendums zusätzlich eine eigene Abstimmung über den Erhalt der UdSSR durchzuführen.

Der 9. Februar ist Litauens großer Tag: Allen Einschüchterungen zum Trotz entscheidet sich die überwältigende Mehrheit der litauischen Bevölkerung für eine unabhängige, demokratische Republik Litauen.

Das litauische Parlament beschließt daraufhin die Änderung der litauischen Verfassung - das sowjetische Militär unternimmt glücklicherweise nichts dagegen. Eine Woche später erklärt das litauische Innenministerium die moskautreue KP als »ausländische Partei« für illegal.

In einem Fernsehauftritt fordert Boris Jelzin indessen Gorbatschows Rücktritt. Ein weiteres Mal wirft er seinem ehemaligen Förderer vor, von der Reformpolitik abzukehren und gegenüber den Souveränitätsansprüchen der Republiken taub zu sein. Jelzin ist davon überzeugt, daß der Präsident selbst den Befehl gegeben hat, die Unabhängigkeitsbestrebungen mit militärischen Mitteln zu unterdrücken. Deshalb solle Gorbatschow sofort zurücktreten und der Föderationsrat die Macht übernehmen. Im Obersten Sowjet wird Jelzin daraufhin von mehreren Abgeordneten hart attackiert: Er habe mit seiner Rücktrittsforderung indirekt zum Bürgerkrieg aufgerufen, was ein Bruch der Verfassung sei. Die erregte Debatte, in deren Verlauf einige Konservative erneut die Ausrufung des Ausnahmezustandes über die gesamte Sowjetunion verlangen, wird vom Fernsehen direkt übertragen. Obwohl sowjetische Kommunisten angeblich Jelzins Sturz vorbereiten, bekräftigt dieser noch einmal seine Rücktrittsforderung an Gorbatschow: Die Perestroika sei tot und Gorbatschow arbeite auf eine Diktatur hin, nicht auf eine Militärdiktatur, sondern auf eine persönliche Alleinherrschaft.

Der Angriff Jelzins ist der bislang unversöhnlichste in dem seit langem von persönlichen und politischen Rivalitäten geprägten Verhältnis.

Am darauffolgenden Wochenende, dem letzten Februarwochenende, wird Moskau Schauplatz dreier Großdemonstrationen, die besonders die Spaltung der Bevölkerung in Befürworter der herrschenden Machtverhältnisse und Radikalreformen offenbaren. Bereits am Freitag gehen rund 60 000 Menschen zur Unterstützung Jelzins auf die Straße. Am Samstag feiern dagegen zwischen 40 000 und 75 000 Soldaten und Offiziere zusammen mit anderen Bürgern den 73. Jahrestag der Gründung der Roten Armee. Sie demonstrieren für die Einheit der Armee und der Union sowie für die Politik Gorbatschows. Jelzin wird dagegen als Verräter von Armee und Volk beschimpft. Am Sonntag schließlich demonstrieren wieder mehrere zehntausend Jelzin-Anhänger und fordern den Rücktritt Gorbatschows.

Gorbatschow vervollständigt inzwischen seine Regierung. Obwohl der Präsident im November vergangenen Jahres gesagt hatte, er wolle parallel zur Stärkung der Exekutivgewalt neue, tatkräftige und zeitgemäß denkende Mitarbeiter für die Regierung gewinnen, bleibt nun vieles beim alten: Sowohl Verteidigungsminister Jasow, als auch KGB-Chef Krjutschkow, Kulturminister Gubenko, Innenminister Pugo, Justizminister Luschtschikow behalten ihre Posten. Außenminister Bessmertnych und Ministerpräsident Pawlow waren bereits im Frühjahr ernannt worden. Neu nominiert wird damit lediglich der bisherige stellvertretende Finanzminister Orlow zum Finanzminister.

Indessen gibt Aserbaidschan als siebte der 15 Sowjetrepubliken nach Estland, Litauen, Lettland, Moldawien, Armenien und Georgien bekannt, nicht am Unionsreferendum teilzunehmen. Am 3. März finden schließlich die angekündigten Volksabstimmungen in Estland und Lettland statt. Und wie zuvor in Litauen stimmt in beiden Republiken die große Mehrheit der Stimmberechtigten für die Unabhängigkeit ihrer Republik. Unter den Befürwortern sind auch zahlreiche Russen. Die Präsidenten der beiden Republiken fühlen sich durch das Ergebnis in ihrem Kurs bestätigt und fordern Gorbatschow auf, seine Politik gegenüber dem Baltikum zu ändern.

Der Unionsvertrag und das bevorstehende Allunionsreferendum entzweit die Republiken. Anläßlich einer weiteren Tagung des Föderationsrates gibt Gorbatschow bekannt, daß inzwischen

18 Autonome Gebiete und acht der 15 Unionsrepubliken den – inzwischen abgeänderten – Vertragsentwurf unterschrieben haben: Rußland, Weißrußland, die Ukraine, Usbekistan, Kasachstan, Kyrgystan und Tadschikistan. Einen Tag später kündigt Aserbaidschan überraschend an, doch noch am Referendum teilzunehmen. Die übrigen sechs Republiken lehnen sowohl den Vertrag als auch das Referendum weiterhin ab. Jelzin dementiert später jedoch die Unterzeichnung: Rußland habe noch viele Vorbehalte gegenüber der Vertragsfassung. Nach einem Aufruf Jelzins an die demokratische Opposition, sich zu einer Partei zu vereinigen und der Moskauer Führung den »Krieg zu erklären«, demonstrieren in Moskau am 10. März rund 250 000 Menschen gegen Gorbatschow. Die Frage einer Bewahrung der Sowjetunion beantwortet die Menschenmenge mit einem weithallenden »Nein«. Im Obersten Sowjet kommt es zu einer heftigen Debatte über Jelzins neueste Attacke gegen den Präsidenten, der sich später jedoch für seine Wortwahl entschuldigt. Ansonsten beschließen die Abgeordneten, ihre Sitzungen bis nach dem Referendum auszusetzen. Unterdessen fordern die Rußlanddeutschen auf einem Kongreß in Moskau ultimativ die Wiederherstellung der Wolga-Republik. Andernfalls würden sie nach Deutschland auswandern.

Am 17. März ist es soweit: Die Sowjetbürger stimmen über den Fortbestand der Sowjetunion ab. Die Abgeordneten des Obersten Sowjets sind in ihre Heimatstädte gereist und hatten zuvor noch verkündet, daß niemand an der Abstimmung gehindert werden dürfte. Gorbatschow zeigt sich siegessicher und warnt abermals vor den Folgen, die ein Auseinanderbrechen der Union haben könnte. Jelzin bekräftigt dagegen seine Ansicht, daß der gegenwärtige Staatsverband erst zerstört und dann als demokratisches System wieder aufgebaut werden müsse. Obwohl die Republiken Estland, Lettland, Litauen, Georgien, Armenien und Moldawien die Wahl offiziell boykottieren, können die Einwohner abstimmen, da moskautreue Kommunisten Wahllokale eingerichtet haben. In einem Teil der übrigen neun Republiken wurde die Frage entweder abgewandelt oder mit einem Zusatz versehen. Bereits am Wahltag tauchen Gerüchte über einen massiven Wahlbetrug auf, als ein moldawischer Student im Fernsehen angibt, seine Stimme in acht verschiedenen Wahllokalen abgegeben zu haben.

Wenige Tage später steht das Ergebnis fest: Trotz des Boykotts der sechs Republiken haben insgesamt rund achtzig Prozent der

184 Millionen Bürger, die in den Stimmlisten eingetragen waren, teilgenommen. Von ihnen stimmten 76 Prozent für den Erhalt der Union, was bedeutet, daß insgesamt 59 Prozent aller stimmberechtigten Sowjetbürger für den Fortbestand plädiert haben. Die Zustimmungsrate lag jedoch in den unterentwickelten asiatischen Republiken weit höher als in den europäischen Landesteilen. Und in den Metropolen Leningrad und Moskau sprachen sich nur etwa die Hälfte der Einwohner für den Bestand aus. Parlamentspräsident Lukjanow betont schließlich, daß das Ergebnis des Referendums für das gesamte Territorium der Sowjetunion gültig sei. Gleichzeitig läßt Gorbatschow wissen, daß die Republiken gemäß der sowjetischen Verfassung dennoch den Austritt beantragen können. Der Artikel und das entsprechende Ausführungsgesetz vom Frühjahr 1990 sehen jedoch neben einer Volksabstimmung weitere Auflagen sowie eine grundsätzliche Übergangszeit von fünf Jahren vor. Am 23. und am 31. März wird schließlich in Georgien eine eigene Volksabstimmung über die Wiederherstellung der Unabhängigkeit und damit über einen Austritt aus der UdSSR durchgeführt: Die Mehrheit ist dafür. Das georgische Parlament erklärt daraufhin offiziell die Unabhängigkeit Georgiens.

Nachdem das Referendum über die Bühne ist, muß sich Gorbatschow wieder anderen Problemen widmen: Seit Anfang März streiken die sowjetischen Bergarbeiter. Etwa 160 der rund 650 Gruben befinden sich seit Mitte März im Ausstand. Ausgehend von der Forderung nach besseren Arbeitsbedingungen und höheren Löhnen fordern sie bald auch den Rücktritt Gorbatschows. Trotz mehrerer Appelle Gorbatschows und Ministerpräsident Pawlows, den Streik aufgrund der wirtschaftlichen Lage zu beenden, setzen die Bergarbeiter ihre Aktionen fort. Gorbatschow kündigt darüber hinaus zum 2. April drastische Preiserhöhungen an – Konsumgüter sollen durchschnittlich um sechzig Prozent teurer werden. Gleichzeitig sollen aber auch die Einkommen der Sowjetbürger erheblich gesteigert und eine vierzigprozentige Zulage auf Sparguthaben gezahlt werden.

Jelzin stellt sich inzwischen demonstrativ auf die Seite der Bergarbeiter, worauf ihm russische Kommunisten erneut vorwerfen, die Spaltung des Landes zu betreiben. Sie hatten bereits die Einberufung einer außerordentlichen Tagung des russischen Volksdeputiertenkongresses erreicht, in der Absicht Jelzin per

*Enorme Verluste: Mehrere Wochen streiken die Bergarbeiter für höhere Löhne und den Rücktritt Gorbatschows.*

Mißtrauensantrag stürzen zu können. Doch es kommt anders: Mit großer Mehrheit lehnt es der Kongreß am 2. April ab, über ein Mißtrauensvotum abzustimmen. Stattdessen schließen sich 179 kommunistische Deputierte Jelzin an. Sie gründen unter dem Namen »Kommunisten für Demokratie« eine neue Reformergruppe und sprechen Boris Jelzin ihr Vertrauen aus. Von den Ereignissen unter Druck gesetzt, stimmen schließlich auch die anderen russischen Deputierten zu, Boris Jelzin mehr Vollmachten einzuräumen. Ebenso wie auf Unionsebene forderte Jelzin seit langem die Einführung einer Präsidentschaft in Rußland. Obwohl als Präsident bezeichnet, ist Jelzin formal – genau wie die anderen Republikpräsidenten – nur Vorsitzender des Obersten Sowjets der Republik, sprich Parlamentspräsident. Wie Gorbatschow strebt Jelzin nun eine eigenständige Präsidentschaft an, mit einem großen Unterschied: Er will sich vom russischen Volk und nicht von den Abgeordneten wählen lassen. Die Deputierten stimmen zu. Die Wahl soll am 12. Juni stattfinden – eine weitere Herausforderung Gorbatschows.

Unterdessen erhöhen die Bergarbeiter ihren Druck auf die Regierung. Ihre Forderungen sind jetzt eindeutig politisch: Sie wollen den Rücktritt Gorbatschows und Jelzin als neuen Präsidenten. Das Angebot, ihre Löhne bis Jahresende zu verdoppeln, lehnen sie ab. Aber auch in anderen Wirtschaftszweigen kommt es angesichts der Preiserhöhungen zu Streik- und Protestwellen. Die soziale Unruhe wächst.

Am 20. und 21. April hält die 700 Mitglieder zählende konservative und im Volksdeputiertenkongreß sehr einflußreiche Parlamentariergruppe Sojus ein Treffen in Moskau ab. Der Leiter der Gruppe, der Abgeordnete Blochin, verlangt, über das ganze Land einen sechsmonatigen Ausnahmezustand zu verhängen und in dieser Zeit die Parlamente der Republken zu suspendieren. Die Konservativen fordern außerdem ein absolutes Streik- und Demonstrationsverbot, ein Verbot aller politischen Parteien und die Kontrolle der Medien. Offen drohen sie, Gorbatschow abzusetzen, wenn er nicht Maßnahmen in ihrem Sinne ergreife. Damit machen neben den Radikalreformern nun auch die Altkommunisten verstärkt gegen Gorbatschow mobil. Der Präsident scheint zwischen den Fronten aufgerieben zu werden.

Parallel dazu setzt Ministerpräsident Pawlow im Kabinett ein Anti-Krisenprogramm durch. Es sieht unter anderem vor, mindestens zehn Prozent der Staatsbetriebe bis Ende 1991 zu privatisieren, Streiks befristet zu verbieten, die Preise bis Oktober 1992 vollständig freizugeben und die Löhne zu erhöhen. Zur Beendigung der Streikwelle wird auch die Verhängung des Ausnahmezustandes oder der Einsatz von Truppen nicht ausgeschlossen. Der Oberste Sowjet billigt das Programm.

## *Gorbatschows Kurswechsel*

Unmittelbar vor einer weiteren Plenarsitzung des ZK der KPdSU, auf der Gorbatschow mit harten Attacken seitens der orthodoxen Kommunisten auf seine Person und seine Politik rechnen muß, verabschiedet der Präsident zusammen mit den Präsidenten von neun Unionsrepubliken völlig überraschend ein gemeinsames

Grundlinienprogramm zur Überwindung der Krise. Auch Boris Jelzin unterschreibt das Dokument. Zu den vereinbarten Maßnahmen gehören die möglichst baldige Unterzeichnung des Unionsvertrages – wobei den Republiken erstmals freigestellt wird, nicht beizutreten –, die Verabschiedung einer neuen Verfassung sowie Neuwahlen zu den staatlichen Machtorganen, einschließlich der direkten Wahl des Präsidenten der Sowjetunion. Die Erklärung enthält auch einen Aufruf an die Bergleute, ihren Streik zu beenden und die Verluste durch Mehrarbeit wettzumachen.

Wie Gorbatschow gehofft hatte, kann er mit diesem Überraschungsakt den Kritikern aus dem ZK abermals den Wind aus den Segeln nehmen. Auf ihrer Tagung erklären die Parteimitglieder, die Erklärung bedingungslos zu unterstützen. Jelzin wird dagegen von seinen politischen Freunden heftig kritisiert. Dennoch reist er nach Sibirien, um im Bergarbeiterstreik zu vermitteln. Jelzin schließt ein Abkommen mit den streikenden Bergleuten, demzufolge Rußland anstelle der Sowjetunion die Kohlegruben übernimmt. Streikführer versprechen daraufhin die Beendigung ihres Ausstandes, sobald Gorbatschow das Abkommen unterschrieben hat. Wenige Tage später ordnet Jelzin per Erlaß die Selbstverwaltung der Zechen an, worauf sich die Lage entspannt. Im Transkaukasus gehen unterdessen die nationalen Auseinandersetzungen weiter: Es kommt erneut zu blutigen Kämpfen zwischen Armeniern und Aserbaidschanern sowie zwischen Iguschen und Kosaken. Zwar gibt Gorbatschow seine Pläne für eine Massenumsiedlung von Armeniern auf, doch greifen sowjetische Truppen armenische Dörfer an, um eine Entwaffnung aller Milizen durchzuführen. Armeniens Präsident, Lewon Ter-Petrosjan, wirft Gorbatschow Staatsterrorismus vor. In Eriwan nehmen Hunderttausende an den Trauerfeiern für die Opfer teil. Nachdem zahlreiche Armenier zur Herausgabe der Waffen gezwungen worden waren, ziehen sich die sowjetischen Streitkräfte zurück. Aserbaidschanische Milizen verüben dagegen weiter Greueltaten an den in der Enklave Nagornij-Karabach lebenden Armeniern. Georgien verhängt inzwischen den Ausnahmezustand über Süd-Ossetien, dessen Autonomiestatus die Republikregierung im Dezember 1990 eigenmächtig aufgehoben hatte. Wenige Tage später stürzen Gegner der Unabhängigkeit im moldawischen Parlament ihren Präsidenten Mircea Druk, der gegen die Unterzeichnung des Unionsvertrages votiert hatte.

Angesichts der unionsweiten Streikwelle schränkt der Oberste Sowjet der UdSSR per Beschluß das Streikrecht ein. Der Präsident kann demnach die Verschiebung eines Arbeitskampfes oder dessen Aussetzung für zwei Monate anordnen – die Republiken erhalten dasselbe Recht. Die Verantwortlichen ›wilder‹ Streiks können fortan mit Geld- oder Gefängnisstrafe bestraft werden. Parallel dazu billigt der russische Volksdeputiertenkongreß endgültig die Einführung eines Präsidialregimes in der Russischen Föderation. An den Präsidentschaftswahlen will neben Jelzin auch der frühere sowjetische Ministerpräsident Ryschkow teilnehmen, der sich von seinem Herzanfall erholt hat.

Während die georgische Regierung begonnen hat, über einen Waffenstillstand mit Süd-Ossetien zu verhandeln, bietet die sowjetische Führung Litauen Gespräche über die Unabhängigkeit an. Doch nur einen Tag später überfallen Einheiten der Schwarzen Barette mehrere litauische und eine lettische Zollstation. Allerdings ist nicht sicher, ob zentrale Organe unmittelbar etwas mit den Überfällen zu tun haben. Die Regierungen der beiden Baltenrepubliken protestieren in einem Telegramm an Michail Gorbatschow sowie an das Innen- und das Verteidigungsministerium gegen diese »Banditenüberfälle«. Innenminister Pugo versichert später, nichts von den Aktionen gewußt zu haben. In einem Aufruf an »die Völker der Welt« bitten die drei Präsidenten Litauens, Estlands und Lettlands um Beistand gegen die gewalttätigen Übergriffe der sowjetischen Sondereinheiten im Baltikum. Boris Jelzin fordert von Gorbatschow eine Aufklärung der Vorfälle.

Der neue Sowjetstaat soll nun doch nicht mehr den Namen »Union sozialistischer Sowjetrepubliken« erhalten, sondern eine »Union souveräner Staaten« werden – das neue Kürzel müßte demnach USS heißen. Nach sachlichen und konstruktiven Gesprächen, wie Gorbatschow und Jelzin übereinstimmend erklären, soll der neue Unionsvertrag im Juni unterschriftsreif sein. Am 26. Mai findet in Georgien nach der Unabhängigkeitserklärung im März die erste direkte Präsidentenwahl in der UdSSR überhaupt statt. Der bisherige Parlamentspräsident, Swiad Gamsachurdia, ein christlich-konservativer Politiker und eiserner Verfechter der Unabhängigkeit erringt einen triumphalen Wahlsieg. Ihm werden jedoch massive Wahlmanipulationen vorgeworfen.

Kaum scheint eine Einigung im Unionsstreit erreicht, ist wieder alles offen. Nun machen die Abgeordneten des Obersten Sowjets

*Sieg des Radikalreformers: Boris Jelzin, der erste demokratisch gewählte Präsident, bei seiner Vereidigung.*

Front gegen die Vereinbarung zwischen Gorbatschow und den neun Republikpräsidenten. Sie beschweren sich, bei den »Neun plus eins-Verhandlungen« nicht beteiligt worden zu sein und bestehen auf die Beibehaltung des Staatsnamens UdSSR. Vor allem aber fürchten die Abgeordneten wohl um ihre Parlamentssitze, da die Vereinbarung ja auch vorgezogene Direktwahlen nach der Unterzeichnung des Unionsvertrages vorsieht. Dennoch werden die Verhandlungen weitergeführt. Neben Rußland, Weißrußland und der Ukraine nehmen Aserbaidschan Kasachstan, Kyrgystan, Tadschikistan, Turkmenistan und Usbekistan teil. Armenien und Moldawien sind nach wie vor unentschlossen, während Litauen, Lettland, Estland und Georgien bei ihrer Ablehnung bleiben. Der endgültige Text des Unionsvertrages soll schließlich durch Kommissionen der Republikparlamente und des Obersten Sowjets der UdSSR ausgearbeitet werden. Der Unterzeichnungstermin wird allerdings auf Ende Juli hinausgeschoben.

Wie erwartet, geht Boris Jelzin aus der russischen Präsidentschaftswahl am 12. Juni als Sieger hervor und in der russischen KP herrscht Katzenjammer. Denn wie selbst die Verlierer zugeben, ist Jelzins Wahlsieg bzw. Ryschkows Wahlschlappe keine Folge der Wahlkampagne der beiden Kandidaten, sondern Ausdruck des massiven Vertrauensschwundes der Bevölkerung gegenüber der KPdSU.

Im Laufe des Monats Juni entscheiden sich auch Moldawien und Armenien endgültig für die Unabhängigkeit und gegen einen Vertrag. In Armenien soll am 21. September eine Volksabstimmung stattfinden. Es bleibt also dabei: Nur neun von 15 Republiken – oder besser die Verhandlungsdelegationen – sind grundsätzlich für einen neuen Unionsvertrag. Nach Protesten im Obersten Sowjet wird der Entwurf vom sogenannten Vorbereitungskomitee, dem Gorbatschow und Vertreter der neun Republiken angehören, abermals überarbeitet. Der künftige Staatsname soll nun »Union der Sowjetischen Souveränen Republiken« heißen. Von den Mitgliedern des Komitees am 17. Juni gebilligt, wird der neueste Entwurf zur Erörterung an die Parlamente der Republiken und an den Obersten Sowjet überwiesen. Die unterschiedlichen Reaktionen zeigen jedoch sehr schnell, daß mit einer baldigen Unterzeichnung doch nicht gerechnet werden kann. Die wichtigsten Streitfragen werden im Entwurf entweder nicht erwähnt oder durch vage Kompromißformulierungen überdeckt. Paradoxerweise sollen dem Entwurf zufolge die nichtbeitrittswilligen Republiken weiterhin Mitglieder der alten UdSSR sein, während diese für die Unterzeichner des Vertrages zu bestehen aufhört.

Anfang Juli unterschreiben neun prominente Reformpolitiker der KPdSU, unter anderem der frühere Außenminister Eduard

*Wirtschaftsgipfel in London im Juni 1991: Der sowjetische Gast muß ohne Kreditzusagen wieder nach Hause fahren.*

Schewardnadse, Gorbatschow-Berater Alexander Jakowlew und die Oberbürgermeister von Moskau und Leningrad, Gawriil Popow und Anatoli Sobtschak einen Aufruf, in dem die Bildung einer unionsweiten »Bewegung für demokratische Reformen« angeregt wird. Im September soll dann möglicherweise eine demokratische Partei gegründet werden, was einer endgültigen Spaltung der KPdSU in Altkommunisten und Reformer gleichkäme. Wenige Tage später tritt Eduard Schewardnadse aus der KPdSU aus.

Während der Oberste Sowjet im Rahmen einer Strafrechtsreform die Bezeichnung »sozialistisches Eigentum« aus den Gesetzen streicht, zeichnet Ministerpräsident Walentin Pawlow vor führenden Vertretern aller 15 Republiken ein verheerendes Bild von der wirtschaftlichen Situation in der Sowjetunion. Das Bruttosozialprodukt ist weiter gesunken, das Haushaltsdefizit und die Auslandsverschuldung gewachsen. Auf der geschlossenen Versammlung mahnt Gorbatschow abermals den Zusammenhalt der Republiken an, ohne den nicht mit westlicher Hilfe zu rechnen ist. Einen Tag später, am 9. Juli 1991, tritt ein Antikrisenprogramm in Kraft, demzufolge der Übergang von der Plan- zur Marktwirtschaft bis Ende 1992 abgeschlossen sein soll. Das Programm war von der Zentrale und den Vertretern der neun kooperierenden Republiken unterzeichnet und anschließend vom Obersten Sowjet abgesegnet worden. Darüber hinaus wird auch ein Konzept für den begrenzten Eintritt der UdSSR in die Weltwirtschaftsgemeinschaft vereinbart. Gorbatschow kann sich nun der Unterstützung der Republiken sicher sein, wenn er zum Weltwirtschaftsgipfel nach London reist. Dennoch bringt der Gipfel nicht den erhofften Erfolg: Gorbatschow muß ohne Milliardenkredite nach Hause fahren. Allerdings bekommt die Sowjetunion die Möglichkeit, assoziiertes Mitglied im IWF und anderen wirtschaftlichen Organisationen zu werden.

Per Erlaß verbietet Boris Jelzin wenig später die Tätigkeit politischer Parteien - also insbesondere der KP - in staatlichen Behörden und Betrieben und das russische Parlament beschließt die Schaffung eines dem Präsidenten zugeordneten Staats- und eines Sicherheitsrats. Am 23. Juli setzen die Vertreter der Union und der neun Republiken, die bei der UdSSR verbleiben wollen, ihre Arbeit am Entwurf des Unionsvertrages auf Basis der Neun-plus-Eins-Vereinbarung fort. Überraschend nimmt auch der Parlamentspräsident Armenies, Lewon Ter-Petrosjan an den Beratungen teil, der zuvor eine Unterzeichnung ausgeschlossen hatte. Spät in der Nacht erklärt Gorbatschow, daß der Vertrag unterschriftsreif sei. Zwei Tage später beginnt in Moskau ein weiteres Plenum des ZK der KPdSU. Generalsekretär Gorbatschow schlägt den Parteigenossen ein völlig neues Parteiprogramm vor, demzufolge die Partei ihre marxistisch-leninistische Strategie aufgeben und sich in eine eher sozialdemokratische Partei umformen soll. Und er setzt sich wieder einmal durch: Im Oktober oder November soll ein vorgezogener Parteitag stattfinden, um sein Programm zu bestätigen. Die Hoffnung der orthodoxen Kommunisten schwindet, den Generalsekretär ›legal‹ seines Amtes zu entheben. Wenige Tage später fährt Gorbatschow in den Urlaub auf die Krim: Seine Gegner beschließen, ihn zu beseitigen.

## BORIS JELZIN – EIN KURZPORTRÄT

Der mächtige Gegenspieler Michail Gorbatschows wurde am 1. Februar 1931 im Dorf Butka in der Nähe von Swerdlowsk geboren. Wie Gorbatschow ist Boris Nikolajewitsch Jelzin der Sohn einer Bauernfamilie. Die Parteikarriere des gelernten Bauingenieurs begann 1968 mit dem Posten des Abteilungsleiters der KPdSU in Swerdlowsk. Zehn Jahre später wurde Boris Jelzin zum Deputierten in den Unionssowjet des Obersten Sowjets gewählt. Stufe um Stufe erklomm er nun die Karriereleiter: ZK-Sekretär, Moskauer Parteichef und im März 1986 Kandidat im Politbüro der KPdSU. Doch der oft als »Populist« bezeichnete Boris Jelzin hatte den Kontakt zum Volk nicht verloren. Trotz Glasnost und Perestroika prangerte er 1987 die KPdSU als eine Partei der Bonzen an. Und er kritisierte den Mann, der ihn gegen seinen Willen auf den Posten im Politbüro berufen hatte: Michail Gorbatschow. Boris Jelzin nahm Abschied von der Perestroika als einer Politik der halben Maßnahmen. Aus den ursprünglichen Weggenossen Jelzin und Gorbatschow wurden erbitterte Gegner. Nachdem Jelzin im November 1987 als Vorsitzender des Moskauer Stadtparteikomitees zurückgetreten war, wurde er auf den Posten eines stellvertretenden Vorsitzenden im Baukomitee der UdSSR abgeschoben. Außerdem verlor er kurz darauf seinen Status als Kandidat des Politbüros der KPdSU. Doch schon im Mai 1989 meldete er sich wieder zurück: Während die Nationalitätenkonflikte zu eskalieren begannen und Gorbatschow seinen Weg zur alleinigen Macht beschritt, wuchs die Popularität des Radikalreformers Jelzin von Tag zu Tag. Mit dem Vertrauen der Massen im Rücken steuerte er im Frühsommer 1990 die Herrschaft im Obersten Sowjet der Russischen Föderativen Sowjetrepublik an. Mit seinen Forderungen nach Marktwirtschaft und freien Wahlen wußte er auch weiterhin die Bevölkerung hinter sich, die einem zunehmend totalitären Gorbatschow mißtraute. Daß der Volksheld Jelzin die Macht der Straße besitzt, sollte dann gerade seinem Gegner Gorbatschow zur rettenden Hilfe werden: Beim Putsch im Sommer 1991 waren es Jelzin und das russische Volk, die Gorbatschow vor seinem politischen Tod bewahrten.

*Gorbatschow in Amerika: 1988 nach der UNO-Vollversammlung mit US-Präsident Ronald Reagan und seinem designierten Nachfolger George Bush.*

# Die Außen- und Sicherheitspolitik der Perestroika

Der Westen lacht noch heute über Chruschtschows Auftritt bei der UNO-Vollversammlung im Herbst 1960, wo er während der Rede des britischen Premierministers Macmillan seinen Schuh auszog, um damit verärgert auf den Tisch zu klopfen. Sein »Njet« war über Jahrzehnte wohl eines der meistgebrauchten Wörter der sowjetischen Unterhändler in den Vereinten Nationen. War dagegen die UdSSR ausnahmsweise für etwas, lautete die amerikanische Antwort »No« – der ›Kalte Krieg‹. Obwohl längst durch das Leitmotiv der »friedlichen Koexistenz« ersetzt, blieb das Verhältnis alles andere als vertrauensvoll. Ronald Reagans Rhetorik, die manchmal einen Rückfall in den Kalten Krieg befürchten ließ, und sein Festhalten am Weltraumprogramm SDI ließen die Hoffungen auf Verständigung schrumpfen. Doch dann kam Michail Gorbatschow und alles wurde anders. In kürzester Zeit hatte er bei den Menschen im Westen mehr Vertrauen gewonnen als manch westliches Staatsoberhaupt.

Seit Gorbatschows Machtantritt hat sich die sowjetische Außen- und Sicherheitspolitik so grundlegend und schnell gewandelt, daß die Bezeichnung ›revolutionär‹ durchaus angebracht ist. Aus den Erfordernissen der inneren Reformen, sprich der ökonomischen Umstrukturierung des Landes, ergab sich zwangsläufig die Notwendigkeit, auch in der Außenpoltik eine neuen Weg einzuschlagen, sich von einem »neuen Denken« leiten zu lassen. Als Gorbatschow 1985 die Staatsführung übernahm, war er sich darüber im klaren, daß die internationale Bedeutung der UdSSR als Supermacht einseitig auf ihrem militärischen oder besser ihrem atomaren Potential beruhte. Gorbatschow wußte auch, daß der Staat wirtschaftlich in ein bis zwei Jahrzehnten auf das Niveau eines Entwicklungslandes absinken würde, wenn die Stagnation nicht durch tiefgreifende Reformen überwunden und ein ökonomisch-technischer Aufschwung eingeleitet werden könnte.

Aber gerade die Rüstung und die fragwürdigen militärisch-politischen Engagements in der Dritten Welt verschlangen gigantische Summen. Eine unglaubliche Verschwendung von Ressourcen, die dringend für die wirtschaftliche Entwicklung des Landes benötigt wurden - zumal das Ausmaß der Hochrüstung objektiv durch kein irgendwie geartetes Schutzbedüfnis mehr zu rechtfertigen war. Würde das ökonomische Niveau aber weiter absinken, so die zweite Überlegung, könnte die Sowjetunion die Kosten für das Militärpotential - bis dahin einzige Basis ihrer Weltmachtstellung - nicht mehr tragen.

Gorbatschows Ziel bestand folglich darin, für den inneren Reformprozeß die bestmöglichen außenpolitischen Bedingungen zu schaffen. Das hieß erstens, die Kosten der Weltmachtpolitik drastisch zu reduzieren bzw. Ressourcen vom Rüstungssektor in andere Wirtschaftsbereiche umzuleiten. Zweitens, durch eine aktive Kooperation mit dem Westen den dringend benötigten Transfer technologischen Know-hows, später auch finanzieller Mittel, in die UdSSR zu erreichen - und gleichzeitig ›unrentable‹ außenpolitische Aktivitäten abzubauen. Schließlich ging es darum, die Basis der Weltmachtstellung langfristig zu erneuern, das heißt die militärische Macht durch wachsende wirtschaftliche und technologische Macht zu ersetzen sowie die weitgehende Isolation durch Integration zu überwinden. Diese Ziele verlangten eine Änderung der außenpolitischen Methoden: Statt auf Konfrontation und Einschüchterung setzte die sowjetische Führung nun auf Dialog und Vertrauensbildung.

Der außenpolitische Wandel hat jedoch nicht nur ökonomisch-praktische Hintergründe. Das Schlagwort »neues Denken« soll signalisieren, daß das bisherige traditionelle Denken in ideologischen Dogmen und historischen Klischees als überholt gilt. Während das Weltbild des klassischen Marxismus-Leninismus von einer Trennung der Welt in unterschiedliche Klassen bzw. in eine sozialistische und eine kaptitalistische Staatengemeinschaft ausgeht, die einander letztlich unversöhnlich gegenüberstehen, konstatiert das »neue Denken« andere Prämissen. Ihm zufolge hat sich die Welt zu einer widersprüchlichen, aber wechselseitig abhängigen Einheit entwickelt, wobei die These von der unteilbaren Welt nicht zuletzt durch Tschernobyl und andere globale Umweltkatastrophen traurige Bestätigung erhielt. Im Mittelpunkt der Philosophie steht also nicht mehr der Kampf der Gegensätze, sondern die Notwendigkeit, einen globalen Konsens zu erzielen. Die Sowjetunion versteht sich dabei als Bestandteil dieser Weltgemeinschaft, in die sie sich politisch und wirtschaftlich intergrieren möchte. Das allgemeine Völkerrecht soll das Verhältnis der Staaten untereinander regeln.

Indem Gorbatschow in der UNO konsequenterweise den Keim einer neuen Weltregierung sieht, geht er weit über die Vorstellungen vieler westlicher Politiker von einer vernünftigen Weltgemeinschaft hinaus. Die Sowjetführung hat in diesem Zusammenhang aber auch die Idee eines gesamteuropäischen Hauses in die Diskussion gebracht, in dem die wirtschafliche und politische Spaltung des Kontinents überwunden werden soll.

Jedes Volk soll dem neuen Denken entprechend selbst über das Schicksal seines Landes entscheiden, sein politisches System, seine rechtliche Ordnung und seine ökonomischen Grundprinzipien frei bestimmen. Diese Haltung ist verknüpft mit der Anerkennung der legitimen Interessen anderer Staaten, die möglicherweise nicht mit den eigenen identisch sind. Bei der Lösung von Problemen soll flexibel und kompromißbereit auf eine Balance der Interessen hingearbeitet werden, wobei der Dialog wiederum Mittel ist, die verschiedenen Interessen zu vergleichen und gemeinsame Positionen zu vermitteln. Das aktive Bemühen um den Abbau von Vorurteilen und Feindbildern soll zur Vertrauensbildung und damit zum Frieden beitragen.

Trotz des neuen Denkens war die Reaktion im Westen – insbesondere in den USA – lange Zeit zurückhaltend bis skeptisch. Unter dem Motto ›alter Wein in neuen Schläuchen‹ wurde der Ansatz oft pauschal abgetan. Der Hinweis auf die unsichere Machtbasis Michail Gorbatschows und eine mögliche Rückkehr zum alten System genügte, um Annäherungsversuche der Sowjetunion kurzerhand abzuschmettern. Innenpolitische Grabenkämpfe, der Rücktritt Eduard Schewardnadses im Winter 1990 und die zum Teil blutigen Auseinandersetzungen um nationale Unabhängigkeit und Selbstbestimmung gossen Wasser auf die Mühlen der Skeptiker – offensichtlich schienen die außenpolitischen Prinzipien von Selbstbestimmung, Dialog und Kompromißbereitschaft im eigenen Land nur wenig Bedeutung zu haben. Über Monate hinweg schwebte der Sturz Gorbatschows wie eine Damoklesschwert über der Welt. Der Putsch im August schien die schlimmsten Befürchtungen zu bestätigen. Doch die Skeptiker unterschätzten das demokratische Potential in der Bevölkerung, das sich unter der schützenden Hand Gorbatschows in den letzten sechs Jahren entwickeln konnte. Eine Rückkehr zum kommunistischen System und zum Kalten Krieg ist heute unwahrscheinlicher denn je. Mit ihren außen- und sicherheitspolitischen Taten hat die Sowjetführung die Ernsthaftigkeit ihrer Ankündigungen ohnehin längst bewiesen.

Zwar war die sowjetische Militärdoktrin im politischen Sinne schon vor 1985 defensiv ausgerichtet, indem die sowjetische Armee nur zur Abwehr äußerer Aggressionen eingesetzt werden sollte. Doch auf operativer Ebene, sprich Struktur, Bewaffung und Stationierung der Streitkräfte, waren sie keineswegs defensiv, sondern vielmehr offensiv auf die umfassende Niederwerfung des Angreifers gerichtet. Sowohl der politische als auch der militärisch-technische Teil der Doktrin wurden nun geändert. Ziel ist es nicht mehr, einen Krieg zu gewinnen, sondern zu verhindern.

Besonders erfolgreich war Gorbatschow auf dem Feld der Abrüstung und Rüstungskontrolle. 1985 wurde – allerdings nur bis 1987 – die einseitige Aussetzung von Atomtests zu militärischen Zwecken verfügt. In einer radikalen Abkehr von der traditionellen Praxis gewährte die Sowjetunion nun umfassende Kontrollen und Inspektionen ihres Rüstungssektors. Heute ist es schon beinahe üblich, daß westliche Armee-Delegationen sowjetischen Militäreinrichtungen ihre Aufwartung machen. Die Sowjetunion hat im Abschlußdokument der Konferenz für Vertrauensbildung und Abrüstung in Europa (KVAE) in Stockholm 1986 wichtige Beschränkungen ihrer militärischen und politischen Handlungsfreiheit zugelassen.

Im INF-Abkommen von 1987 hat sie sich zur Vernichtung einer ganzen Waffengattung, der Mittelstreckenrakete SS 20, verpflichtet, die gerade erst mit gigantischem Kostenaufwand eingerichtet worden war. Ronald Reagan, der noch kurz zuvor das Land als »Reich des Bösen« abgestempelt hatte, wurde mit der Unterzeichnung dieses Vertrages doch noch zum ›Friedenspräsidenten‹. Nachdem sich die Sowjetunion jahrzehntelang über den Besitz chemischer Waffen ausgeschwiegen hatte, werden westlichen Inspektoren nun Teile davon vorgeführt. Gleichzeitig ist die Sowjetunion zum Fürsprecher eines weltweiten Chemiewaffenverbots unter Einschließung weitreichender Überprüfungsmaßnahmen geworden. Sie zeigte sich sogar bereit, noch vor Abschluß eines Abkommens im Zusammenwirken mit den USA ihre Bestände zu reduzieren oder ganz zu beseitigen. Im Dezember 1988 kündigte Gorbatschow vor der überraschten Vollversammlung der Verein-

*Die sowjetische Außenpolitik revolutioniert: Michail Gorbatschow und Außenminister Eduard Schewardnadse.*

ten Nationen in New York den einseitigen Truppenabbau um 500 000 Mann und 10 000 Panzer an, darunter sowjetische Panzerdivisionen in der DDR, der Tschechoslowakei und Ungarn.

Die restlichen noch vorgeschobenen Streitkräfte sollen umstrukturiert werden, indem ihre angriffsfähigen Komponenten reduziert oder beseitigt werden. Auch aus der Mongolei wurden Truppen abgezogen und innerhalb der UdSSR mehrere Militärbezirke und Verbände aufgelöst. Die Wiener Konferenz über konventionellen Truppenabbau in Europa ist durch sowjetische Zugeständnisse bezüglich einer Reduzierung auf gleiche Höchstgrenzen und strenge Inspektionsregeln sowie durch westliches Entgegenkommen inzwischen nicht mehr aussichtslos. Im Oktober 1990 kündigte Gorbatschow in Helsinki an, daß die UdSSR alle verbliebenen U-Boote mit Nuklearwaffen aus der Ostsee abziehen würde. Die neue Sowjetführung ist schließlich auch davon abgegangen, den Abbau strategischer Nuklearwaffen an den vorherigen Verzicht der USA auf SDI zu knüpfen. Als jüngstes Kind der Abrüstungsverhandlungen unterzeichneten Gorbatschow und US-Präsident Bush am 31. Juli 1991 in Moskau den START-Vertrag, der einen solchen Abbau beschließt.

Die Sowjetunion verlieh der Abrüstungs- und Rüstungskontrollpolitik eine Dynamik, die westliche Militärs ins Schwitzen brachte. Aber auch im übrigen außenpolitischen Bereich weht seit der Wende in der UdSSR ein frischer Wind. Die Sowjetunion betrieb eine kooperative Hinwendung zu den USA und zu Westeuropa, sie suchte die Integration in internationalen Organisationen wie dem Internationalen Währungsfond, der Weltbank und dem GATT. Getreu ihren neuen Prinzipien von der Entscheidungsfreiheit gab sie ihren Hegemonialbereich in Ost- und Mitteleuropa auf. Sie zog ihre Truppen aus Afghanistan zurück, beseitigte zusammen mit den USA brisante regionale Konfliktherde und schränkte ihr ideologisch-militärisches, aber auch ihr finanzielles Engagement in der Dritten Welt (Angola, Kuba, Nicaragua, Vietnam) ein. Gegenüber traditionellen Feinden wie beispielsweise der Volksrepublik China verfolgte die Sowjetführung eine Politik der Entspannung.

Wenn auch viele Maßnahmen wohl nicht zuletzt aus der ökonomischen Not geboren wurden, verstanden es Gorbatschow und seine Mitarbeiter meisterhaft, aus der Not eine Tugend zu machen. Der Rückzug aus Krisen- und Konfliktherden wurde mit Erfolg als Beweis guten Willens präsentiert, was Gorbatschow viel Sympathie einbrachte und den außenpolitischen Handlungsspielraum der Sowjetunion beträchtlich erweiterte.

# Die Wirtschaft

Seit Bestehen der Sowjetunion stellt die marode Wirtschaft eines der Hauptprobleme des Landes dar. Während durch den gescheiterten Putsch eine rasante politische Entwicklung hin zur Demokratie in Gang gekommen ist, wird die Wirtschaft noch sehr lange brauchen, um wirklich effizient zu sein. Denn die strukturellen Probleme sind riesengroß. Beispielsweise werden die meisten Güter nur durch einen immensen Einsatz an Rohstoffen hergestellt. Nach Schätzungen der sowjetischen Fachpresse gehen bei sowjetischen Produkten nur rund zehn Prozent der Rohstoffe wirklich in das Produkt selbst ein. Da die veraltete Wirtschaftsstruktur für die extrem schlechte Qualität der sowjetischen Produkte mitverantwortlich ist, müßte hier die Devise heißen: Weg vom extensiven Wirtschaftswachstum, das einen großen Einsatz von Ressourcen erfordert, hin zu einem intensiven Wirtschaftswachstum mit einem höheren Produktivitätsniveau. Doch die Realität sieht anders aus.

Die Sowjetunion bzw. das, was davon übrig geblieben ist, steht vor dem Bankrott. Eine galoppierende Inflation (Schätzungen gehen 1991 von einer Infaltionsrate von tausend Prozent aus), steigende Unausgeglichenheit von Angebot und Nachfrage, enormes Haushaltsdefizit (1989 fast 300 Milliarden Mark) und fieberhafte Geldemissionen sind nur einige der Merkmale. Schuld daran haben mehrere Faktoren: Planungsfehler, schleppende bürokratische Entscheidungen, horrende Fehlinvestitionen, schlechte Ausbildung sowie augenscheinliche Inkompetenz der Wirtschaftsführer, geringe Arbeitsmoral der sowjetischen Werktätigen, unterbundene private Eigeninitiative, Wirtschaftskriminalität, Korruption, organisierte Wirtschaftsverbrechen, Schwarzhandel und Schwarzarbeit sowie die starre Konstruktion der Planwirtschaft.

Bereits 1983 hatte sich die Wirtschaftswissenschaftlerin Tatjana Iwanowa Sallawskaja in den »Nowosibirsker-Studien« Gedanken über die Stagnation der Sowjetwirtschaft gemacht. Sie kam zu folgendem Schluß: Staatlicher Zentralismus sei für die sowjetische Industriepolitik in den zwanziger und dreißiger Jahren durchaus angemessen gewesen, aber nach einem halben Jahrhundert seien die wirtschaftlichen und sozialen Strukturen so komplex geworden, daß sie mit den Mitteln des zentral-administrativen Wirtschaftssystems nicht mehr gesteuert, geschweige denn modernisiert werden können.

Abgesehen von der kurzen Phase der »Neuen Ökonomischen Politik«, die zwischen 1921 und 1929 Handel und Kapital eine relativ große Freiheit bescherten, wurde die Wirtschaft in der UdSSR seit über sechzig Jahren weitgehend durch den Staat zentral gelenkt. Die imposanten Aufbauleistungen nach dem Zweiten Weltkrieg können heute nicht mehr darüber hinwegtäuschen, daß die sowjetische Wirtschaft seit Mitte der sechziger Jahre in eine zunehmende Krise geraten ist. Seit 1971 hat das Wachstum und die Arbeitsproduktivität in der Sowjetunion stetig abgenommen.

Für den Stellvertretenden Chefredakteur der sowjetischen Zeitschrift *Kommunist*, Otto Lacis, hätte der Zusammenbruch der UdSSR schon Mitte der siebziger Jahre erfolgen müssen – wären da nicht die enormen Einnahmen aus der Erdölförderung gewesen, die den Staatshaushalt stabilisierten und über die Ineffizienz des gesamten Wirtschaftssystems hinwegtäuschten. Aber selbst die offiziellen Daten konnten letztlich den Niedergang nicht mehr verschleiern.

Eine gründliche Umgestaltung der Wirtschaftspolitik war denn auch für Gorbatschow der Schlüssel für seine Reformen. Doch seine Wirtschaftspolitik zeichnete sich durch Unschlüssigkeit und Ziellosigkeit aus: Kurz nach seiner Wahl zum neuen Generalsekretär der KPdSU eröffnete Gorbatschow 1985 eine Kampagne gegen den exzessiven Alkoholkonsum. Zeitweise gelang es, die durch Trunksucht und Erkrankungen verursachten Arbeitsausfälle in den Betrieben zurückzudrängen. Doch schon bald zeigten sich andere negative Nebenwirkungen: Auf dem Schwarzmarkt ging der Verkauf illegal gebrannter Spirituosen in die Höhe. Als der Staatshaushalt deutlich weniger Einnahmen durch den Ausfall der Alkoholsteuer verzeichnete, nahm man 1988 die Prohibition wieder zurück.

Auf dem 27. Parteitag im Februar 1986 hörte die Welt bisher nie gekannte Töne von einem sowjetischen Generalsekretär: Gorbatschow kritisierte die bisher praktizierte Kommandowirtschaft heftig, entlarvte ihre Rückständigkeit in fast allen Bereichen und forderte mehr Selbständigkeit für die staatlichen Betriebe. Von

*Die Industrie ist hoffnungslos veraltet und Umweltschutz ein Fremdwort: Nickelverhüttungswerk in Kolskii Poluostrow.*

Privatinitiative und freiem Handel als Stichworte einer zukünftigen sowjetischen Wirtschaftsordnung war dagegen noch nichts zu hören.

Doch die zunehmenden Mißerfolge veränderten die Sichtweise. Zum 1. Mai 1987 trat das Gesetz zur »individuellen Arbeit«, das Studenten, Hausfrauen, Rentnern und Beamten nebenberufliche Erwerbstätigkeit gestattete, in Kraft. Weil die staatlichen Behörden aber eine Abwanderung ihre Arbeitskräfte in großem Umfang befürchteten, schränkte man das Gesetz kurz darauf wieder ein. Zudem stieß durch extrem hohe Besteuerungsätze die individuelle Gewerbetätigkeit auf geringes Interesse.

Während der ZK-Tagung im Juni 1987 drängte Gorbatschow auf eine »radikalere Umgestaltung der Wirtschaftsleitung« und bezeichnete die Lage als »Vorkrisenstadium«. Ab Januar 1988 galt ein neues Unternehmensgesetz, das etwa sechzig Prozent der Industrieproduktion betraf. Es ermöglichte unter anderem direkte Beziehungen der Unternehmen mit den immer noch mächtigen Ministerien. Zudem wurde die zentrale Planung zurückgenommen. Gewinn als Maßstab der Effektivität sowie der selbständige Verkauf von Überproduktionen wurden eingeführt. Darüber hinaus schaffte man das staatliche Außenhandelsmonopol ab und überließ es den Unternehmen, ihren Handel eigenverantwortlich zu betreiben. Schließlich wurde die Staatsbank neu geordnet. Fortan galt sie nur noch als Zentralbank von neuen Banken.

Ein Jahr darauf widmete sich die Partei der Landwirtschaft, dem größten Sorgenkind der UdSSR. Seit Jahren konnte das Land, das über die größten Kornkammern der Welt verfügt, seine Bevölkerung nicht ohne Importe aus dem Westen, und hier insbesondere aus den USA, versorgen. Um hier Abhilfe zu schaffen, verabschiedete der Oberste Sowjet ein Gesetz, das private Genossenschaften legalisierte. Innerhalb kürzester Zeit entwickelten sich zahlreiche private Genossenschaften. Doch das positive Ansehen, das sie in den ersten Monaten genießen konnten, schwand zunehmend. Zum einen, weil sie einen Großteil der wichtigen und knappen Materialien aufkauften und so dem staatlichen Sektor entzogen, was die ohnehin angespannte Versorgungslage noch weiter verschlechterte. Und zum anderen, weil sie weitaus höhere Preise verlangten als die staatlichen Handelsketten. Nicht nur bei den Verbrauchern, die in den Genossenschaften eine neue privilegierte Kaste erblickten, auch bei der allmächtigen Staatswirtschaft regte sich Widerstand. Sie sah ihre Vormachtstellung auf dem sowjetischen Wirtschaftssektor bedroht. Durch Druck auf Regierung und Parlament gelang es ihnen schließlich, den Spielraum der privaten Genossenschaften zum Jahresende 1988 durch ein Gesetz einzuschränken.

Daß Reformen nicht mit Verbesserungen gleichzusetzen sind, sondern auch das Gegenteil bewirken können, zeigte sich durch die 1987 und 1988 erlassenen Betriebsgesetze. Sie sollten den Staatsbetrieben das »Rentabilitätsprinzip« verordnen. Fortan, so die Überlegungen, würden die Betriebe das produzieren, was sich tatsächlich auch verkaufen ließ. Von vornherein war also eingeplant, daß unrentable Betriebe schließen müßten, sollten sie am Markt und an den Verbrauchern vorbei produzieren. Doch der Zusammenbruch einzelner Betriebe hatte für die eng verflochtene

Staatswirtschaft der Sowjetunion katastrophale Folgen: Der Ausfall oder Wegfall eines Betriebes brachte das gesamte Zulieferersystem in Unordnung. Großbetriebe saßen plötzlich auf dem Trokkenen, weil der Nachschub an bestimmten Materialien weniger wurde oder sogar ganz entfiel. Auch die den Unternehmen gesetzlich zugestandene Freiheit, sich selbständig Zulieferer und Abnehmer zu suchen, erwies sich als problematisch. Denn einziger Rohstofflieferant wie auch zum überwiegenden Teil Abnehmer blieb nach wie vor der Staat, der somit Menge und Preise diktieren kann.

Hoffnung setzte die sowjetische Führung vor allem auf ausländisches Kapital. Zu diesem Zweck waren ab 1987 sogenannte Joint-Ventures, also Gemeinschaftsunternehmen mit ausländischen Firmen erlaubt. Galt anfangs noch, daß die sowjetische Seite mindestens 51 Prozent der Anteile halten mußte, ist seit April 1989 diese Klausel weggefallen. Aber auch die steuerlichen Vorteile, die mittlerweile Joint-Ventures genießen, haben den Kapitalfluß in die UdSSR nicht merklich ansteigen lassen. Da die meisten dieser Kooperationen im Handel- und Dienstleistungsbereich enstanden, wurde das eigentliche Ziel, den Produktionssektor mit ausländischem Geld und Know-how zu modernisieren, bisher nicht erreicht. Im Maschinenbau liegt der Anteil der Joint-Ventures bei bescheidenen fünf Prozent. Neben dem bürokratischen Aufwand ist auch die zum Teil undurchsichtige und widersprüchliche, gesetzliche Lage ein Hemmnis für ausländische Investoren.

Der wirtschaftliche Zick-Zack-Kurs Gorbatschows hielt an. Lange Zeit verteidigte er das Kolchossystem und versuchte zunächst, der Bürokratie Herr zu werden. 1985 vereinigte man die für die Landwirtschaft zuständigen Ministerien zum Superministerium ›Agroprom‹. 1989 wurde es wieder aufgelöst. Über die Frage, ob Privatbesitz an Land zugelassen werden sollte, kam es innerhalb des Parteiapparates zu scharfen Debatten. Insbesondere die Gruppe um den konservativen Gegenspieler Gorbatschows, Jegor Ligatschow, beharrte auf der Beibehaltung des staatlichen Kolchossystems. Als Kompromißlösung diente ein seit 1989 geltendes Gesetz, das den Bauern die Pacht von Land ermöglichte. Lediglich in der RSFSR unter Führung ihres Präsidenten Boris Jelzin war, mit Einschränkungen, der Privatbesitz an Land erlaubt.

Wie sehr Gorbatschow zwischen Reformbemühungen und Bewahrung des Alten hin- und herlavierte, zeigten seine letzten wirtschaftlichen Beschlüsse. Noch im Sommer 1990 hatte er das vom Wirtschaftswissenschaftler Stanislaw Schatalin erarbeitete »500-Tage-Programm« unterstützt. Dieser Plan sah vor, durch einen radikalen und schmerzhaften Schnitt die sowjetische Staatswirtschaft innerhalb kürzester Zeit in eine funktionierende Marktwirtschaft umzuwandeln. Betriebe sollten privatisiert, Preise freigegeben, Subventionen gekürzt und die Republiken in die Autonomie entlassen werden. Aber wenige Monate später - die innenpolitische Krise hatte sich zugespitzt - hielt Gorbatschow die Einführung der Privatwirtschaft für »unvereinbar mit den Traditionen des Landes«. Stattdessen legte er einen eigenen Plan vor, der Vorstellungen seines damaligen Ministerpräsidenten Ryschkow, mit denen des Schatalin-Programms vermischte. Im Endeffekt bedeutete sein vom Obersten Sowjet angenommener Plan eine deutliche Drosselung des Tempos beim Übergang zur Marktwirtschaft.

Gorbatschows wirtschaftliche Reformpolitik zeichnete sich durch Halbheiten aus. Die Umsetzung in die Praxis war nur unbefriedigend. Nach dem Putsch und dem Vertrag über die neue Struktur der Sowjetunion sind zwar die politischen Hemmnisse weitgehend beseitigt, die wirtschaftlichen aber bleiben.

Das Geld für die notwendige Modernisierung und Umstrukturierung der Wirtschaft fehlt völlig. Die Wirtschaftsleistung in der Sowjetunion ist im ersten Halbjahr weiter ins Bodenlose abgesunken: Das Nationaleinkommen ist erneut um elf Prozent gefallen, die Industrieproduktion um sechs Prozent. Und ein weiteres Problem: Der sowjetische Wirtschaftsraum ist mit seinen Monopolbetrieben so eng verwachsen, daß die einzelnen Republiken wirtschaftlich vorerst keine Selbständigkeit finden können. Selbst die wirtschaftlich gut gestellten baltischen Staaten sind zu fast hundert Prozent auf die Energielieferungen der übrigen Sowjetrepubliken angewiesen. Der Moskauer Commerzbank-Repräsentant Wilhelm Nüse hält deshalb auch mit seiner Einschätzung nicht hinter dem Berg: »Im Prinzip kann keine Republik alleine überleben.« Umso wichtiger wird sein, daß sich die Republiken unter dem Dach der neuen Union zusammenfinden, um zumindest wirtschaftlich ›gemeinsame Sache‹ zu machen.

# Die Nationalitätenkonflikte

Blutige Bürgerkriege, Pogrome, Massendemonstrationen, Panzer, Proteste und Truppeneinsätze – so sah das Szenario seit den ersten nationalistischen Unruhen in Kasachstan im Dezember 1986 aus. Jetzt ist die Sowjetunion zerfallen, der Name überholt. Die ›Nachfolgestaaten‹ suchen nach neuen Formen der Zusammenarbeit.

Jahrhundertelang hatte die Moskauer Autorität und Hierarchie – erst die der Zaren, dann die der Kommunisten – die zentrifugalen Kräfte im Vielvölkerreich zusammengehalten, jetzt ist die Lösung der Nationalitätenkonflikte wieder zur Überlebensfrage geworden. Noch als Michail Gorbatschow 1987 sein zukunftsweisendes Buch *Perestroika* schrieb, saß auch er diesem symptomatischen Irrtum, sozusagen der Lebenslüge der Sowjetunion, auf. Originalton Gorbatschow: »Wenn das Nationalitätenproblem nicht grundsätzlich gelöst worden wäre, hätte die Sowjetunion nicht das gesellschaftliche, kulturelle, wirtschaftliche und defensive Potential, über das sie heute verfügt.«

Was für ein fataler Irrtum! Noch bis einen Tag vor der geplanten Unterzeichnung des Unionsvertrages, mit dem er dem Druck der nationalen Wiedergeburt praktisch aller Völker begegnen wollte, hielt Gorbatschow an der Illusion fest, die UdSSR bestehe noch, und er befinde sich weiter fest an ihrem Steuer. Heute gibt es nicht viel mehr als ein Nebeneinander von einigen ›unsowjetischen‹ Republiken. Geblieben ist das Erbe: Die nationalen Probleme sind ein Schwergewicht in der Konkursmasse der ›alten‹ Sowjetunion. Ihre Ursachen liegen allerdings lange vor der sowjetischen Zeit. Es war ein Prozeß von mehr als vierhundert Jahren, der mit dem ›Sammeln russischer Erde‹ begann, sich zu einer riesigen kolonialen Ausdehnung unter den Zaren weiterentwickelte und in eine Knechtung zahlreicher Völker mündete. Die Bolschewiken unter Lenin wollten alles anders, besser machen: Kein »Gefängnis der Völker« mehr, sondern ein »freiwilliges Bündnis der Nationen«. Die Nationalitätenfrage war ein zentraler Punkt der Sowjets. Mehrmals seit ihrer Machtübernahme betonten sie das Recht der Nationen auf Selbstbestimmung und verankerten – allerdings nur auf dem Papier – das Recht zur staatlichen Loslösung. Doch schon in der Anfangszeit war den Kommunisten klar, daß ein volles Selbstbestimmungsrecht der Völker eines Tages unweigerlich den Zerfall des Staates bedeuten würde. Als unter Führung des Koloß Sowjetrußland am 30. Dezember 1922 die Union der Sozialistischen Sowjetrepubliken ausgerufen wurde, wurde sie zwar ausdrücklich als »Bund freier Nationen« gegründet, doch schon kurz darauf wurden beispielsweise Estland, Lettland, Litauen und Moldawien mit Gewalt in diese Union gezwungen.

Stalin, der von 1924 bis 1953 an der Spitze der Union stand, war nicht nur der eifrigste Verfechter des zentral gelenkten Einheitsstaates, sondern auch ein grausamer Unterdrücker: Sowjetisierung, Russifizierung, politische Säuberungen, Antisemitismus, Kollektivierung und Deportationen forderten einen riesigen Blutzoll. Alle Nationalitäten, die er verdächtigte, mit den Deutschen zu sympathisieren (Krimtataren und Wolgadeutsche), ließ er kurzerhand in den Osten zwangsdeportieren. Die nationale Eigenständigkeit der Völker wurde weitgehend eingeschränkt – eine Verfolgung im eigenen Land. Nicht mehr die in der Sowjetunion zusammengeklammerten Völker, sondern ein fiktives, rein ideologisch definiertes Sowjetvolk sollte Träger des Staates sein. So wurde nicht nur die politische Selbstbestimmung, sondern auch die kulturelle Eigenständigkeit der in der Sowjetunion lebenden Völker von Anfang an eingeschränkt. An den Schulen wurde der Unterricht in den Nationalsprachen abgebaut. In den dreißiger und frühen vierziger Jahren wurde die Pflege nationaler Kultur verfolgt, viele Künstler, Intellektuelle und Wissenschaftler verhaftet, erschossen oder verbannt. Erst Chruschtschow entwickelte wieder ein vorsichtiges Gespür für die Brisanz der nationalen Frage. Aber der Panzerkommunismus ließ die Mächtigen im Kreml noch bis weit in die Ära Gorbatschow hinein Meister im Verdrängen bleiben.

Heute zählen Ethnologen mehr als 130 verschiedene Nationalitäten und Sprachen auf dem Gebiet der ehemaligen UdSSR. Über elf Zeitzonen verstreut leben hier größere und kleinere Volksgruppen. Sie sind verschachtelt wie Matrioschka-Puppen: Überall wohnen inmitten der Völker Minderheiten, und inmitten dieser Minderheiten noch kleinere Minderheiten. Keine staatliche Gliederung ist dieser Nationalitätenvielfalt bisher gerecht geworden: Schon die alte UdSSR bis zum Jahr 1990 war ein sehr heterogener Staatsverband, ein Fleckerlteppich von Völkern und Volksgruppen, in dem der Konflikt zwischen den Nationalitäten vorprogram-

*Nationaler Protest in Georgien: Demonstranten vor dem Parlamentsgebäude in Tiflis.*

miert war: 15 Republiken bildeten diesen Staat. Die zwanzig Autonomen Republiken, acht Autonomen Gebiete und zehn Autonomen Bezirke innerhalb dieser 15 Teilrepubliken hatten keinerlei oder nur geringfügige Befugnisse. Auch große Volksgruppen mit mehr als einer Million Angehörigen besaßen keinerlei Autonomie. Als Beispiel seien die Wolgadeutschen (zwei Millonen) und Polen (eine Million) genannt. Die meisten Völker wurden von der straffen Moskauer Zentrale jahrzehntelang übervorteilt, wirtschaftlich ausgebeutet, vertrieben, entrechtet, mißachtet, russifiziert, teilweise regelrecht unterjocht. Kein Wunder, daß sie heute Entschädigung und eine Beseitigung des alten Unrechts verlangen.

An dieser Stelle kann nicht auf alle Völker und Minderheiten eingegangen werden, doch zusammenfassend läßt sich sagen: Da das alte Imperium seine Nationen und Minderheiten so zusammengepfercht hatte, bedeutet jetzt die Befreiung der einen fast immer die Benachteiligung der anderen. Zudem müssen sich mittlerweile alle unabhängigen Republiken mit Regionen auseinandersetzen, die ihrerseits ihren Unabhängigkeitswillen bekunden. Allenthalben steigt das nationale Selbstbewußtsein, während die soziale Lage kaum besser wird. Darüber hinaus hat die Sowjetunion eine eben auf die Sowjetunion und nicht auf einen Staatenbund zugeschnittene Wirtschaftsstruktur hinterlassen. Auch deswegen droht neuer Streit unter den Nationalitäten. Grund für die Nationalitätenkonflikte war und ist außerdem die Tatsache, daß in kaum einem Fall die bisherigen Verwaltungseinheiten gleichzeitig geschlossene Wohngebiete derjenigen Völker waren, die ihnen den Namen gaben. So leben 17 Prozent der Russen außerhalb Rußlands, 19 Prozent der Kasachen außerhalb Kasachstans und sogar siebzig Prozent der Tataren außerhalb ihrer Republik. Konflikte ergaben und ergeben sich auch schon allein aus den Größenunterschieden zwischen den Völkern, ihren Territorien, ihrer sozialen Stärke und der damit verbundenen Macht.

Zusammengeführt hatten den Staat die Russen, das größte Teilvolk. Systematisch wurde Russifizierung betrieben; der zentralisierte Einheitsstaat Moskauer Prägung trug einer ethnischen Vielfalt lange keine Rechnung. Die Sowjetunion war vielmehr der permanente Versuch zu nivellieren. Die Unionsrepubliken wurden systematisch entmachtet und die Zentrale in Moskau auf Anordnung gestärkt. Auch hatten die Unionsrepubliken kaum Einfluß auf die wichtigsten Wirtschaftsbetriebe ihres Territoriums. Sie unterstanden Moskau. Zwar war sogar noch in der Verfassung von 1977, der sogenannten Breschnew-Verfassung, die UdSSR als ein »multinationaler Bundesstaat, als freiwillige Vereinigung gleichberechtigter sozialistischer Sowjetrepubliken« beschrieben, doch Realität und Anspruch klafften weit auseinander. Die Unionsrepubliken waren reine Ausführungsorgane der Zentrale.

Seit Mitte der achtziger Jahre hatte die Entfremdung zwischen den fast dreihundert Millionen Sowjetbürgern untereinander und gegenüber der staatlichen Macht ein bedrohliches Ausmaß erreicht. Aufgrund von Glasnost und Perestroika wurde es immer schwieriger, die Völker in Schach zu halten. Schwere antirussische Unruhen brachen im Dezember 1986 in Kasachstan aus, dann ging es Schlag auf Schlag. Was sich mit dem Aufflackern nationaler Unruhen entlud, hatte sich lange aufgestaut. Im Baltikum, in

Aserbaidschan, in Armenien, in Georgien, in Moldawien, in Tadschikistan und Kyrgystan kam es zu nationalen Demonstrationen, Unruhen und Konflikten. Jahrzehntelang unterdrückt, begehrten die Völker gegen die sowjetische Zentrale, gegen ungeliebte Nachbarn und gegen das russische Machtzentrum Moskau auf. Zusammen mit dem wirtschaftlichen Druck war es letztendlich das nationale Erwachen der einzelnen Völker, das die ehemalige Sowjetunion gesprengt hat.

Zwar war in der Verfassung von 1977 sogar das Recht auf freien Austritt schon verankert, doch spätestens im März 1990 zeigte sich, daß man dies nicht so wörtlich nehmen durfte. An diesem Tag hatte das Parlament von Litauen den Austritt der Republik aus der

*Zusammenarbeit im Baltikum: Litauens Präsident Vytautas Landsbergis (l.), der estnische Präsident Arnold Rüütel (m.) und der lettische Präsident Anatoli Gorbunow (r.).*

UdSSR beschlossen. Mehr unter Sachzwang als aus eigener Initiative wurden im Herbst 1990 Verhandlungen zwischen Moskau und den Republiken aufgenommen. Ein neuer Unionsvertrag sollte der nationalen Selbstbestimmung der Völker stärker Rechnung tragen, die Sowjetunion sollte dezentralisiert, das Recht zum Austritt ausformuliert werden. Doch zu oft war die Selbstbestimmung auf dem Papier festgeschrieben worden. Gorbatschow konnte das litauische Vorgehen, die erste Unabhängigkeitserklärung nicht billigen, wollte er nicht den schnellen Zerfall der Union riskieren. Die Perestroika genügte nicht, die Union bröckelte von den Rändern her. Es rumorte in Zentralasien und im Transkaukasus. Deshalb versuchte Gorbatschow zunächst mit scheinbar demokratischen Maßnahmen (Ausarbeitung eines Austrittsgesetzes) den Zerfall zu bremsen. Doch weder die Litauer noch sein starker Gegenspieler Jelzin noch die anderen Republiken wollten sich nach siebzig Jahren straffer zentraler Führung weiter ihren Weg vom Kreml diktieren lassen.

Mit einer Welle von Unabhängigkeitsbewegungen und -erklärungen suchten sich die Völker ihren individuellen Ausweg aus der unerträglich engen Sackgasse Sowjetunion. Der fehlgeschlagene Putsch beschleunigte diesen Weg rasant. Aber erneut ist klar geworden: Wenn die Völker der alten Sowjetunion nicht in eine Katastrophe schlittern wollen, dann ist nach wie vor eine der dringlichsten Aufgaben die Lösung des Nationalitätenproblems. Die Hauptforderungen, so wie sie die Völker proklamieren und sie die Republiken jetzt teilweise durchgesetzt haben, charakterisieren, worin die Probleme lagen - aber auch weiter liegen werden: Eingeklagt werden die nationale Selbstbestimmung, das Recht auf wirksame politische Interessenvertretung, eine dezentrale, gleichberechtigte Struktur der Union, das Recht auf Austritt und Unabhängigkeit, das Recht auf Besitz der nationalen Bodenschätze, das Recht auf eine eigene Staatsprache, das Vorrecht von Republikrecht vor Unionsrecht, das Recht auf Religionsfreiheit und das Recht auf Freizügigkeit. Sogar die freie Ausreise aus der ehemaligen Sowjetunion ist nur unter Schwierigkeiten möglich.

Grob vereinfacht gibt es zwei Richtungen des Konfliktes. Zum einen ist es eine Denkweise, die sich sowohl gegen das Diktat der Moskauer Zentralgewalt wie gegen die Vormachtstellung Rußlands wehrt, zum anderen ein Aufbegehren gegen andere, nichtrussische Völker und Minderheiten.

Im Baltikum ist es eindeutig ein Konflikt mit Moskau. Ein Aufbegehren gegen die Unterdrückung der eigenen Souveränität durch die bisherige Zentrale, gegen die Besetzung im Jahre 1940, gegen die Annexion aufgrund des Hitler-Stalin-Paktes, gegen die erdrückende Russifizierung. Hinter dem Kaukasus dagegen geht es weniger gegen die Russen als um Interessenkonflikte mit ungeliebten Nachbarvölkern. Dazu kommt ein massiver Gegensatz zwischen islamischer und christlicher Kultur, der sich hier Bahn bricht. Auslöser für die Unruhen in Usbekistan, Kasachstan und Kyrgystan waren dagegen vor allem soziale Spannungen zwischen den verschiedenen Nationalitäten. In Moldawien spielte die größte Rolle die Identität der Moldawier als Rumänen und die Frage der Staatssprache. So wie Balten, Kaukasier und Moldawier sich gegen Moskau auflehnten, so fühlen sich andererseits gerade viele kleine Völkerschaften wiederum von anderen unterdrückt: Polen von Litauern, Gagausen von Moldawiern, Abchasen und Osseten von Georgiern.

Auch nach Auflösung der alten Sowjetunion sind diese nationalen Brennpunkte ebenso geblieben wie die obengenannten Hauptforderungen der Völker und Minderheiten. Die Wirren des Zerfalls dauern an. Und so wie für die nationalen Minderheiten die Rechte keineswegs gesichert sind, so ist für die Regierenden das Gespenst der ethnischen Konflikte keineswegs gebannt. Gerade in territorialer Beziehung schwelen die Konflikte weiter. Die inneren Grenzen sind trotz Beteuerungen alles andere als stabil: Moldawien, das den Anschluß an Rumänien will, erhebt Ansprüche auf Teile der Ukraine. Litauen schielt auf die Enklave Kaliningrad/Königsberg und auf Teile Weißrußlands. Obwohl Berg-Karabach sich für unabhängig erklärt hat, würde Armenien dieses Gebiet gerne zugesprochen bekommen. Der Streit mit Aserbaidschan geht weiter. Usbeken und Turkmenen zanken um Wasser- und Bodennutzungsrechte entlang ihrer gemeinsamen Grenze; die Tadschiken fordern ihre in Usbekistan gelegenen historischen Zentren Buchara und Samarkand zurück. Minderheiten wie die in Georgien lebenden Osseten wollen mit den Osseten in Rußland zusammengehen. Auch die ebenfalls in Georgien lebenden Abchasen verlangen Unabhängigkeit oder Anschluß an Rußland. Von den 23 Binnengrenzen, die es in der bisherigen Sowjetunion gab, sind nach optimistischer Einschätzung nur drei nicht umstritten, und zwar die litauisch-lettische, die weißrussisch-russische und die weißrussisch-lettische. An rund achtzig Grenzpunkten scheiden sich die Geister. Trotz einer neuen Vielfalt und einer neuen (auch diesmal nur scheinbaren) Rücksichtnahme auf Minderheiten dekken sich die administrativen und ethnischen Grenzen nur in den seltensten Fällen. Die in der Stalinzeit oft willkürlich gezogenen Grenzen wollen viele revidieren, die Deportation politischer Gegner und die Zwangsumsiedlung ganzer Völkerschaften - beispielsweise der Wolgadeutschen und der Krimtataren - werden weiter angeprangert. Aber weder Bevölkerungstausch noch erneute Umsiedlungen können hier helfen.

Heute stellt sich die Situation folgendermaßen dar: Die drei baltischen Republiken sind weltweit als souveräne Staaten anerkannt, zwei weitere - Georgien und Moldawien - wollen auf keinen Fall mehr einen neuen politischen Bund mit der Moskauer Zentrale eingehen. Und die restlichen Republiken halten sich ebenfalls für mehr oder minder selbständig. Ungewiß ist, was eines Tages mit den zentralasiatischen Republiken geschehen kann, ob sie sich nicht etwa zu einem Block zusammenschließen.

Doch bei der jetzt sich vollziehenden Neugründung einer ›Union Souveräner Staaten‹ werden zumindest vorläufig - allein aus wirtschaftlichen Gründen - auch Republiken mitmachen müssen, die einem neuen politischen Verbund auf keinen Fall mehr angehören wollen (Baltikum, Moldawien, Georgien). Damit hat aber gleichzeitig jede - wie immer geartete - neue Union die alten Nationalitätenkonflikte geerbt - und neue dazugewonnen. Für eine Übergangszeit schien zwar die Gefahr gebannt, die ehemalige UdSSR könne in Anarchie und Stammesfehden verfallen. Wahrscheinlich werden wir es in Zukunft mit einer Union konföderativen Charakters in einer Wirtschaftsgemeinschaft zu tun haben. Wie viele Republiken und in welcher Form daran auf Dauer mitmachen ist jedoch mehr als offen. Locker koordiniert wird dieses Gebilde gegenwärtig vom mächtigen Rußland. Aber es ist kaum vorstellbar, daß die Republiken jenes neugewonnene Maß an nationalem Selbstbewußtsein und nationaler Selbständigkeit aufzugeben bereit sind.

Jahrzehntelang waren die Völker der Sowjetunion in eine Klammer gepreßt. Dann ist das Zentrum zunächst den zentrifugalen Kräften gewichen. Jetzt ist auf dem Papier wieder eine Union souveräner Staaten beschworen worden. Doch die Entwicklung ist dramatisch: Schon kommt es bei einigen Nationalitäten, ethnischen Minderheiten und Stammesgruppen wieder zu nationalistischen Auswüchsen. Und auch großrussische Vormachtansprüche wecken wieder uralte Ängste. Denn die neue Union im Osten steht weiterhin vor einer fatalen Asymmetrie: Mit 150 Millionen Einwohnern und rund drei Viertel der Fläche der alten Sowjetunion ist Rußland ein Riese, der trotz aller gutgemeinten Beteuerungen eine hegemoniale Stellung unter den Republiken einnimmt.

Die Tatsache, daß in den anderen Republiken als Folge von Stalins Nationalitätenpolitik viele Russen leben, wird ein Zusammenleben nicht leichter machen. Durchschnittlich stellen sie zehn Prozent der Bevölkerung, in der Ukraine leben zwanzig Prozent Russen, in Kyrgystan 25 Prozent und in Kasachstan sogar vierzig Prozent. Die Russen, noch vor kurzem als Elite führend, sind vielerorts in die Minderheit geraten. Sie trauern um eine Sowjetunion, die es nicht mehr gibt. Schon gibt es restaurative Bewegungen. Es ist die Frage, ob es einer gemeinsamen Regierung unter diesen Umständen gelingen wird, neue blutige Nationalitätenkonflikte zu verhindern. Für viele kleine Völker wirkt das auf dem Volkskongreß Anfang September 1990 versprochene Netz bilateraler und multilateraler Verträge auf dem Boden der alten UdSSR längst wie ein Hirngespinst.

Speziell die kleinen Nachbarn der mit Abstand größten Republik Rußland hören mit Grausen die vollmundigen Verlautbarungen aus Moskau: Da ist davon die Rede, die neue postkommunistische Union werde endlich ein friedliches Miteinander aller mehr als hundert Nationalitäten garantieren. Zu oft schon war dies zu hören. Wieder geht die Sorge vor einem Großmachtstreben Moskaus um; gerade die kleineren Republiken haben Angst vor einer rabiaten Flurbereinigung. Auch für eine postkommunistische Gesellschaft werden deshalb die Minderheitenprobleme zum Säuretest werden.

Leider ist auch ein anderer Aspekt nicht zu vernachlässigen: Die Anliegerstaaten der ehemaligen Sowjetunion verfolgen teilweise hocherfreut die Nationalitätenprobleme des geschrumpften Riesen. Nicht mehr nur unter vorgehaltener Hand werden Minderheiten zu mehr Selbstbewußtsein ermuntert, um die neuen Strukturen zu schwächen. Die Nationalitätenkonflikte gehen also weiter. Zwar besteht die Hoffnung auf die Bildung einer neuen, demokratischen Union souveräner Staaten. Doch jetzt kommt es darauf an, daß demokratische Strukturen mit starken Minderheitenrechten gefunden werden. Denn nur sie lassen offen, daß die Völkerschaften einträchtig in einem Staatenbund zusammenleben können. Fortschrittliche Minderheitenregelungen, wie sie etwa in den KSZE-Akten enthalten sind, wären eine Lösung. Doch gegen ethnischen Ehrgeiz, gegen Armut, Korruption und sozialen Neid, gegen Intoleranz ist noch kein konstitutionelles Kraut gewachsen. Unter anderem hat die Vielfalt der Völker das Todesurteil über die alte Union gesprochen und ist nun eine der größten Gefahren dieser neuen, höchst provisorischen Struktur.

# Das Ende der ›alten‹ Sowjetunion

Ende 1990 macht eine Erhebung der OECD, dem Zusammenschluß der reichsten Industrienationen, in der westlichen Presse die Runde.

Ihr Inhalt: die Auslandsverschuldung der osteuropäischen Staaten. Ihr absoluter ›Spitzenreiter‹: die Sowjetunion. Noch vor den hoffnungslos verschuldeten Polen, denen die Weltbank einen Nachlaß von knapp fünfzig Prozent versprochen hat, nimmt die Sowjetunion Platz eins auf der Schuldnerliste ein.

Mit über 43 Milliarden Dollar Auslandsschulden steht der Staat unter Präsident Michail Gorbatschow bei den westlichen Banken in der Kreide. Allein in den nächsten drei Jahren müssen über fünfzehn Milliarden Rubel für die Tilgung der Zinsen aufgebracht werden.

Die sozialistische Planwirtschaft steht vor dem Ruin. Schwarzhandel, Wirtschaftskriminalität und die Bildung mafiaähnlicher Banden sind die unangenehmen Begleiterscheinungen des wirtschaftlichen Chaos. Die Versorgungslage in der UdSSR ist katastrophal, die Sowjets sind auf Hilfe aus dem Westen angewiesen. Hilfslieferungen, wie die der Aktion CARE - in Deutschland vom *Stern* und dem *ZDF* ins Leben gerufen - sollen der Bevölkerung über den schweren Winter helfen. Lange Schlangen vor und leere Regale in den Geschäften prägen das Bild in den Städten der UdSSR.

So sehr Gorbatschow außenpolitische Erfolge feiert, so deutlich wird sein Versagen im Inneren der Sowjetunion. Seine Idee einer Perestroika scheint an wirtschaftlichen Problemen zu zerbrechen. Schuld daran haben die verkrusteten bürokratischen Strukturen in der Sowjetunion, das Festhalten der Staatspartei KPdSU und der Militärs an der Macht. Gorbatschow sieht sich Ende 1990 zwischen zwei Stühlen sitzen: auf der einen Seite die Konservativen, die seine Politik immer lauter und unmißverständlicher geißeln, denn er führe die Sowjetunion auf diese Art in den Ruin; und auf der anderen Seite die Reformer, die in Boris Jelzin ihre Galionsfigur gefunden haben und ihn zu rigorosen Reformen drängen. Gorbatschow muß beiden Zugeständnisse machen, wendet sich mal der einen, dann wieder der anderen Seite zu. Ein Lavieren, das ihn ein ums andere Mal in mißliche Lagen bringt.

So muß er, kaum von seinem Staatsbesuch bei Helmut Kohl zurück, den Militärs am 10. November 1990 in die Hand versprechen, daß es unter seiner Regierung keine landeseigenen Verbände, sogenannte Nationalgarden, in den einzelnen Republiken geben werde. Der stockkonservative Obristenführer Viktor Alksnis sieht darin jedoch nur eine »leere Versprechung des Michail Sergejewitschs«. Vor laufender Kamera des sowjetischen Staatsfernsehens macht er Gorbatschow für die katastrophale Situation in der Sowjetunion verantwortlich. Und nicht nur das: Jetzt habe er, Gorbatschow, auch noch die Armee endgültig verloren.

Eine Armee, die im Westen der Union, im Baltikum, immer härter durchgreift und Gorbatschow regelrecht zu politischem Handeln in ihrem Sinne zwingt. Die Last auf Michail Gorbatschow nimmt immere größere Ausmaße an: Druck von den Konservativen, ein im Westen abbröckelndes Sowjetreich und dann noch einen Gegenspieler, der ihm Anfang 1991 eindeutig die Zusammenarbeit aufkündigt. Im Januar wendet sich Boris Jelzin auf dem Volksdeputiertenkongreß endgültig von Michail Gorbatschow ab: »Ich habe meine Wahl getroffen!«

Jelzin gewinnt vor den ersten freien Wahlen in der russischen Republik politisch zunehmend an Bedeutung. Er wird zu einem immer gefährlicheren Konkurrenten Gorbatschows und nimmt wegen der Mißstände in der Sowjetunion kein Blatt mehr vor den Mund: »Es wird sich noch Gelegenheit bieten zu untersuchen, weshalb dieses an Naturressourcen so reiche Land, das sich zu Beginn des Jahrhunderts so stürmisch entwickelte, an dessen Ende vor dem Abgrund steht; warum dieses viele Millionen zählende Volk mit seiner großartigen Kultur und seinem Reichtum an Traditionen heute in einer geistigen Krise steckt und es ihm an Zuversicht mangelt.« Jelzin weiter auf dem russischen Volksdeputiertenkongreß im März 1991: »Wir leben nicht deshalb schlecht, weil wir wenig und schlecht arbeiten. Der Hauptgrund für das chronische Elend des Volkes ist die Tatsache, daß unser Wirtschaftssystem im Prinzip den Menschen ignoriert.« Jelzin legt den Finger auf die Wunden der Sowjetgesellschaft und benennt den Schuldigen: ein mächtiges politisches System, das totalitär an den Menschen vorbei regiert. »Dem Staat fehlen die notwendigsten

*Widerstand: Hunderttausende kämpfen in Moskau für den Erhalt der Demokratie.*

Mittel für die Kinder und die Alten; dabei werden viele Milliarden in Form von absurden Kanälen gleichsam in der Erde vergraben, wachsen die Berge wertvoller Abfallprodukte und erheben sich riesige Kästen der neuen Werkshallen, in denen über Jahre hin niemand zu arbeiten beginnt. All das geschieht ›nach Plan‹!« Und was noch viel schwerer wiegt, »das persönliche Engagement wurde durch Androhungen und Direktiven und die Furcht vor Repressalien ersetzt«.

## *Der ›starke‹ Jelzin*

Unmißverständlich fordert Jelzin in den Frühjahrstagen von Gorbatschow die Wiedereingliederung der Sowjetunion in den Weltmarkt und die ›Weltkultur‹ und – unausweichlich damit verbunden – die Einführung der Marktwirtschaft. Die Sowjetunion müsse demokratische Strukturen entwickeln, die Bürger müßten die wirtschaftlichen und politischen Freiheiten zurückerlangen und das Monopol des riesigen Parteiapparates müsse beendet werden, so Jelzins Credo. Denn »diese kolossale Schuld vor dem Volk entstand durch die Herrschaft der totalitären Ideologie und Macht, die eine grausame Ausbeutung der Werktätigen bewirkte«. Für Jelzin haben die vergangenen sechs Jahre gezeigt, daß die Sowjetbürger es hier nicht mit einer Perestroika zu tun haben, sondern eher mit einer »letzten Phase der Stagnation«. Aber Jelzin geht noch einen Schritt weiter. Mit seiner eigenständigen Politik in der Russischen Föderativen Republik (RSFSR) steuert er einen marktwirtschaftlich und demokratisch orientierten Kurs, der die Zahl möglicher Ansatzpunkte für Kompromisse zwischen Gorbatschow und Jelzin immer weiter verringert. Der Kremlchef kann mit dem russischen Parlamentspräsidenten nicht mehr verhandeln, ohne seine Basis in der Partei zu verlieren.

Die konservativen Parteifunktionäre erkennen das Dilemma Gorbatschows und versuchen, seinen Konflikt mit Jelzin weiter zu polarisieren. Gorbatschow selbst sucht sein Heil in der Partei: Er beruft zusätzliche konservative Politiker in den Obersten Sowjet und seinen Beraterstamm. Die Ausdehnung der präsidialen Machtbefugnisse ist darüber hinaus ein weiterer Schritt nach rechts. Der Konflikt des Weltpolitikers und Friedensnobelpreisträgers gegen den Populisten und Reformer eskaliert schließlich am 28. März 1991.

Schon in den Monaten zuvor kommt es in der gesamten Sowjetunion, vorwiegend in Rußland, immer häufiger zu Pro-Jelzin-Demonstrationen. Die Bevölkerung artikuliert immer lauter und deutlicher ihren Unmut über die volksferne Kreml-Führung. Und Gorbatschow wird die Verleumdung seines Reformgegners angekreidet. Der sowjetische Präsident spürt zusehends den Verlust seiner Popularität.

Vor diesem Hintergrund ist zu verstehen, daß Gorbatschow selbst es ist, der am 28. März, von seinen Beratern - allen voran Innenminister Boris Pugo - angespornt, Truppenverbänden den Befehl zum Einrücken nach Moskau gibt. Vor allem Pugo soll den Kremlchef - nach Insiderberichten - vor der Gefahr »extremistischer Volksmassen« gewarnt haben, die im Windschatten des Kongresses der Volksdeputierten der RSFSR angeblich den Kreml stürmen wollten. Gorbatschow sieht seinen Fehler jedoch ein, verzichtet auf ein Eingreifen der Truppen, die nur auf friedliche Demonstranten hätten schießen müssen, und zieht die Militärs ab. Damit hat er zwar sein Gesicht vor der Weltöffentlichkeit gewahrt, sich gleichzeitig aber durch seine Fehleinschätzung der Lage vor dem sowjetischen Volk lächerlich gemacht - für Jelzin ein willkommener Faux pas, der seine eigene Popularität erhöht.

Der nächste Schlag gegen Gorbatschow ist die Unabhängigkeitserklärung Georgiens Anfang April 1991. Die Reaktion Gorbatschows darauf beweist, daß er wohl gespürt haben muß, mit seiner konservativen Kurskorrektur auf das falsche Pferd gesetzt zu haben. Am 23. April 1991 gibt er völlig überraschend sein ›Ja‹ zu den ›Neun-plus-Eins-Verhandlungen‹ über den Unionsvertrag. Einen Tag später wird der Zeitplan abgesegnet. Mit neun der fünfzehn Unionsrepubliken will sich Gorbatschow an einen Tisch setzen, um wenigstens Teile der Sowjetunion vor dem Auseinanderfallen zu retten.

Doch sein Schlingerkurs zwischen Konservativen und Reformern hält an. Als ihn die britische Zeitung *Sunday Times* im Mai zu einem Interview bittet, sieht er für die UdSSR schwarz: »Die Sowjetunion befindet sich am Rande des Chaos.« Seine Folgerung läßt sich nur als Friedenszeichen an den rechten Flügel seiner Partei interpretieren: Unter Umständen müsse die alte Planwirtschaft wieder eingeführt werden.

Der Kreml-Führer kommt innenpolitisch nicht mehr zum Luftholen. Trotz intensiver Verleumdungskampagnen gegen Boris

Jelzin und der teilweisen Gleichschaltung der sowjetischen Medien gelingt es Jelzin am 12. Juni, zum ersten frei gewählten Präsidenten einer sowjetischen Teilrepublik zu werden. Über sechzig Prozent der Stimmen für Jelzin bereits im ersten Wahlgang sprechen eine deutliche Sprache. Für die Kommunisten ist dies eine empfindliche Wahlschlappe. Der Chef der Moskauer KPdSU, Jurij Prokowjew, gibt das kurz nach der Wahl unumwunden zu: »Wir haben verloren. Jelzin, Popow und Sobtschak haben gesiegt.«

Der Schock bei den Kommunisten sitzt tief. Das Parteiorgan *Prawda* versucht, die Niederlage mit einer diffusen Zahlenakrobatik herunterzuspielen. Nur vierzig Millionen Russen hätten Jelzin gewählt, insgesamt aber gäbe es 150 Millionen russische Bürger. Somit hätten allenfalls dreißig Prozent Jelzin mit ihrer Stimme unterstützt. Doch jegliche Zahlenspielerei hilft nichts. Der Vertrauensschwund in die kommunistische Partei ist nicht zu leugnen. Die Reaktion der Partei-Apparatschicks mündet in gegenseitigen Angriffen. Ein einheitlicher Kurs der Partei ist für den außenstehenden Beobachter nicht mehr erkennbar. Kenner der Parteistruktur gehen von vier Flügeln innerhalb der KP aus: An erster Stelle sind die Breschnew-Anhänger zu nennen, die das Beibehalten eines bürokratischen Sozialismus vertreten, daneben existieren der liberal-bürgerliche Flügel mit seinen eher diffusen Wertvorstellungen sowie die Anhängerschaft der ›primitiven Bourgeoisie‹. Sie fordert, daß die Kommunisten gewaltsam einen Markt schaffen müssen, um die wirtschaftlichen Schwierigkeiten zu bewältigen. Und schließlich müssen die ›eigentlichen‹ Kommunisten leninscher Prägung erwähnt werden. Die Gräben zwischen den verschiedenen Flügeln werden tiefer. Manche fordern sogar den Rücktritt Gorbatschows als Parteisekretär; am weitesten geht der Stadtsowjet einer kleinen ostsibirischen Gemeinde. Er fordert den Ausschluß Gorbatschows aus der Partei.

Ungeachtet der katastrophalen Situation der KPdSU sonnt sich Boris Jelzin in seinem Wahlerfolg und tritt bereits vier Tage später, am 16. Juni 1991, seine erste Amerikareise als gewählter Präsident an. Auf Einladung des amerikanischen Kongresses hält er sich fünf Tage in den USA auf. Im Gegensatz zu seinem ersten Besuch 1990 wird ihm gebührende Beachtung geschenkt. Am 18. Juni trifft er mit Präsident Bush im Weißen Haus in Washington zusammen. Dennoch gerät der Besuch Jelzins zu einem diplomatischen Balanceakt. Einerseits will die US-Regierung den für seine Reformen werbenden Jelzin nicht zurückweisen, andrerseits gilt die Unterstützung der USA noch immer dem sowjetischen Staatspräsidenten Gorbatschow.

Unmittelbar vor dem Besuch Jelzins verleiht Bush Gorbatschows Politik der Perestroika das Prädikat »historisch« und spricht von der ungetrübten Glaubwürdigkeit des Kreml-Führers. Als ›Zuckerl‹ und diplomatischen Ausgleich erhält die Sowjetführung darüber hinaus Kreditgarantien für Getreidekäufe in den USA in Höhe von eineinhalb Milliarden Dollar. Noch rücksichtsvoller agierte die US-Regierung ein Jahr zuvor. Das Protokoll zum damaligen Besuch Jelzins wurde bewußt klein gehalten: Allein Sicherheitsberater Scowcroft empfing Jelzin damals. Ein Jahr später stehen die Vorzeichen anders. Selbst Richard Nixon empfiehlt Jelzin jetzt als einen »Politiker von bemerkenswerter Größe«.

## *Gorbatschows Wende*

Während Jelzin das »Land der unbegrenzten Möglichkeiten« bereist, informiert Gorbatschow die Öffentlichkeit darüber, daß der neue Unionsvertrag im Entwurf bereits fertig sei. Gleichzeitig machen Ende Juni Gerüchte über den Aufbau einer neuen demokratischen Partei für die Sowjetunion in Moskau die Runde. Die Namen, die dabei gehandelt werden, sind hochkarätig: Eduard Schewardnadse, der Moskauer Bürgermeister Popow, Leningrads Oberhaupt Anatoli Sobtschak, der Wirtschaftswissenschaftler Stanislaw Schatalin und Gorbatschow-Berater Alexander Jakowlew werden mit der neuen Partei in Verbindung gebracht. Der Hintergrund dieses ›revolutionären‹ Gerüchtes: Sollte der neue Unionsvertrag besiegelt werden, müßten alle Staatsorgane der Sowjetunion neu gewählt werden. Eine neue demokratische Partei könnte den Machtwechsel in der Sowjetunion besiegeln.

Drei Tage nach der am 1. Juli 1991 besiegelten Auflösung des Warschauer Paktes werden die Gerüchte über die Bildung einer demokratischen Partei bestätigt. Eduard Schewardnadse tritt aus der KPdSU aus und regt die Gründung einer mächtigen Partei mit sozialdemokratischer Richtung an. Chefberater Alexander Jakowlew kündigt an, es ihm gleichzutun. Er sei KPdSU-müde, lautet sein Fazit.

Eduard Schewardnadse erinnert sich in dem Nachwort zu seinem Buch *Die Zukunft gehört der Freiheit* an diese Tage: »Im Juli hielt ich es deswegen für notwendig, die demokratischen Kräfte des Landes dazu aufzurufen, sich zu vereinigen und eine legale, konstruktive Opposition zu bilden. Womit hat er *(Gorbatschow; Anm.d.Red.)* mir und meinen politischen Freunden geantwortet? Womit hat die reaktionäre Spitze der KPdSU geantwortet? Mit der Androhung der Parteiinquisition und der entsprechenden Strafe. Mit neuen Beleidigungen und Verleumdungen. Mit der Verfolgung von demokratisch gesinnten prominenten Parteimitgliedern.«

Was am 12. Juni vom russischen Volk bei der Präsidentenwahl gewünscht wurde, wird eine Woche nach dem Austritt Schewardnadses aus der KP am 10. Juli feierlich bestätigt. Auf einer Festsitzung des Kongresses der Volksdeputierten der RSFSR wird Boris Jelzin offiziell in das Amt des Präsidenten Rußlands eingeführt. Jelzin in seiner Antrittsrede: »Ich kann kaum zum Ausdruck bringen, was ich in diesen Minuten empfinde. Erstmals in der tausendjährigen Geschichte Rußlands wird der Präsident feierlich von seinen Mitbürgern vereidigt. Das ist die höchste Ehre, die das Volk einem Menschen erweisen kann, es ist das höchste Amt, in das man von Staatsbürgern gewählt wird. (...) Wir haben leider später als andere zivilisierte Völker erkannt, daß die Stärke des Staates im Wohlstand seiner Bürger besteht. Die Negierung dieses geheiligten Prinzips hat in der Vergangenheit zum Verfall der größten Imperien geführt, seine Ignorierung bewirkte das tragische Finale grandioser sozialer Experimente. (...) Genau ein Jahr nach der Deklaration über die staatliche Souveränität haben die Bürger Rußlands erstmals in unserer Geschichte die Wahl getroffen. Sie haben sich nicht lediglich für den Präsidenten, sondern vor allem für den weiteren Weg unserer Heimat entschieden. Das ist der Weg der Demokratie, der Reformen und der Wiedergeburt der Menschenwürde. (...) Dem politischen Kurs, für den sich das Volk entschieden hat, sind imperiale Ansprüche wesensfremd. Wir kehren in die Weltgemeinschaft mit reinen Gedanken zurück, um Freunde, nicht Feinde zu finden und ehrliche und zivilisierte Beziehungen zu den Staaten der Welt aufzunehmen. (...) Ich blicke optimistisch in die Zukunft und bin zu tatkräftigen Handlungen bereit.«

Die Gratulationsrede für den russischen Präsidenten hält an

diesem 10. Juli 1991 der Präsident der Sowjetunion, Michail Gorbatschow: »Die Einführung der Institution der Präsidentschaft ist ein logisches Ergebnis der demokratischen Umgestaltungen, die im Rahmen der politischen und rechtlichen Reformen verlaufen. Das Leben selbst hat uns zur Schlußfolgerung gebracht, daß neben einer starken und kompetenten Legislative auch eine genauso starke und kompetente Exekutive wirken muß. Man muß eingestehen, daß wir dies mit einer gewissen Verspätung erkannt haben. (...) Aus den Erfahrungen der letzten Zeit folgt eine wichtige Lehre. In der heutigen Krise ist bei der Lösung komplexer und überaus komplizierter Probleme wie nie zuvor das Einvernehmen aller verantwortlich und patriotisch denkenden Menschen erforderlich. (...) Als Landespräsident plädiere ich für ein demokratisches, starkes, zusammengeschlossenes und modernes Rußland. Ein solches Rußland brauchen die Völker selbst, die auf seinem Territorium leben, und ohne ein solches Rußland ist unser multinationaler Unionsstaat schlichtweg nicht erneuerbar.«

Nach der Inauguration des russischen Präsidenten muß sich Gorbatschow weiter um Unterstützung bemühen. Am 17. Juli 1991 trifft er mit den Regierungschefs der sieben wichtigsten Industriestaaten zusammen, die sich in London zum Weltwirtschaftsgipfel treffen. Die Hoffnung Gorbatschows auf großzügige finanzielle Unterstützung wird jedoch schnell getrübt. Auch sein Mentor, der bundesdeutsche Kanzler Helmut Kohl, kann die Chefs der anderen Industriestaaten nicht von der Notwendigkeit einer schnellen, unbürokratischen Finanzspritze für die Sowjetunion überzeugen. Ein schwacher Trost für den Sowjet-Präsidenten ist die Möglichkeit, assoziiertes Mitglied im Internationalen Währungsfond zu werden.

Während Gorbatschow in London zum Bittsteller degradiert wird, unterzeichnen Vertreter Rußlands, der Ukraine, Weißrußlands und Kasachstans eine Absichtserklärung über kollektive Verteidigungsorganisationen der Republiken. Damit ist eingetreten, was Gorbatschow im November 1990 gegenüber den konservativen Militärs ausgeschlossen hatte: die mögliche Bildung landeseigener militärischer Verbände.

Auf seinem Posten als Präsident der Russischen Föderation greift Boris Jelzin währenddessen die KPdSU frontal an: Am 20. Juli unterzeichnet er einen Erlaß der russischen Regierung, der ›den Parteien‹ die politische Tätigkeit in Unternehmen und Behörden untersagt - ein Verbot, das zunächst und vor allem die Basis der allmächtigen KPdSU zerstören soll. Bislang nämlich konnte kein Angestellter oder Beamter an den Organisationen der Partei vorbeikommen, die in allen Betrieben und Behörden saßen. Die Parteifunktionäre vor Ort entschieden in letzter Instanz über Neueinstellungen, Gehaltserhöhungen und über alles, was für den Werktätigen in der Sowjetunion wichtig war.

Auch bei der Reform der russischen Staatsorgane hält Boris Jelzin nicht inne. Zwei Tage nach der Unterzeichnung des Erlasses beschließt Jelzin die Neuschaffung von Regierungs- und Staatsorganen der Russischen Föderation. Der Führung sollen zwei Organe, ein Staats- und ein Sicherheitsrat, zugeordnet werden.

Zur gleichen Zeit gehen die Neun-plus-Eins-Verhandlungen weiter. Gorbatschow kann mitteilen, daß das Dokument des neuen Staatsvertrages praktisch unterschriftsreif ist. An Gorbatschows miserabler Situation ändert das wenig. Während der russische Vizepräsident Alexander Ruzkoj lautstark verkündet, daß die Bewegung »Kommunisten für Demokratie« sich dafür einsetzen werde, die russische KP aufzulösen, wagen der stellvertretende Verteidigungsminister Warennikow und Generaloberst Gromow, der in Afghanistan zum »Helden der Sowjetunion« geworden war, den Gegenangriff. Zusammen mit nationalistisch gesinnten Schriftstellern rufen sie die Armee zur Rettung des Landes auf: »Alle, wo ihr auch seid, in Städten, Dörfern, an den Ufern der Ozeane - wacht auf, erhebt Euch für die Freiheit, zum Widerstand gegen die Verwüster der Heimat!«

Weniger spektakulär handelt die sowjetische Regierung. Ein Verfassungskomitee wird einberufen, das klären soll, inwieweit die Erlasse der russischen Regierung, verfassungskonform und mit den internationalen Konventionen, denen die UdSSR zugestimmt hat, vereinbar sind. Am 25. Juli schließlich beginnt die Sitzung des sowjetischen ZK-Plenums: Hauptpunkt auf der Tagesordnung ist das neue Programm der KPdSU. Bereits einen Tag später beendet die Plenarsitzung ihre Arbeit. Im Oktober oder November diesen Jahres soll der 29. Außerordentliche Parteitag einberufen werden, der über die Zukunft der kommunistischen Partei entscheiden soll. Der Programmentwurf Gorbatschows wird vom Zentralkomitee »als akzeptable Diskussionsbasis« angenommen. Gorbatschow vertritt darin die nicht ganz neue Ansicht, daß sich »das frühere theoretische und praktische Modell des Sozialismus, das im Verlauf vieler Jahrzehnte der Partei aufgezwungen wurde, nicht als lebensfähig erwiesen hat«. Dennoch muß er sich der Vorwürfe erwehren, er treibe die KPdSU in die Sozialdemokratie. Die Wogen im ZK kann Gorbatschow nur dadurch glätten, daß er immer wieder mit seinem Rücktritt droht und sich in Zitate Lenins flüchtet. Dennoch verwahrt Gorbatschow sich gegenüber den »Neobolschewiki«, die die Partei »erneut zum Rückgrat des Staates machen wollen«. Ebenso offen mißbilligt er den Erlaß Jelzins über das Ende der politischen Tätigkeit der Partei in Behörden und Unternehmen. Was viele erwartet haben, bleibt am Ende jedoch aus: Die Partei hat sich nicht gespalten und die Versuche des konservativen Blocks, Gorbatschow zu stürzen, mißlingen. Dennoch sind auch andere Töne am Rande der Plenarsitzung zu hören. Walentin Pawlow, der Nachfolger Ryschkows als Ministerpräsident der Sowjetunion, sieht allein einen Ausweg aus der Misere: »Nur noch Patriotismus und Panzer können helfen.«

Am 29. Juli wird in Moskau der Grundlagenvertrag über die zwischenstaatlichen Beziehungen zwischen der Russischen Föderation und der Litauischen Republik unterzeichnet. Vorläufige Geltungsdauer: zehn Jahre. Georgien und Armenien unterzeichnen zur gleichen Zeit den ersten Staatsvertrag über die zwischenstaatlichen Beziehungen beider Republiken. Von den fast schon separatistisch zu nennenden Bestrebungen lenkt in der Sowjetunion nur der offizielle Besuch des US-Präsidenten George Bush ab. Am 30. Juli ziehen sich Gorbatschow und Bush zu Beratungen in den Kreml zurück. Aber auch ein Treffen im »Weißen Haus« an der Moskwa mit Boris Jelzin steht auf dem Programm des US-Präsidenten. Am nächsten Tag unterzeichnen der Sowjet-Präsident Gorbatschow und sein amerikanischer Amtskollege Bush den START-Vertrag, in dem erstmals der Abbau von strategischen Waffen vereinbart wird.

Für Gorbatschow stellen die Unterzeichnung der START-Verträge und der Besuch Bushs in Moskau weitere außenpolitische Erfolge dar. Doch diese werden durch die Vorkommnisse an der Grenzstation Mjadininkaj zwischen Litauen und Weißrußland überschattet. Am frühen Morgen werden – wahrscheinlich von sowjetischen Elitesoldaten – sieben litauische Zöllner getötet und einer schwer verletzt. Die Vermutung, daß konservative Militärs diesen Mordanschlag befahlen, um den Besuch Bushs zu stören und den außenpolitischen Erfolg Gorbatschows zu schmälern, liegt auf der Hand. Am gleichen Morgen explodiert in einem Zug nach Baku eine Bombe: Fünfzehn Menschen kommen ums Leben. In den sowjetischen Zeitungen heißt es, daß ein terroristischer Anschlag dahintersteckt. Zu beweisen sind beide Vermutungen nicht, aber es gelingt, Gorbatschows außenpolitischen Erfolg mit einer innenpolitischen Krisensituation zuzudecken.

## *Die Tage vor dem Putsch*

Am 2. August findet die Demontage der KPdSU ihre Fortsetzung: Die russische KP spaltet sich. 800 Delegierte scheiden aus der Partei aus und gründen die Demokratische Partei der Kommunisten Rußlands (DPKR). Ihr Vorsitzender wird der russische Vize-Präsident Ruzkoj. Den Grund hierfür gibt Ruzkoj den Journalisten gerne bekannt: »Gorbatschow ist von unverbesserlichen Fundamentalisten umgeben.« Eduard Schewardnadse äußert sich auf die Frage, was denn im Herbst mit der sowjetischen KP geschehen werde, sehr sicher: Man könne davon ausgehen, daß sich die sowjetische KP im Herbst auf ihrem Parteitag spalten wird. Ruzkoj fährt aber noch eine andere Attacke gegen die Partei: »Viele Bürokraten der KPdSU haben eine offen antidemokratische Position bezogen, die die neuen wirtschaftlichen Lebensformen und die Politik des Pluralismus und der Offenheit sabotieren.«

Um diese Sabotage auszuschließen, tritt am 4. August der Erlaß Jelzins über die Parteiaktivitäten in den Betrieben in Kraft. Die Reaktionen der Sowjetspitze sind noch immer gemäßigt. Nur ein Termin für das Gutachten des Verfassungskomitees, das die Rechtmäßigkeit dieses Erlasses überprüfen soll, steht fest: der 11. September. Als Grund für diese etwas ›lahme‹ Reaktion wird ganz lapidar die Urlaubszeit angegeben. Und in seinen Urlaub begibt sich auch Gorbatschow. Er fährt jedoch nicht, ohne zuvor, am 2. August, in einer Fernsehansprache zum Unionsvertrag Stellung zu beziehen:

»Wie Sie wissen, wurde in letzter Zeit eine intensive Arbeit am Entwurf des neuen Unionsvertrages geleistet. Heute richtete ich an die von den Obersten Sowjets der Republiken bevollmächtigten Delegationsleiter ein Schreiben, in dem der Vorschlag enthalten ist, den Vertrag am 20. August dieses Jahres für die Unterzeichnung freizugeben.

Auch die Republiken, die ihre Position erst bestimmen werden, haben dieses Schreiben erhalten. Wir treten also in eine entscheidende Etappe der Umwandlung unseres multinationalen Staates in eine demokratische Föderation gleichberechtigter souveräner Sowjetrepubliken ein. (...) In ihrem gemeinsamen Interesse delegieren die Republiken den Unionsorganen solche wichtigen Funktionen wie die Gewährleistung der Verteidigung und der Sicherheit des Staates. Zu diesem Zweck werden die einheitlichen Streitkräfte und die Integrität des Systems der Sicherheitsorgane erhalten wie auch die Koordinierung der Rechtsschutzorgane gewährleistet, die Rechte der Bürger zu schützen und die Kriminalität zu bekämpfen.

Die Lösung vieler wichtiger Aufgaben wird in gemeinsamer Kompetenz der Union und der Republiken liegen. (...) Der Abschluß des neuen Unionsvertrages wird auch unsere internationalen Aktivitäten weitgehend aufs neue gestalten. Er wird bestätigen, daß die erneuerte Föderation die Rechtsnachfolgerin der Union der Sozialistischen Sowjetrepubliken ist. Die Sowjetunion wird auch weiterhin in der Welt als Großmacht auftreten. Sie wird die auf dem internationalen Schauplatz eroberten Positionen wie auch die Verpflichtung gegenüber anderen Staaten voll und ganz erhalten. (...) Der Vertrag sieht auch eine substantielle Rekonstruktion der Macht- und Leitungsorgane vor. Es wird erforderlich sein, eine neue Verfassung auszuarbeiten und anzunehmen, das Wahlgesetz zu erneuern, Wahlen durchzuführen und das Gerichtssystem umzugestalten. (...)

Jetzt, da wir den Vertrag bereits haben, und er in der nächsten Zeit von den Republiken unterzeichnet wird, sollen die Konfrontationen und die politische Unduldsamkeit, die durch nichts zu rechtfertigen ist, aus dem Alltag unseres Staates beseitigt werden. Sie sind jedoch noch vorhanden; das ruiniert die Stabilität der Gesellschaft und nimmt ihr die Möglichkeit, unter den gegenwärtigen komplizierten Bedingungen der Krise geschlossen vorzugehen.«

Am 6. August wird auf dem Plenum des Zentralkomitees der russischen KP ein Führungswechsel vollzogen. Valentin Kupzow löst den orthodoxen Kommunisten Iwan Poloskow auf dem Posten des Ersten Sekretärs des Zentralkomitees ab. Alexander Ruzkoj, Führer der Anfang August gegründeten Demokratischen Partei der Kommunisten Rußlands, wird aus der Partei ausgeschlossen.

Und noch etwas passiert an diesem Tag: Die offizielle Kriminalstatistik der Sowjetunion wird veröffentlicht. Anderthalb Millionen Delikte zählten die Statistiker. Besonders stark seien dabei die Delikte in Rußland, im Baltikum und Kyrgystan angestiegen. Laut offizieller Statistik sind es also genau die Republiken, in denen die Unabhängigkeitsbestrebungen am weitesten gediehen sind, die am stärksten mit der Kriminalisierung ihrer Bürger zu kämpfen haben. Ein statistisches Bausteinchen, das in das konservative Bild der innenpolitischen Lage der Sowjetunion paßt.

Der russische Präsident Jelzin läßt sich davon nicht beirren: Er wird nicht müde, Reformen in Angriff zu nehmen. Nach Abschluß der Unterzeichnung des neuen Staatsvertrages will er die wirtschaftliche Souveränität Rußlands festlegen. Alle Betriebe auf russischem Boden sollen der Zuständigkeit der Russischen Föderativen Republik unterliegen. Zudem will Jelzin bis dahin eine komplette Reorganisation des russischen Staatsapparates vollzogen haben.

Auch die konservativen Kräfte stellen trotz Urlaubszeit ihre Demagogie gegen Gorbatschow nicht ein. Auf der Konferenz der ›Marxistischen Plattform‹ der Kommunistischen Partei wird ein Abschlußdokument vorgelegt, in dem Gorbatschow vorgeworfen wird, er sei ein Funktionär mit einer bürgerlichen politischen Linie. Die einzige Konsequenz der Unterzeichner des Dokuments kann daher nur Gorbatschows Abwahl bedeuten. Termin für den Machtwechsel an der Spitze der sowjetischen KP sei der 29. Außerordentliche Parteitag der KPdSU.

Unterdessen streben die Republiken weiter nach Unabhängigkeit. Am 12. August unterzeichnen Regierungsdelegationen aus Moldawien und Rußland ein Abkommen über die Zusammenarbeit in Handel und Wirtschaft. Zwei Tage später folgen Litauen und Moldawien mit einem Staatsvertrag, der für fünf Jahre die Beziehungen der beiden Republiken regeln soll. Darüber hinaus bezieht die Regierung Moldawiens eindeutig Position: Sie will der Sowjetunion den Rücken kehren.

Trotz aller Widrigkeiten scheint am 17. August, einem Samstag, wenigstens eines perfekt: Die Neun-plus-Eins-Verhandlungen sollen am Montag Früchte tragen; die ersten Republiken werden den Unionsvertrag unterschreiben.

## *Der Putsch*

Die Welt erwacht am 19. August 1991 und muß feststellen, daß sie nicht mehr dieselbe ist. Um kurz nach halb sechs tickern die ersten Agenturmeldungen über die Fernschreiber, daß Gorbatschow erkrankt ist. Erste Vermutungen werden laut, ein Staatsstreich stecke hinter dieser Krankheit.

Um 6.18 verbreitet die sowjetische Nachrichtenagentur *TASS* noch einmal die Meldung, daß Gorbatschow wegen seiner Krankheit auf der Halbinsel Krim verbleiben wird. Die Staatsgeschäfte wird Gennadij Janajew fortführen. Auf einer internationalen Pressekonferenz äußert sich Janajew zur Krankheit Michail Gorbatschows: »Ich denke, daß mein Freund Präsident Gorbatschow wieder antreten kann und daß wir wieder zusammenarbeiten können. Die langen Jahre der Arbeit haben Michail Sergejewitsch ermüdet. Gorbatschow ist nur vorübergehend nicht in der Lage, wegen seines Gesundheitszustandes seinen Pflichten nachzukommen.«

Doch die Putschgerüchte bekommen neue Nahrung. Es wird immer wahrscheinlicher, daß Gorbatschow bereits seit drei Uhr Mitteleuropäischer Zeit auf der Halbinsel Krim von KGB-Leuten festgehalten wird. Die Telefone sind gekappt, Gorbatschows Datscha von KGB-Leuten besetzt, der Staatspräsident hat keine Möglichkeit mehr, mit der Außenwelt in Verbindung zu treten. Dem Ultimatum von Janajew und Oleg Baklanow, entweder selbst den Ausnahmezustand auszurufen oder Janajew die Vollmacht dazu zu erteilen, kommt Gorbatschow nicht nach. Die Putschisten müssen zu ihrem Staatsstreich stehen. Vizepräsident Gennadij Janajew übernimmt an der Spitze des sogenannten »Notstandskomitees« die Führung des Landes.

Dem Notstandskomitee gehört die gesamte konservative Elite an. Neben dem »amtierenden Präsidenten der UdSSR« Janajew, so die offizielle Sprachregelung der Junta, sind dies unter anderem Wladimir Krjutschkow, Chef des Geheimdienstes KGB, Ministerpräsident Valentin Pawlow, Innenminister Boris Pugo und der Verteidigungsminister Dimitri Jasow. Eine etwas untergeordnete Rolle spielen im Notstandskomitee der Vorsitzende der Bauernunion Starodubzew und der Vorsitzende des Verbandes staatlicher Unternehmen und von Industrieobjekten des Bau-, Transport- und des Kommunikationswesens, Tisikow.

## DIE FÜHRENDEN KÖPFE DES PUTSCHES

**Gennadij Janajew**

Gennadij Janajew fungiert in den Tagen des Putsches Kraft seines Amtes als Staatspräsident der Sowjetunion und Führer des Notstandskomitees. Der sowjetische Vizepräsident wird Ende Dezember 1990 von Gorbatschow selbst mit äußerster Kraftanstrengung in sein Amt gehievt. Er erreicht erst im zweiten Wahlgang nach eindringlichem Appell Gorbatschows - »ich will einen Mann meines Vertrauens neben mir« - die erforderliche absolute Mehrheit im Volksdeputiertenkongreß.
Der Wunschkandidat Gorbatschows hat sich in seiner bisherigen Karriere durch nichts hervorgetan. Janajew, Jahrgang 1937, studiert Geschichtswissenschaften in Gorki und promoviert über »Anarchismus und Trotzkismus« - eine Arbeit, die durch Linientreue auffällt.
Über den Vorsitz des Parteijugendverbandes ›Komsomol‹ schlägt er eine Karriere in der Gewerkschaft ein.
Am 17. April 1990 befördert Gorbatschow Janajew zum Gewerkschaftsführer. Seine Bewerbung um das Amt des Vizepräsidenten im Sommer 1990 erregt aufgrund seiner durchschnittlichen politischen Karriere allgemeines Erstaunen.
Der überzeugte Kommunist sollte wohl in den Augen Gorbatschows nie mehr als einen rechten Flankenschützer darstellen.

**Boris Pugo**

Der Beschluß, »daß Gorbatschow nicht in der Lage war, seine Amtspflicht zu erfüllen«, ist eher das Werk anderer Putschisten, insbesondere das des Boris Pugo.
Pugo, lettischer Kommunist, Jahrgang 1937, bekleidet zur Zeit des Putsches das Amt des sowjetischen Innenministers.
Boris Pugo hat eine mit Jasow vergleichbare Karriere über Komsomol und Apparat hinter sich. Seit 1976 verbindet er Partei- und Geheimdienstkarriere. Nach seinem Amtsantritt als KGB-Chef Lettlands im Jahre 1980, fällt er durch eine rigorose ›Russifizierungs-Politik‹ auf. Im Juli 1990 holt ihn Gorbatschow in die Kommission, die für Kaderdisziplin der KPdSU zuständig ist. Im Dezember 1990 ernennt er Pugo zu seinem Innenminister, was viele als Zeichen für Gorbatschows ›Rechts-Wende‹ werten.

*Der Brutale – Boris Pugo*

Als Innenminister hat Pugo den Oberbefehl über die Sondertruppe der sowjetischen Armee ›Omon‹, die für den Sturm auf den Fernsehturm in Vilna im Januar 1991 verantwortlich ist. Pugo behauptet später, die Truppe habe ohne sein Wissen gehandelt. Trotzdem läßt er keine parlamentarische Untersuchung der blutigen Ereignisse von Vilna zu.

**Dimitri Jasow**

Dimitri Jasow, Jahrgang 1923, hat eine rein militärische Karriere absolviert.
Sein Amt als Verteidigungsminister der Sowjetunion verdankt er indirekt dem deutschen ›Kremlflieger‹ Matthias Rust. Aufgrund dessen Landung auf dem Roten Platz im Mai 1987 muß Jasows Vorgänger, Marschall Sergej Sokolow, seinen Hut nehmen.
Unter dem Druck der immer lauter werdenden Kritik der sowjeti-

schen Bevölkerung an der Armee schließt sich Jasow dem rechten Lager der Regierung an.
Als erste öffentliche Kampfansage gegen Gorbatschow gilt ein Erlaß von ihm und Innenminister Boris Pugo im Januar 1991, der besagt, daß Militärs künftig »zum Selbstschutz« bewaffnete Patrouillen in den Städten durchführen sollen.
Alle strategischen Truppen (nuklear bewaffnet) unterstehen direkt Jasows Kommando. Allein der Staatspräsident ist sein Vorgesetzter.

**Walentin Pawlow**

Im Januar 1991 wird Walentin Pawlow von Gorbatschow zum Ministerpräsidenten der Sowjetunion ernannt. Er tritt damit die Nachfolge des angeblich wegen Krankheit ausscheidenden Nikolaj Ryschkow an. Der 1937 geborene Moskauer gilt als ausgesprochener Bürokrat. Als Absolvent der Finanzhochschule dient er sich im sowjetischen Finanzministerium vom Sachbearbeiter bis zum stellvertretenden Finanzminister hoch. Im Sommer 1989 übernimmt er die Leitung des Ressorts.
Pawlow stößt von Anfang an auf den Widerstand der Reformer, weil er einer der entschiedensten Gegner des ›500-Tage Programms für einen raschen Übergang zur Marktwirtschaft‹ ist, selbst aber keine Vorschläge zur Abkehr von der Planwirtschaft entwickelt.
Sein erster wichtiger Erlaß im Amt erregt Heiterkeit bei Finanzexperten und Verbitterung bei der betroffenen Bevölkerung: Um die Inflation einzudämmen, läßt Pawlow binnen weniger Tage alle fünfzig und hundert Rubelscheine aus dem Verkehr ziehen. Die Banken haben vielfach nicht einmal ausreichend Bargeld vorrätig, um das Geld der Bevölkerung vor dem Verfall in andere Banknoten umzutauschen.
Ende April 1991 veröffentlicht Pawlow ein Anti-Krisen-Programm, das Streikverbote und Arbeitsdienstverpflichtungen sowie eine bedingte Preisfreigabe und Teilprivatisierungen vorsieht. Aus Protest gegen das Programm treten die Bergarbeiter von Kusnezk, in Workuta und in der Ukraine in den Streik. Im Juni 1991 erregt der Ministerpräsident Aufsehen, als er an den Obersten Sowjet appelliert, ihm Vollmachten einzuräumen, damit er ohne Zustimmung des Parlaments Verordnungen erlassen kann.

*Der Finanz-jongleur – Walentin Pawlow*

Noch im August, wenige Tage vor dem Putsch, behauptet Pawlow, die Wirtschaft der Sowjetunion sei nicht überlebensfähig. Der Grund: die Reformpolitik der Regierung.

**Anatoli Lukjanow**

Obwohl Anatoli Lukjanow, Präsident des Obersten Sowjets, selbst nicht dem Notstandskomitee angehört, ist er wohl eine der schillerndsten Figuren des Putsches. So behauptete Boris Jelzin, Lukjanow sei der eigentliche Ideologe und Drahtzieher des Staatsstreichs. Angeblich habe Lukjanow im Gespräch mit dem russischen Ministerpräsidenten geäußert, Jelzins radikaler Reformkurs sei der Hauptgrund für »Gorbatschows Erkrankung«. Im Mai 1989 wird Lukjanow zum Vizepräsidenten des Obersten Sowjets gewählt. Der ehemalige Studienkollege Gorbatschows gilt als enger Vertrauter des Präsidenten. An Lukjanows Solidarität kommen aber seit Beginn seiner Präsidentschaft Zweifel auf. Immer wieder verschleppt er die Arbeiten am Unionsvertrag. Außerdem knüpft er enge Beziehungen zu der Rechtsaußen angesiedelten Parlamentariergruppe ›Sojus‹; ›Sojus‹ wird angeführt von den Obristen Alksnis und Petruschenko, zwei der schärfsten Kritiker Gorbatschows. Der ehemalige Außenminister Eduard Schewardnadse bezeichnet die Mitglieder von ›Sojus‹ im Dezember 1990 als mögliche Putschisten.

**Wladimir Krjutschkow**

Der siebzigjährige Krjutschkow ist über eine lange geheimdienstliche Karriere ins Machtzentrum der Sowjetunion vorgedrungen. Seit Oktober 1988 ist er Chef des sowjetischen Geheimdienstes KGB. In dieser Funktion ist er auch Oberbefehlshaber der Grenztruppen und der Sondertruppen der Staatssicherheit.

*Der Geheimdienstler – Wladimir Krjutschkow*

Obwohl Krjutschkow bekanntlich zum konservativen Flügel der KPdSU gehört, holt Gorbatschow ihn 1989 ins Politbüro und macht ihn zum Mitglied seines inzwischen wieder abgeschafften Präsidialrates. Krjutschkow versucht, dem KGB ein besseres Image zu verschaffen, indem er eine Öffentlichkeitsarbeit einleitet. Die internen Töne hören sich allerdings anders an. So lobt er vor seinen Anhängern den »roten Terror« der zwanziger Jahre als einzig möglich Rettung der Revolution.
Im Dezember 1990 behauptet Krjutschkow öffentlich, ausländische Geheimdienste und Organisationen führten einen Krieg gegen den Sowjetstaat.
Jasow, Pugo und der KGB-Chef Krjutschkow haben zusammen das Oberkommando über sämtliche sowjetischen Streitkräfte.

**Oleg Baklanow**

Ein weiteres Mitglied des Notstandskomitees ist Oleg Baklanow. Auf der internationalen Bühne praktisch unbekannt, ist er dennoch ein Mann mit großer Machtfülle. Mit der Armee ist er in seiner Funktion als Stellverteter Gorbatschows im Verteidigungsrat verbunden. Zusätzlich steht er als Leiter der ZK-Kommission für Militärpolitik dem militärindustriellen Komplex nahe, eine der einflußreichsten Cliquen in der Sowjetunion.
Der 59jährige Ukrainer absolviert eine klassische Karriere im ›Arbeiter und Bauernstaat‹. So arbeitet er sich vom Arbeiter einer Fabrik in Charkow zum Generaldirektor empor. Nebenher erwirbt Baklanow zunächst ein Diplom als Elektroingenieur, später noch den Doktortitel. Von 1976 bis 1988 klettert er auf der Karriereleiter des Ministeriums für Maschinenbau vom Zweiten Vizeminister zum Minister hinauf. Er wird Mitglied des Obersten Sowjets und des Zentralkomitees der Partei. 1988 wird er schließlich zum ZK-Sekretär erhoben.

Um kurz nach sieben Uhr wenden sich die Putschisten in einem Appell erstmals an das Volk der Sowjetunion: »In einer ernsten, für das Schicksal unseres Vaterlandes und unserer Völker kritischen Stunde wenden wir uns an Sie! Über unserer großen Heimat schwebte eine tödliche Gefahr! Die auf Initiative Michail Sergejewitsch Gorbatschows begonnene Politik der Reformen, die als Mittel zur Gewährleistung einer dynamischen Entwicklung des

Landes und der Demokratisierung des gesellschaftlichen Lebens gedacht war, ist aus einer ganzen Reihe von Gründen in eine Sackgasse geraten. An die Stelle des zuerst herrschenden Enthusiasmus und der Hoffnung sind Unglaube, Apathie und Verzweiflung getreten. Die Macht auf allen Ebenen hat das Vertrauen der Bevölkerung verloren. Stammtischpolitik hat die Sorge um das Schicksal des Vaterlandes und des Bürgers aus dem gesellschaftlichen Leben verdrängt. Gehässiger Spott über alle Institutionen des Staates hat sich ausgebreitet. Das Land wurde seinem Wesen nach unregierbar. Es entstanden extremistische Kräfte, die die zur Verfügung stehenden Freiheiten nutzten, sich auf die gerade erst sprießenden Keime der Demokratie stützten, die Kurs auf die Liquidierung der Sowjetunion, auf den Zerfall des Staates nahmen und die Macht um jeden Preis erringen wollten. (...) Zynische Spekulationen mit den nationalen Gefühlen waren nur ein Schutzschild für die Befriedigung ihrer Ambitionen. Weder das heutige Elend ihrer Völker noch ihr morgiger Tag haben die politischen Abenteurer beunruhigt. (...) Die Krise der Macht hat sich katastrophal auf die Wirtschaft ausgewirkt. Das chaotische, spontane Hinübergleiten in den Markt hat eine Explosion von Egoismus (...) hervorgerufen. (...) Schon lange war es an der Zeit, den Menschen die Wahrheit zu sagen: Wenn nicht dringende und entschiedene Maßnahmen zur Stabilisierung der Wirtschaft ergriffen werden, sind Hunger und eine neue Drehung in der Spirale der Verelendung unvermeidlich. (...) Dies ist das Ergebnis zielgerichteter Aktionen derjenigen, die das Grundgesetz der UdSSR mit Füßen treten, faktisch einen verfassungswidrigen Umsturz vollziehen und eine schrankenlose persönliche Diktatur anstreben. Präfekturen, Bürgermeisterämter und andere illegale Strukturen lösen immer mehr die vom Volk gewählten Sowjets auf konspirative Weise ab. (...) Sogar die elementare persönliche Sicherheit der Menschen gerät immer mehr in Gefahr. Die Verbrechen nehmen rasch an Zahl zu, werden organisiert und politisiert. Das Land wird in einen Strudel von Gewalt und Gesetzlosigkeit gezogen. Niemals in der Geschichte des Landes gab es ein solches Ausmaß von Propaganda für Sex und Gewalt. (...) Die sich vertiefende Destabilisierung der politischen und wirtschaftlichen Lage in der Sowjetunion untergräbt unsere Position in der Welt. Revanchistische Töne sind zu hören, es werden Forderungen nach einer Revision unserer Grenzen erhoben.«

In sehr populistischen Tönen fährt die Junta in ihrer Abrechnung mit der Politik Gorbatschows fort. Ein Bild von einer mit Schreckensvisionen überzogenen Sowjetunion wird gezeichnet, in einer Sprache, die auch das Volk versteht: »Das Staatskomitee ist sich völlig darüber im klaren, wie tief die Krise ist, die unser Land getroffen hat, es übernimmt die Verantwortung für das Schicksal der Heimat und ist voller Entschlossenheit, sehr ernste Maßnahmen zu ergreifen. (...) Wir versprechen, eine breite Erörterung des ganzen Volkes über den Entwurf des neuen Unionsvertrages durchzuführen. Jeder wird das Recht und die Möglichkeit haben, in einer ruhigen Atmosphäre diesen sehr wichtigen Akt zu überdenken und über ihn einen Entscheid zu fassen. (...) Wir beabsichtigen, sofort Gesetzmäßigkeit und Rechtsordnung wiederherzustellen, dem Blutvergießen ein Ende zu setzen, einen schonungslosen Krieg gegen die Verbrecherwelt zu führen, die schädlichen Erscheinungen auszumerzen, die unsere Gesellschaft diskreditieren und die sowjetischen Menschen erniedrigen. Wir werden die Straßen unserer Städte von verbrecherischen Elementen säubern, die Willkür der Diebe des Volksgutes beenden. (...) Wir werden den vielschichtigen Charakter der Volkswirtschaft entwickeln und auch das private Unternehmertum unterstützen. (...) Unsere allererste Sorge jedoch ist die Lösung des Lebensmittelproblems. Alle zur Verfügung stehenden Kräfte werden mobilisiert werden, um diese dringendsten Bedürfnisse des Volkes zu befriedigen.«

Aber auch die Weltöffentlichkeit versuchen die Putschisten zu beruhigen: »Wir sind ein friedliebendes Land und werden alle übernommenen Verpflichtungen strikt einhalten. Wir haben keinerlei Ansprüche an irgendjemanden. Wir wollen mit allen in Frieden und Freundschaft leben. Aber wir erklären mit Bestimmtheit, daß es niemals und niemandem gestattet werden wird, unsere Souveränität, Unabhängigkeit und territoriale Integrität anzugreifen. Jegliche Versuche, mit unserem Land in der Sprache des Diktats zu reden, von wem auch immer sie ausgehen mögen, werden entschieden unterbunden werden.«

Die selbsternannten Machthaber verhängen über weite Teile der Sowjetunion den Ausnahmezustand. Das Komitee erklärt, über dem Land liege eine »tödliche Gefahr«. »Um ein Abgleiten der Gesellschaft in eine gesamtnationale Katastrophe zu verhindern und die Gesetzlichkeit und Ordnung zu gewährleisten, ist in

*Mitglieder des Komitees für den Ausnahmezustand: KGB-Chef Wladimir Krjutschkow (l.), Innenminister Boris Pugo (m.) und Ministerpräsident Walentin Pawlow (r.).*

den einzelnen Gebieten der UdSSR der Ausnahmezustand für die Dauer von sechs Monaten von 4.00 Uhr Moskowiter Zeit am 19. August 1991 an einzuführen.« Das Notstandskomitee verfügt weiter, daß auf dem gesamten Territorium der UdSSR vorbehaltlos die Verfassung und die Gesetze der UdSSR gelten. Die Beschlüsse des »Staatskomitees für den Ausnahmezustand der UdSSR« liegen fortan einer »unabdingbaren Durchführung durch alle Macht- und Verwaltungsorgane, durch Amtspersonen und Bürger auf dem gesamten Territorium der UdSSR«. Unterzeichnet sind die ersten Beschlüsse von Janajew, Pawlow und Baklanow.

Auch über Moskau wird mit Wirkung vom 19. August der Ausnahmezustand verhängt. Generaloberst Kalinin, der Truppenkommandant für den Wehrbereich Moskau, wird zum Stadtkommandanten ernannt. Die Medienfreiheit in der Sowjetunion wird drastisch eingeschränkt. Nur noch neun sowjetische Zeitungen werden vom Notstandskomitee zugelassen.

Noch am Vormittag erklärt Boris Jelzin, daß alle Aktionen des Komitees in Rußland keine Gültigkeit haben. Er bezeichnet das Notstandskomitee als »illegal«. Weiterhin stellt er sämtliche sowjetischen Exekutivorgane, die sich auf russischem Boden befinden, unter die Befehlsgewalt der russischen Republik. Jelzin ruft zum unbefristeten Generalstreik auf. Zusammen mit Iwan Silajew, dem Vorsitzenden des Ministerrates der RSFSR, und Ruslan Chasbulatow, dem kommissarischen Vorsitzenden des Obersten Sowjets, richtet er sich mit einem Appell - der über Handzettel verbreitet wird - an das Volk: »In der Nacht vom 18. auf den 19. August 1991 wurde der rechtmäßig gewählte Präsident des Landes entmachtet. Mit welchen Gründen diese Entmachtung auch gerechtfertigt wird, wir haben es mit einem rechten, reaktionären, verfassungswidrigen Umsturz zu tun. (...) Die Entwicklung hat die reaktionären Kräfte erbittert und sie zu verantwortungslosen und abenteuerlichen Versuchen getrieben, hochkomplizierte politische und wirtschaftliche Probleme mit Gewaltmethoden zu lösen. (...) Wir waren und sind der Meinung, daß Gewaltmethoden unakzeptabel sind. Sie diskreditieren die UdSSR vor der ganzen Welt, untergraben unser Prestige in der Weltgemeinschaft und versetzen uns zurück in die Epoche des Kalten Krieges und der Isolation. (...) All das zwingt uns dazu, das an die Macht gelangte sogenannte Komitee für ungesetzlich zu erklären. Entsprechend erklären wir alle Beschlüsse und Verfügungen dieses sogenannten Komitees für ungesetzlich. (...) Wir appellieren an die Bürger Rußlands, den Putschisten eine würdige Antwort zu geben und zu fordern, daß das Land zu einer normalen verfassungsmäßigen Entwicklung zurückkehrt. (...) Wir sind davon überzeugt, daß unsere Landsleute es nicht zulassen werden, daß sich die Willkür und Gesetzlosigkeit der Putschisten konsolidieren kann, die jede Scham und ihr Gewissen verloren haben. (...) Bis zur Erfüllung dieser Forderungen rufen wir zum allgemeinen unbefristeten Generalstreik auf. Wir haben keine Zweifel, daß die Weltgemeinschaft den zynischen Versuch eines rechten Umsturzes objektiv bewerten wird.«

Trotz Demonstrationsverbots versammeln sich gegen Mittag

auf mehreren Moskauer Plätzen Tausende Demonstranten und protestieren gegen den verfassungsfeindlichen Umsturz. Auch im Baltikum wird die Nachricht des Staatsstreiches mit sehr gemischten Gefühlen aufgenommen. In Litauen warnt der Vorsitzende des Obersten Sowjets, Vytautas Landsbergis, die Bevölkerung davor, daß die neuen Machthaber in Moskau, den »Willen vieler Völker, die Positionen vieler Staaten der Welt« nicht berücksichtigen können. Landsbergis spricht von einer Militärdiktatur in Moskau, ruft die Bevölkerung Litauens auf, zum Parlamentsgebäude zu kommen, das mit Barrikaden geschützt wird, und richtet an die Weltöffentlichkeit einen dramatischen Appell: »Litauen wartet auf Ihr Wort, Ihre Verteidigung. Erlauben Sie nicht, daß die Tragödie von Budapest und Prag sich wiederholt und ein Baltikum zerstört wird, das für die Freiheit wiedergeboren wird.« Das Notstandskomitee in Moskau ernennt Generaloberst Kusmin zum Leiter des regionalen Komitees für den Ausnahmezustand.

Am Nachmittag verspricht Janajew auf einer internationalen Pressekonferenz, daß der 1985 eingeleitete Reformkurs fortgesetzt werden wird. Über den Verbleib Gorbatschows herrscht jedoch weiter Ungewißheit. Janajew äußert dazu: »Ich kann nur sagen, daß Michail Sergejewitsch derzeit zu einem Kuraufenthalt auf der Krim weilt; schließlich hat er sich in all den vergangenen Jahren stark aufgerieben, und es wird wohl eine Zeitlang dauern, bis er genesen ist.« Auf die Frage, was Janajew von den Reaktionen der russischen Regierung hält, antwortet der Führer der Putschisten nur sehr ausweichend, fast schon moderat: »Ich sprach heute mit Boris Nikolajewitsch Jelzin. (...) Wenn die Führerschaft Rußlands zur Zusammenarbeit bereit wäre, so könnten wir meines Erachtens auch Wege zu ihrer Realisierung treffen. Ich halte jedoch den Aufruf zu einem sofortigen Generalstreik für den Ausdruck des Mangels an Verantwortungsbewußtsein.« Auf die Frage der Zeitschrift *Gaseta*, ob sich das Notstandskomitee darüber im klaren sei, daß es heute nacht einen Staatsstreich vollzogen habe, antwortet Janajew mit sehr belegter Stimme: »Was Ihre Behauptung betrifft, daß heute nacht ein Staatsstreich verübt wurde, so erlaube ich mir, Ihnen nicht zuzustimmen, da wir uns auf Verfassungsnormen stützen. Ich nehme an, daß die Bestätigung dieses von uns gefaßten Beschlusses durch den Obersten Sowjet der UdSSR uns die Möglichkeit geben wird, festzustellen, daß absolut alle juristischen und sozusagen Verfassungsnormen eingehalten waren.«

*Tapfer: Moskauer verbringen die Nacht auf den Barrikaden, um die Erstürmung des russischen Regierungsgebäudes zu verhindern.*

Der Staatsstreich, der in den Augen Janajews keiner war, ruft die Bevölkerung in vielen sowjetischen Städten auf den Plan: Am Abend beginnen Demonstranten Barrikaden vor dem »Weißen Haus«, dem Parlamentsgebäude Rußlands, in dem sich Boris Jelzin befindet, zu errichten. Immmer deutlicher wird, daß nicht die gesamte Rote Armee hinter den Putschisten steht. Teile des Militärs laufen zu Boris Jelzin über.

Die Reaktionen in der westlichen Welt kann man nur zögerlich und überrascht nennen. Niemand weiß so recht, wie man sich gegenüber den neuen Machthabern in der Sowjetunion verhalten soll. Im Kanzleramt in Bonn gibt man sich ratlos. Man verfüge nicht über genügend Informationen und könne sich allenfalls auf das stützen, was in den Medien veröffentlicht wird. Kontakte zu Jelzin und Gorbatschow seien im augenblicklichen Zustand nicht möglich. Bundeskanzler Helmut Kohl äußert sich in einer Pressekonferenz fast schon wie in einem Nachruf: »Wir unterstreichen, daß die Sowjetunion mit weiterer westlicher Hilfe nur rechnen kann, wenn sie die Politik der Demokratisierung weiterführt. Wir wissen welchen großen Beitrag Michail Gorbatschow zur Überwindung des Ost-West-Gegensatzes und insbesondere zur deutschen Einheit erbracht hat; wir sind ihm zu bleibendem Dank verpflichtet.« Bundeswirtschaftsminister Jürgen Möllemann stimmt indes eine härtere Tonart an: »Das Geld und Know-how des Westens kann es für eine Rückkehr zum alten totalitären Denken nicht geben.«

Auch in den USA zeigt man sich vom Putsch in der Sowjetunion überrascht. Präsident Bush äußert seine Bedenken, daß sich die neuen Machthaber in der Sowjetunion vielleicht nicht mehr an die internationalen Abmachungen halten könnten. Bush distanziert sich deutlich vom Notstandskomitee: »Ich will nichts tun, was Zustimmung zu diesen außerhalb der Verfassung stattfindenden Veränderungen signalisiert.« Um außenpolitisch die Lage wieder in den Griff zu bekommen, wendet sich Gennadij Janajew an die Staats- und Regierungschefs der Welt und an UNO-Gneralsekretär Perez de Cuellar. Die Verhängung des Ausnahmezustandes sei in Übereinstimmung mit den in der Sowjetunion geltenden rechtlichen Bestimmungen vorgenommen worden. Und sie bedeuteten in keiner Weise ein Abgehen vom Kurs tiefgreifender Reformen in allen Sphären des staatlichen und gesellschaftlichen Lebens. Die Maßnahmen seien durch den Zusammenbruch in der Sowjet-

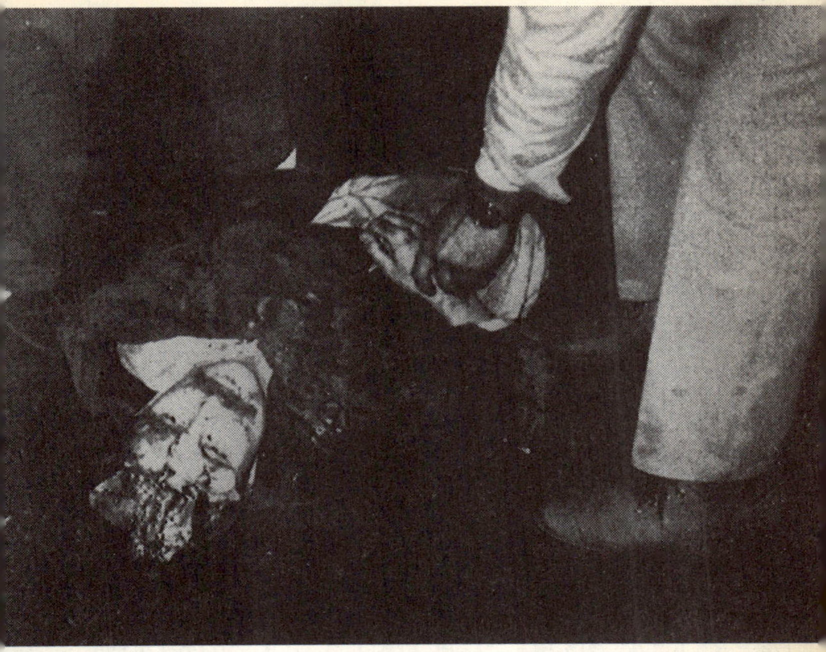

*Der Putsch fordert Tote: Ein Demonstrant wurde von einem Panzer überrollt.*

union »erzwungen« worden. Eine Auswirkung auf die internationalen Beziehungen der Sowjetunion bestehe jedoch nicht. Auf die Frage, ob es denn irgendwelche Reaktionen auf seinen Appell an die Staaten der Welt gegeben hat, äußert sich Janajew nur sehr zurückhaltend: »Ich muß sagen, daß wir die Äußerungen der Staatsmänner und Politiker des Auslands sehr aufmerksam analysiert haben und daß die Reaktion im allgemeinen zurückhaltend genug ist, da ja gegenwärtig noch zu wenig faktisches Material vorhanden ist, um irgendeine engagierte Position einzunehmen. Mir ist die jüngste Erklärung von Präsident Bush bekannt, wo er die Hoffnung äußert, daß die außenpolitischen Verpflichtungen, die die Sowjetunion übernommen hat, erfüllt werden, was ich heute auch bekräftigt habe, was wir in unserer Erklärung sofort nach der Bildung des Staatskomitees für den Ausnahmezustand bekräftigt haben.«

Einige ausländische Politiker und Organisationen äußern sich wohlwollend zu den Ereignissen in der Sowjetunion. Es sind genau jene, die schon seit Jahren die außenpolitische Neuorientierung der Sowjetunion unter Gorbatschow kritisierten: Fidel Castro, Saddam Hussein, Muammar al-Ghaddafi und die PLO. In einer Botschaft an Gennadij Janajew signalisiert zum Beispiel Ghaddafi seine unverhohlene Zustimmung: »Ich beglückwünsche Sie zu dieser mutigen historischen Tat. Wir hoffen, daß sie die Sowjetunion aus ihrer Krise rettet, in die sie von einem großen imperialistischen Komplott gestoßen wurde, das nicht nur die UdSSR, sondern alle Länder der Welt bedroht. Lang lebe der revolutionäre Kampf um Freiheit, Sozialismus und Frieden.«

## *Die Hintergründe des Putsches*

Der Westen wird sich fragen lassen müssen, wieso die Sowjetunion nicht schon früher finanziell unterstützt wurde, um dem Reformkurs die nötige Stütze zu geben. Horst Teltschik, Berater von Helmut Kohl, versucht in einer *Zeit*-Kolumne vom 23. August genau diese Frage zu beantworten: »Bereits im Juli 1990 hatten die G7-Staaten auf dem Weltwirtschaftsgipfel in Houston auf Initiative von Bundeskanzler Kohl und Präsident Mitterand über westliche Hilfe für Gorbatschow gesprochen. Sie hatten dem Internationalen Währungsfond den Auftrag gegeben, gemeinsam mit den anderen internationalen Institutionen eine Studie über die sowjetische Wirtschaft und über mögliche westliche Unterstützung zu erarbeiten. Das Ergebnis, das bereits Ende 1990 vorlag, war eindeutig: Gorbatschow hätte westliche Kooperation und ausreichende Kredite gebraucht, wenn er tiefgreifende Wirtschaftsreformen durchführen und Erfolg haben wollte.«

Natürlich wird Michail Gorbatschow Mitverantwortung an diesem Putsch tragen müssen, das wird in diesen Stunden klar. Denn immerhin war er es, der den Rechtsruck durch die konservativen Kräfte mit ausgelöst hat. Er hatte einen Putschisten nach dem anderen in die verantwortungsvollen Positionen gehoben. Christian Schmidt-Häuer bringt es in der Wochenzeitung *Die Zeit* auf den Punkt: »Gorbatschow versuchte die Kombination des Unvereinbaren, bis sie in der Konfrontation endete. Er regte eine neue Generation von radikalen und nationalen Reformen in Regionen und Institutionen an – und umgab sich mit den gleichen Altgardisten der Partei- und Regierungsbürokratie, die vor 27 Jahren schon Nikita Chruschtschow gestürzt hatte.« Die Zugeständnisse an den rechten Flügel der Partei machen dann einen Sinn, wenn man Gorbatschow nur noch eine sehr schwache Position innerhalb der Partei zugesteht. Sein Verhalten im Baltikum spricht dafür, daß er die konservativen Kreise mit dieser Politik ruhigstellen wollte. Als er spürte, daß er mit diesem Rechtsruck nicht weiterkam, wandte er sich wieder mehr dem Reformerflügel zu. Der ›Frieden mit Jelzin‹, durch die Einigung auf ein beidseitiges Vorgehen beim Unionsvertrag und das in Angriffnehmen »einer lange verschleppten Wirtschaftsordnung« *(Gorbatschow; Anm.d.Red.)* waren die ersten Anzeichen für diesen Kurswechsel. Er spürte auch in diesen Tagen den Widerstand seiner langjährigen Mitarbeiter auf dem »langen Weg der Perestroika«: Schewardnadse, Schatalin und Jakowlew wandten sich von ihm ab. Es muß ihm zunehmend klar geworden sein, daß er beim Volk nur noch im Schatten eines Boris Jelzins steht, daß er im eigenen Land ebenso unpopulär war, wie er im Ausland hofiert wurde. Eine Alternative für eine richtige Kurskorrektur blieb ihm jedoch nicht. Er mußte seine Politik der Kompromisse weiterführen, wollte er nicht noch mehr an Gesicht verlieren.

Natürlich zwang er durch den ›kleinen‹ Schulterschluß mit Jelzin die Reaktionäre zum Handeln. Denn die mußten etwas tun, wollten sie nicht noch mehr an Einfluß verlieren. Positiv für den Staatsstreich war auch die laxe Handlungsweise des Westens. Man sprach zwar dort von einer Putschgefahr, wollte diese aber nicht so recht wahrhaben, behandelte Gorbatschow weiterhin mit Glacéhandschuhen und versagte ihm auf der anderen Seite die konkrete finanzielle Unterstützung. Die Fraktion der Grünen im Europäischen Parlament machte in ihrer Reaktion auf die Entmachtung Gorbatschows ihrem Unmut wegen der mangelnden Unterstützung durch die westlichen Industriestaaten auch deutlich Luft. In Anlehnung an das Gorbatschow-Zitat an die Adresse Honeckers »Wer zu spät kommt, den bestraft das Leben«, schlossen sie ihre Erklärung mit den Worten: »Wer zu spät hilft, den bestraft das Leben.« Auch die Haltung des Westens nach dem Putsch, als aus den meisten Regierungsstellen nur ein entschiedenes ›Jein‹ zu vernehmen war, wog die Putschisten in Sicherheit.

Der Zeitpunkt des Handelns war für die Putschisten nur logisch. Wollten sie einer »nationalen Auflösung«, mit einem enormen Machtverlust der Partei und der Militärs entgegensteuern, mußten sie noch vor der Unterzeichnung des Unionsvertrages die Initiative ergreifen. Schließlich steht im Artikel vier des Unionsvertrages: »Der Einsatz von Truppen des Verteidigungsministeriums ist im Inneren des Landes nicht erlaubt.« Zudem würden im Zuge der »wirtschaftlichen Auflockerung« auch die alten Strukturen mit der Abschaffung der Planwirtschaft zerstört. Eine Demokratisierung wäre gleichbedeutend gewesen mit Verlust an Einfluß für die Partei. Die KP stand ohnehin schon kurz vor der Spaltung. Die Altkommunisten fanden in Gorbatschow auch den Verursacher der Parteimisere. Sie bezichtigten ihn »des Ausverkaufs an den Westen«, er trug in den Augen dieser Konservativen die Schuld am Bedeutungsverlust der Sowjetunion in der Welt, und sie machten ihn für die Nationalitätenkonflikte verantwortlich.

Doch die Putschisten unterlagen durch diesen offensichtlichen Handlungszwang auch einigen – für sie verheerenden – Fehleinschätzungen. Sowohl die Unterstützung des Militärs als auch die Rolle des sowjetischen Volkes wurden von den Putschisten grob unterschätzt. Das Militär stand von Anfang an nicht einheitlich hinter dem Notstandskomitee. Vor allem die Elitetruppen und die Luftwaffe waren nicht dazu zu bewegen, mit aller »gebotener Härte« zu putschen. Das Komitee mußte auf junge und unerfahrene Soldaten aus dem Moskauer Umland zurückgreifen, die eigentlich nie so recht wußten, um was es eigentlich ging. Das Volk versuchten die Putschisten durch ein gehöriges Maß an Populismus ruhigzustellen. Nichts erinnerte in den Erlassen, Ansprachen und Pressekonferenzen an die umständliche Parteisprache. Die plötzlich vollen Regale in den sowjetischen Geschäften, die aus KGB-Beständen aufgefüllt wurden, verhinderten jedoch nicht, daß Zehntausende für die Demokratie und Boris Jelzin auf die Straße gingen und ihr Leben einsetzten.

## *Die Niederlage der Putschisten*

Doch zurück zu den Ereignissen an diesem 19. August 1991: Boris Jelzin unterschreibt einen Erlaß für eine ›Exilregierung‹, falls die Putschisten die Oberhand gewinnen sollten. Sie soll jedoch nicht vom Ausland aus agieren, sondern vom russischen Hinterland aus.

In Swerdlowsk soll sie zum Zentrum des Widerstandes werden. Jelzin wird zum Mann der Stunde. In seinem ersten öffentlichen Auftritt nach dem Putsch ruft er, auf einem Panzer der putschenden Truppen stehend, die Bürger Rußlands auf, der Junta Widerstand zu leisten. Und das russische Volk hat Sinn für Theatralik. Bis zum Abend versammeln sich Zehntausende von Menschen, um das »Weiße Haus« vor einem Angriff der Militärs zu schützen.

Der zweite Tag des Putsches, der 20. August 1991: Der für die Nacht befürchtete, bewaffnete Angriff der Militärs auf das russische Parlamentsgebäude bleibt aus. Die ersten Streikmeldungen machen in aller Frühe die Runde: Seit Mitternacht streiken die Bergarbeiter in der nordrussischen Stadt Workuta. In den frühen Morgenstunden fallen Militäreinheiten in die lettische Hauptstadt Riga ein und besetzen die dortigen Kommunikationszentren. Estland reagiert und erklärt seine Unabhängigkeit von der Sowjetunion.

*Hält zu Jelzin: Ein Panzerfahrer bewacht das russische Regierungsgebäude.*

Der zeitweise für abgesetzt erklärte Leningrader Bürgermeister, Anatoli Sobtschak, kann im Laufe der Nacht mit Hilfe von städtischen Sondereinheiten die Kontrolle über wichtige Gebäude in der Stadt, später über ganz Leningrad zurückgewinnen. Sobtschak entwickelt sich neben Jelzin zum engagiertesten Widersacher der Putschisten. Schlüsselfigur in Leningrad wird der Polizeichef Kramarew - einziger parteiloser Polizeichef in der Sowjetunion. Er erklärte bereits am Morgen des 19. Augusts, daß er keinen Befehl des Notstandskomitees aus Moskau befolgen würde; so konnten unter dem Schutz von Sondereinheiten die Leningrader Zeitungen erscheinen - wohlgemerkt unzensiert. Als am 19. August abends Sobtschak nach Leningrad zurückkehrt, instruiert er den Befehlshaber des Militärbezirks, General Samsonow, daß die Verordnungen der Putschisten hinfällig und diese vielmehr als Staatsverbrecher anzusehen seien. Nach Meldungen der unabhängigen Leningrader Zeitung *Tschas pik* überzeugte er General Samsonow mit den Worten: »Wenn Sie heute zulassen, daß Truppen in die Stadt einrücken, wird man sie als Henker und Verräter betrachten.« Tausende von Menschen folgen am Vormittag des 20. Augusts dem Aufruf des Leningrader Stadtsowjets und demonstrieren gegen die Putschisten auf dem Platz vor dem Winterpalais, die Dekrete Jelzins werden auf Flugblättern verteilt. Bürgermeister Sobtschak zeigt sich auf einer Sitzung des Stadtsowjets wieder als Herr der Lage: »Eine Ausnahmesituation auf dem Territorium und im Gebiet Leningrads existiert nicht. In der Stadt wird die öffentliche Ordnung voll gewahrt. Mehr noch, im Vergleich zu der Zeit davor ist in den zwei Tagen die Anzahl krimineller Erscheinungen zurückgegangen. Die Kundgebungen und Demonstrationen verliefen überaus gut organisiert. Leningrad lebt heute in einer normalen und nicht in einer Ausnahmesituation. Daher entsprechen alle Informationen der Massenmedien in zahlreichen Regionen des Landes und im Ausland, daß Truppen in die Stadt herangezogen worden sind, daß in der Stadt der Ausnahmezustand herrscht und das Militär die Lage kontrolliert, nicht der Wahrheit. Ich würde mir sehr wünschen, daß Sie (...) alle falschen, oft provokativen Gerüchte genau prüfen, um Verletzungen der öffentlichen Ordnung nicht zuzulassen, um die Bevölkerung nicht aufzuwiegeln.«

Schauplatz Moskau: Am Vormittag fordert Jelzin ein Treffen mit Gorbatschow, an dem auch Janajew teilnehmen solle. Es herrscht weiterhin Unklarheit über Aufenthaltsort und Gesundheitszustand Gorbatschows. Jelzin fordert, daß Gorbatschow von Experten der Weltgesundheitsorganisation (WHO) untersucht werden müsse. Verwirrung stiftet die Meldung der russischen Nachrichtenagentur *RIA*, Gorbatschow habe die Krim per Flugzeug verlassen. Erste Risse im Plan der Putschisten werden deutlich, als die Nachrichtenagentur *Interfax* den Kommandeur der sowjetischen Luftlandetruppen am Morgen mit den Worten zitiert: »Kein einziger Schuß wird auf das Volk abgegeben.« Damit ist klar, daß die Luftwaffe die Putschisten nicht unterstützt.

Gegen Mittag versammeln sich - trotz weiterhin bestehenden Demonstrationsverbots - Zehntausende Moskowiter vor dem russischen Parlament. Bis zum Nachmittag schwillt die Demonstration auf mehrere hunderttausend Teilnehmer an. An den Barrikaden vor dem »Weißen Haus« wachen weiterhin Jelzin-Anhänger. Überraschend laufen eine Einheit der Roten Armee aus Tula mit dreißig Schützenpanzern sowie elf weitere Schützenpanzer einer Division aus Taman ins Jelzin-Lager über. Nachdem sie sich von ihren Einheiten getrennt haben, beziehen sie an der Seite jubelnder Moskowiter Stellung vor dem russischen Parlament, um das Gebäude im Notfall zu verteidigen.

In einem weiteren Erlaß übernimmt Jelzin am Nachmittag den Oberbefehl über alle Truppen auf dem Boden der Republik Rußland. Er fordert alle Soldaten auf, in ihre Kasernen zurückzukehren. Die Solidarität mit Jelzin nimmt zu diesen Stunden immer breitere Ausmaße an. Trotz einer unsicheren Nachrichtenlage und gestörten Funk- und Telefonverbindungen wird Unterstützung aus allen Teilen des Sowjetreiches laut: In Swerdlowsk findet im Betrieb Uralmasch - mit 38 000 Beschäftigten einer der größten in der SU - eine Solidaritätskundgebung statt, die Junta wird des Hochverrates bezichtigt. In Seweroualsk stehen fünf Zechen still, sie sind dem Aufruf Jelzins vom Vortag gefolgt, die anderen bereiten sich auf einen Streik vor. Im sibirischen Kohlerevier Kusbass beteiligen sich mehr als 25 Zechen am Streik und das Präsidium von Kemerowo hat die Unterstützung der Regierung Rußlands angekündigt. In Minsk finden in vielen Betrieben Protestkundgebungen statt, Streiks werden vorbereitet. Der Bürgermeister der Stadt Valeri Rjumin hat das Notstandskomitee vor die Tür gesetzt und sie als Verbrecher bezeichnet. Jelzins Dekrete werden in der Stadt verteilt. In Tjumen hat das Präsidium des

*Jubel und Freude nach dem gescheiterten Putsch. In der Mitte Gorbatschows Berater: Alexander Jakowlew.*

Gebietssowjets das Notstandskomitee für gesetzwidrig erklärt. Ähnlich verfahren die Gebiet- und Stadtsowjets in Petrosawodsk, Nowosibirsk, Wolgograd, Krasnojarsk und Tomsk, wo die Gesetze der russischen Föderation befolgt werden. Siebzig Prozent der lokalen Behörden in der RSFSR sollen nach Angaben von Wladimir Lukin, dem Vorsitzenden des Komitees für Internationale Angelegenheiten des Obersten Sowjet der RSFSR, auf der Seite des russischen Präsidenten Jelzin stehen.

Um das Gebäude zu schützen, halten sich – trotz einer nächtlichen Ausgangssperre – in der Nacht noch immer rund hunderttausend Bürger vor dem »Weißen Haus« auf. In der Zwischenzeit wird immer deutlicher, daß sich der Staatsstreich auf eine verhältnismäßig geringe Machtbasis stützt. Am späten Abend meldet der unabhängige Sender *Echo Moskau*, daß Verteidigungsminister Jasow zurückgetreten sei. Die Phalanx der Putschisten scheint auseinanderzubrechen.

*Erschöpft und müde: Gorbatschow nach seiner Rückkehr am Moskauer Flughafen.*

Der dritte Tag, der 21. August 1991:

In der Nacht rollen Panzer auf das russische Parlamentsgebäude zu. Sie durchbrechen die Barrikaden, drei Menschen werden bei dem Versuch, die Panzer aufzuhalten, getötet. Dennoch gelingt es den Demonstranten, einen direkten Angriff auf das »Weiße Haus« zu verhindern. Unterdessen übernehmen sowjetische Truppen die Kontrolle über mehrere Radio- und Fernsehstationen in Estland und Litauen.

Doch im Laufe des Tages wird immer offensichtlicher, daß die Position der Putschisten zusehends schwächer wird. Offenbar hatten die Putschisten auch innerhalb der Führung der Kommunistischen Partei nur wenig Rückhalt gefunden. Um 14.15 Uhr gibt Jelzin gegenüber russischen Parlamentsabgeordneten bekannt, daß die Mitglieder des Notstandskomitees offenbar versuchen, Moskau auf dem Luftweg zu verlassen. Jetzt ist klar, daß der Putsch gescheitert ist.

## DIE 72-STUNDEN-JUNTA
## CHRONIK DES STAATSSTREICHES

*(alle Zeitangaben in MEZ)*

**19. August**

*5.33 Uhr*
Die sowjetische Nachrichtenagentur *TASS* meldet, Gorbatschow sei im Urlaub erkrankt. Stellvertreter Janajew übernimmt die Regierungsgeschäfte.

*6.00 Uhr*
Es wird deutlich, daß nicht eine Krankheit Gorbatschows der wahre Grund für seinen Verbleib auf der Krim ist, sondern ein Putsch der konservativen Kräfte.

*7.20 Uhr*
Auf einer Pressekonferenz der Putschisten verkünden KGB-Chef Krjutschkow, Regierungschef Pawlow und Verteidigungsminister Jasow, daß die Politik Gorbatschows in einer Sackgasse stecke. Sie hätten daher handeln müssen, denn »eine tödliche Gefahr« hinge »schwer über unserem Vaterland«.

*9.21 Uhr*
Schützenpanzer der ›Truppen in Bereitschaft‹ rollen in Moskau ein.

*10.47 Uhr*
Der Präsident der Russischen Föderation Jelzin ruft zum Generalstreik auf und fordert die Rückkehr Gorbatschows.

*11.24 Uhr*
Die Meldung, Gorbatschow sei in seinem Ferienhaus auf der Krim festgenommen worden, wird bestätigt.

*11.40 Uhr*
Demonstranten blockieren die Panzer. Die Junta verkündet den Ausnahmezustand. Streiks und Demonstrationen werden verboten, die Medien unter staatliche Kontrolle gestellt.

*12.20 Uhr*
Die Panzer, die auf das »Weiße Haus«, dem Regierungssitz des russischen Präsidenten, zurollen, werden von Demonstranten gestoppt.

*12.40 Uhr*
Jelzin hält die ›Panzerrede‹ und ruft zum Widerstand gegen die Putschisten auf.

*16.20 Uhr*
Leningrads Bürgermeister Sobtschak wird abgesetzt. Sowjetische Streitkräfte versuchen im Baltikum die Kontrolle zu übernehmen.

*19.30 Uhr*
In einer gemeinsamen Mitteilung äußern sich die westlichen Regierungschefs der NATO, sie seien durch die Vorkomnisse in der Sowjetunion »tief beunruhigt«.

*00.00 Uhr*
Tausende von Menschen versammeln sich vor dem »Weißen Haus«, errichten Barrikaden und versuchen, den Vormarsch der Truppen zu stoppen. Erste sowjetische Panzertruppen schlagen sich auf die Seite Jelzins.

**20. August**

*2.05 Uhr*
US-Präsident Bush kündigt die Einstellung der finanziellen Unterstützungen für die Sowjetunion an, wenn Gorbatschow nicht zurückkehre.

*8.00 Uhr*
Auch in den baltischen Hauptstädten marschieren Panzer auf.

*13.05 Uhr*
Trotz des Verbots der Junta demonstrieren Tausende Sowjetbürger gegen die Putschisten. In einigen Kohlerevieren wird die Arbeit niedergelegt. Jelzin fordert eine Untersuchung Gorbatschows durch ein Ärzteteam der Weltgesundheitsorganisation WHO.

*16.30 Uhr*
Die EG stellt die finanziellen Hilfen für die UdSSR ein.

*18.13 Uhr*
Das »Weiße Haus« soll in der Nacht von sowjetischen Truppen gestürmt werden. Die Junta verhängt ab 22.00 Uhr ein Ausgehverbot über Moskau.

*21.05 Uhr*
Die Phalanx der Putschisten splittert. Krjutschkow ist ausgeschieden, zwei weitere Mitglieder der achtköpfigen Junta, Jasow und Pawlow, sind krank.

*22.00 Uhr*
Trotz des Augehverbotes bewachen Zehntausende Moskowiter das »Weiße Haus«, in dem sich Präsident Jelzin verschanzt hat.

*23.20 Uhr*
Erste Schüsse in Moskau: Panzer versuchen, die Barrikaden zu überrollen. Drei Demonstranten werden, bei dem Versuch die Panzer zu stoppen, unter den Ketten begraben. Manche Panzer werden durch Molotow-Cocktails in Flammen gesetzt. Der Versuch, das »Weiße Haus« einzunehmen, scheitert.

**21. August**

*1.07 Uhr*
Estland erklärt seine Unabhängigkeit. Gerüchte werden laut, der lettische Ministerpräsident sei verhaftet worden.

*3.16 Uhr*
Das russische Parlament wird zu einer Nachtsitzung zusammengerufen. Der Widerstand wird weiter fortgesetzt.

*10.10 Uhr*
Der Moskauer Armee-Chef weist die Verantwortung der Armee für die nächtlichen Angriffe zurück - ein erstes verbales Rückzugsgefecht der Putschisten.

*11.40 Uhr*
Der aus dem Komitee angeblich ausgeschiedene KGB-Chef Krjutschkow sichert Jelzin ein Gespräch mit Gorbatschow zu. Das russische Parlament benennt eine Delegation, die auf die Krim fliegen soll.

*12.50 Uhr*
Der Putsch gilt als gescheitert.

*13.40 Uhr*
Erste Meldungen werden veröffentlicht, daß die Putschisten auf der Flucht sind. Der Putsch ist zu Ende.

Um 16.20 Uhr meldet die amtliche Nachrichtenagentur *TASS*, das Verteidigungsministerium habe den Rückzug aller Truppen aus Moskau befohlen. Eine Delegation des russischen Parlaments sowie eine Abordnung der sowjetischen Führung fliegen auf die Krim zu Gorbatschow, um ihn über die Ereignisse der vergangenen zwei Tage zu unterrichten. Michail Sergejewitsch Gorbatschow kündigt über Fernsehen und Rundfunk seine Rückkehr nach Moskau an. Der Kontakt zu seinem Land, der als Folge des abenteuerlichen Vorgehens einer Gruppe staatlicher Funktionäre unterbrochen worden sei, sei wiederhergestellt. Schon in den nächsten 24 Stunden will er seine Amtsgeschäfte wieder voll aufnehmen. Doch noch am Abend werden Vermutungen laut, daß Gorbatschow von den Plänen der Putschisten - zumindest teilweise - unterrichtet gewesen sei.

## *Die Phase der Neuorientierung*

*Radio Moskau* eröffnet am 22. August 1991 seine erste Informationssendung mit den Worten: »Offenbar können wir ruhig aufatmen. Der faschistische Putsch im Lande ist gescheitert.«

Noch in der Nacht kehrt Gorbatschow nach Moskau und in sein Amt zurück. Bei der Ankunft auf dem Moskauer Flughafen Wnukowo II hält der sichtlich angeschlagene Michail Gorbatschow vor der Presse eine kurze Rede: »Ich drücke den Sowjetmenschen, der grundsätzlichen Haltung der Russen und dem Präsidenten Jelzin meine Anerkennung aus. (...) Diese Abenteurer *(die Putschisten; Anm.d.Red.)* habe ich abgelehnt. Ich habe gesagt, daß es für sie und das Land das Verderben bedeutet. Ich war entschieden dagegen. (...) Der Präsident des Landes wurde blockiert, vom Volk, vom Land, von der Welt isoliert, er mußte sich verteidigen. Das Ziel war wohl, den Präsidenten moralisch zu brechen, Druck auf seine Familie auszuüben. Aber es ist nichts daraus geworden, vor allem, weil ich überzeugt war: Sie werden damit nicht durchkommen.«

Vor einer begeisterten Menge bei der »Massenkundgebung der Sieger« erklärt Boris Jelzin das Scheitern des Staatstreiches: »In der letzten Nacht haben sich viele Veränderungen ereignet. Um 22.00 Uhr hörte die Tätigkeit des außerordentlichen Komitees auf. Die Gruppe der Abenteurer, die versucht hat, die Macht zu ergreifen, ist unter Arrest. Der Versuch, die Entwicklung unseres

Landes zu verändern, sie in Willkür zu treiben, ist gescheitert. Am dritten Tag ist der Aufstand niedergeschlagen. In dieser nur sehr kurzen Zeit der Diktatur ist es aber deutlich geworden, was das Land erwartet hätte, wenn die Putschisten die Macht aufrechterhalten hätten. (...) Es hat sich gezeigt, daß man ohne Waffengewalt den Frieden sichern kann. Das Land schlitterte zwar an den Abgrund eines Bürgerkrieges, aber ein Blutvergießen vieler Tausender wurde vermieden. Der Versuch, eine Diktatur aufzubauen, ist gescheitert. (...) Die Hauptschläge der Verschwörer richteten sich gegen Moskau, Leningrad, das Baltikum, und ich denke, ich irre mich nicht, wenn ich sage, daß der Hauptschlag sich gegen Rußland gerichtet hat, gegen sein Volk, gegen seine Beziehungen zur Demokratie und Reformen. (...) Das war eine sehr, sehr schwierige Zeit, die Zeit der Verteidigung unseres Parlaments. Ungeachtet der Gefahren für unser Leben haben wir diesen Platz nicht verlassen. (...) Viele Tausende Moskowiter haben in diesen vergangenen Nächten Mut und Tapferkeit bewiesen. Sie waren es, die diesen Angriff der reaktionären Kräfte gestoppt und ihnen einen entscheidenden Schlag versetzt haben. Vielen Dank an Euch, im Namen der Führung Rußlands. Eure Hauptwaffe war der Wille, die Ideale der Freiheit und der Demokratie sowie der Menschenwürde zu verteidigen. Sie erwies sich als das Wirkungsvollste.«

Boris Jelzin weiter zu den Hintergründen des Putsches: »Aufgrund vieler Fakten kann man die Schlußfolgerung ziehen, daß Lukjanow der Ideologe dieses Putsches war. Das hat auf viele Kommunisten einen weiteren Schatten geworfen, die die Verantwortung gegenüber dem Volk nicht wahrhaben wollen. Es ist natürlich klar, daß acht Menschen nicht in der Lage waren, das zu tun. Sie konnten sich auf die Strukturen der Partei stützen. Vor allem haben sie sich des Parteiapparates und der Medien bedient. (...) Diese Verbrecher müssen dem Gericht überantwortet werden. (...) Es muß eine Vergeltung stattfinden, diese jedoch nicht aus Rachegründen, sondern aus Gerechtigkeit. So etwas muß in Zukunft in unserem Lande vermieden werden. Von den ersten Stunden des Putsches an hat die Führung der RSFSR alle Schritte unternommen, um die Tätigkeit des selbsternannten Komitees zu unterbinden. Wir mußten schnell und entschlossen handeln, um die Initiative zu ergreifen, um Zeit zu gwinnen. Von 7.00 Uhr morgens am 19. August 1991 an, das heißt, nach knapp zwei

Stunden, begann die Tätigkeit eines Stabes zur Neutralisierung der Tätigkeit dieser Umstürzler. (...) Es war aber das Volk, das die Würde verteidigte - ein Muster für zukünftige Reformen. Die vergangenen Tage zwingen uns, viele Schlußfolgerungen zu ziehen. Die Ereignisse haben noch einmal gezeigt, daß die Strukturen sehr konservativ sind und daß die konservativen Kräfte noch am Werk sind. (...) Der Staatsstreich hat die Unterzeichnung des Unionsvertrages aber nur verschoben, nicht endgültig verhindert. Es hat sich aber auch gezeigt, daß einige Vorschläge hierin ungenau waren, und die müssen jetzt verändert werden. (...) Wir konnten uns erneut davon überzeugen, wie sehr zerbrechlich die Freiheit in unserer Gesellschaft ist, wie verwundbar Demokratie und Glasnost sind. Wir konnten uns auch davon überzeugen, daß sich die Reformen in unserem Land als noch umkehrbar erwiesen haben, und daß es genug Möglichkeiten für diejenigen gibt, die sie aufhalten und rückgängig machen wollen. Diese Lektion galt uns allen, darunter auch dem Präsidenten Michail Gorbatschow.«

Boris Jelzin ruft daraufhin alle Mitbürger auf, »im Namen der nationalen Einheit mit der schöpferischen Arbeit zu beginnen, mit dem Ziel der wirtschaftlichen und sozialen Erneuerung Rußlands, der Festigung ihrer Unabhängigkeit und Macht«. Im Laufe des Tages werden fünf der acht Putschisten verhaftet. Innenminister Pugo entzieht sich der Verhaftung durch Selbstmord. Zwei weitere Mitglieder des Notstandskomitees befinden sich noch auf der Flucht.

Auf einer Pressekonferenz würdigt Gorbatschow ausdrücklich die Rolle des russischen Volkes und Boris Jelzins und spricht über die Hintergründe des Putsches: »Ich würde sagen, wir waren mit einem antikonstitutionellen, reaktionären Umsturz, der an dem Präsidenten vorbei von Menschen ausgeheckt wurde, die ich gefördert habe, denen ich vertraut habe, konfrontiert. (...) Zehn Minuten vor 17.00 Uhr hat mir am Tag des Putsches der Chef des Personenschutzes auf der Krim gesagt, daß eine Gruppe von Personen eingetroffen ist, die sich mit mir treffen möchten. Ich habe daraufhin erwidert, ich erwarte niemanden. Ich habe niemanden gebeten, mich zu besuchen, und ich habe auch nicht die Absicht, diese zu treffen. Auf meine Frage, warum diese Leute hier sind, sagte der Chef, daß er das auch nicht wisse. Auf die Frage, warum er sie dann durchgelassen habe, antwortete er nur: ›Na eben deshalb, weil sie gekommen sind. Und es ist immerhin der Chef der Hauptverwaltung der Staatsicherheit.‹ (...) Ich wollte wissen, wer sie hierher geschickt hatte und sich mit mir in Verbindung setzen möchte, und griff zum Telefonhörer in meinem Arbeitszimmer. Das Telefon war tot. Da habe ich es begriffen. (...) Ich habe sofort meine Familie zu mir gebeten und ihr dieses Ereignis mitgeteilt. Ich brauchte keine anderen Angaben. Ich wußte, daß es um etwas sehr Ernstes ging, um Erpressung, Entführung oder etwas anderes. (...) Ich sagte zu meiner Frau, Raissa Maximowna, daß, wenn es um meine Politik gehe, ich bis zum Äußersten gehen werde. Ich werde mich keinem Druck, keiner Erpressung, keiner Bestechung beugen, und ich werde keinerlei andere Entscheidungen treffen. (...) Die gesamte Familie teilte mir mit, daß sie mich bis zum Schluß unterstützen werde. Damit war das Treffen zu Ende. Ich bin dann losgegangen, um die Leute zu mir zu bitten. Sie waren aber bereits da, ohne Zeremoniell. (...) Man schlug mir ein Ultimatum vor, die Vollmachten dem Vizepräsidenten zu übertragen. Bevor ich aber auf das Ultimatum antwortete, wollte ich wissen, wer sie geschickt hat? Die Antwort: ›das Komitee‹. ›Welches Komitee?‹ ›Das Komitee, das zusammenhängt mit dem Ausnahmezustand.‹ (...) Ich teilte ihnen mit, daß ich nichts erfüllen werde. Sie sollen das denen übermitteln, die sie gesandt haben. Damit erklärte ich das Gespräch für beendet. (...) Ich war bis in mein tiefstes Inneres von dieser blinden, verantwortungslosen Politik der Verbrecher erschüttert. Aber ich wußte, lange wird es nicht dauern. (...)

Die Gesellschaft hat den Putschisten eine Abfuhr erteilt. Das können wir heute sagen. Ihnen ist es nicht gelungen, die Armee in Marsch zu setzen. (...) Die Republiken haben eine engagierte Position bezogen, und hier muß ich an erster Stelle die Position des russischen Parlamentes stellen, der russischen Deputierten, der russischen Regierung und die hervorragende Rolle des Präsidenten Boris Jelzin hervorheben. Wir müssen aber auch der Position der Moskowiter, der Leningrader und der Einwohner anderer Städte Achtung zollen. (...) Das Land hat uns unterstützt. Ein besseres Plebiszit, bessere Argumente über die wirkliche Position des Volkes werden wohl kaum zu gewinnen sein. (...) Als aber klar wurde, daß die Republik Rußland, daß Präsident Jelzin, das Volk und die Armee nicht mitmachten, haben sie *(die Putschisten; Anm.d.Red.)* in Panik einen Ausweg gesucht. Sie wollten mich nach Moskau bringen. (...) Ich habe abgelehnt. (...) Dann wurden die Verbindungen nach außen geschaltet. (...) Nach 72 Stunden ohne Kontakt nach außen. Es war für mich eine schlimme Zeit der Anspannung. (...) Dann wurde mir mitgeteilt, daß ein Flugzeug mit einer Delegation der russischen Föderation kommt. Ich habe gesagt, daß ich sie natürlich empfangen werde. (...) Die Delegation kam, wir haben uns zusammengesetzt und festgestellt, daß ein großes Einvernehmen besteht. Die Situation hat uns nicht nur in unseren Erfahrungen bereichert, sondern auch das Einvernehmen hergestellt.«

Jelzin ist sich seiner starken Rolle nach dem Putsch bewußt. Am Vormittag tritt er triumphierend im Parlament auf: »Wir können sagen, Rußland hat die Union gerettet – und wir sind stolz darauf.« Und der sichtlich bewegte Gorbatschow gesteht eigene Fehler ein: »Der Putsch war eine persönliche Lehre.« Ein geschwächter Gorbatschow und ein gestärkter Jelzin: Nach dem gescheiterten Putschversuch entbrennt zwischen den beiden ein offener Machtkampf. Jelzin versucht, die Gunst der Stunde zu nützen und den kommunistischen Parteistaat zu demontieren. Per Dekret verbietet er jegliche Tätigkeit der KPdSU in Rußland. Außerdem läßt er das Gebäude des Zentralkomitees versiegeln und das Parteiorgan *Prawda* sowie fünf weitere kommunistische Zeitungen verbieten. Gorbatschow bekräftigt dagegen, daß er den Bestand der KP sichern will: »Eine Vertreibung der Kommunisten wäre eine Hexenjagd.«

Es kommt vor dem Russischen Kabinett zu einem »eineinhalbstündigen Tribunal«, wie westliche Journalisten es formulieren. Gorbatschow wird zu den Vorkommnissen auf der Krim und zu seiner Rolle beim Putsch befragt. Sichtlich angeschlagen und nicht voll informiert, hält er am Sozialismus fest. Er bezeichnet sich als »Anhänger der sozialistischen Idee« und »preist Lenin als Vorbild«. Töne, die im Moskau nach dem Putsch nicht mehr gerne gehört werden. Jelzin führt Gorbatschow regelrecht vor. Er unterbricht ihn häufig, unterzieht ihn einem ›Verhör‹ und legt ihm Protokolle der Putsch-Kollaborateure vor. Protokolle, die Gorbatschow vorher noch nie gesehen hatte. Ohne diese gelesen zu haben, muß er Stellung beziehen: »Erschweren Sie meine Situation nicht, die auch nicht so einfach ist.« Jelzin zieht alle Register. Gorbatschow kann nur reagieren und meldet hilflosen Widerspruch gegen das Verbot der KP Rußlands an: Er halte diese »antikommunistische Hysterie« für falsch.

Jelzin untermauert seine Forderung, einen neuen Vertrag über den künftigen Bund der Nachfolgestaaten des Sowjetreiches zu konzipieren. Und er unterstellt Armee, KGB und Polizei auf russischem Territorium dem russischen Staat, ebenso die Staatsbetriebe Rußlands. Der letzte Coup Jelzins: Er entläßt das von Gorbatschow neu benannte Kabinett und ernennt ein Kabinett nach eigenem Geschmack, vorwiegend Russen. Die Konsequenz: In den anderen Republiken der Sowjetunion wächst die Angst vor einem neu entstehenden russischen Nationalismus.

Am 24. August 1991 ist die Ära der KPdSU in der Sowjetunion endgültig vorbei. Staatspräsident Michail Gorbatschow tritt als Generalsekretär der Partei zurück, empfiehlt die Auflösung des Zentralkomitees und ordnet den Einzug des Parteivermögens an. Zuvor gedenken mehr als drei Millionen Menschen der drei Opfer des Staatsstreichs in einem Trauerzug. Jelzin spricht zu den Trauernden: »Liebe Angehörige und Freunde vom Dmitri Komar, Wladimir Usow und Ilija Kritschewski, liebe Landsleute und Moskauer! Heute scheiden Millionen von Moskauern, das ganze Rußland von unseren Helden, von unserern Beschützern, von unserern Rettern. Natürlich trennen wir uns nicht auf ewig von ihren Namen, weil ihre Namen von jetzt an heilige Namen sind für Rußland, für das ganze Volk unseres so lange leidenden Rußlands. Als am Montag Fernsehen und Radio über den Putsch berichteten, zitterten die Herzen von Millionen von Müttern und Vätern am meisten, weil sie sich um ihre Kinder sorgten. Weil es junge Leute waren, unsere Kinder, die sich mehr als irgend jemand anders für die Verteidigung von Rußlands Ehre, seiner Freiheit, seiner Unabhängigkeit und seiner Demokratie einsetzten. Ja, von nun an wird dieser Platz, auf dem drei Tage lang eine Schlacht tobte, auf dem Zehntausende von Moskauern wachsam blieben, ›Platz des freien Rußlands‹ genannt. (...) Wie zynisch klingen am heutigen Tag die Worte des verhafteten Krjutschkow, des Mannes, der gestern sagte, wenn er alles noch einmal wiederholen könnte, würde er etwas schneller und energischer handeln, und es sei das Wichtigste, Rußland zu enthaupten. (...) Wir können jene, die vor den Mauern des Weißen Hauses starben, nicht wieder auferstehen lassen. Wir zollen jedoch ihrem Mut unsere Hochachtung. Mit ihrem Tod wurden sie zu Helden der Sowjetunion. Ich verbeuge mich vor den Müttern und Vätern Dmitris, Wolodjas und Ilijas und spreche ihnen und all ihren Angehörigen und Freunden mein tiefes Beileid aus. Vergeben Sie mir, Ihrem Präsidenten, daß ich Ihre Söhne nicht beschützen, nicht retten konnte. (...) An diesem Tag der nationalen Trauer in Rußland müssen wir natürlich unsere Einheit festigen, um auch weiterhin energisch handeln zu können. Wir haben uns selbst einen Weg freigemacht; unsere verstorbenen Helden haben uns dabei geholfen. Dies ist für uns ein schwieriger, harter Tag, aber es könnte noch schlimmer sein. Denn die Feinde, die schon wie Kakerlaken in einer Flasche versuchen, sich gegenseitig aufzufressen, zeigen mit den Fingern aufeinander, fragen, wer bei der Verschwörung eine wichtigere Rolle gespielt habe, und halten sich gegenseitig Listen mit Leuten unter die Nase, die sie an erster, an zweiter, an dritter, an vierter Stelle töten wollten. Allein die ersten zwölf Opfer auf diesen Listen hätten am 19. August um sechs Uhr abends während des Sturms auf das Parlament umgebracht werden sollen. Darum war es nicht vergebens, daß die Moskauer hier waren, die Ehre Rußlands zu verteidigen. Sie sind ein schwerer Verlust, und wir werden die Erinnerung an sie immer in uns tragen. Darum, Helden, schlaft ruhig und möge die Erde sanft zu Euch sein.«

Die Gefahr eines weiteren Militär- oder Rechtsputsches bleibt in diesen Tagen nicht ausgeschlossen, denn das Riesenreich der Sowjetunion zerfällt: Die Ukraine erklärt ihre Unabhängigkeit und Dänemark erkennt als eines der ersten europäischen Länder die drei baltischen Republiken als eigenständige und souveräne Staaten an. Die Frage bleibt offen: Wie verhalten sich die anderen Republiken der Sowjetunion im Hinblick auf eine Konföderation? Bleibt die Sowjetunion nach einer Austrittswelle nur noch ein Rumpfstaat, bestehend aus Rußland und vier oder fünf weiteren wirtschaftlich schwachen Staaten? In den nächsten Tagen häufen sich die Unabhängigkeitserklärungen weiterer Republiken. *(siehe Die Republiken im Überblick; Anm.d.Red.)*

Die Rolle Gorbatschows nach dem Putsch bleibt für viele undurchsichtig. Eduard Schewardnadse äußert sich in einem *Stern*-Interview auf die Frage, ob Gorbatschow überhaupt noch eine Chance habe, dann auch recht salomonisch: »Das hängt davon ab, ob er in dieser schwierigen Situation die richtigen Entscheidungen trifft. Keinesfalls die richtige Entscheidung trifft Boris Jelzin, als er folgenden Text veröffentlichen läßt: »Die Russische Föderation zweifelt nicht an dem verfassungsmäßigen Recht jedes Staates und jedes Volkes auf Selbstbestimmung. Es existiert jedoch ein Grundproblem, das nur bei einem entsprechenden Bündnisvertrag offen bleiben kann. Falls dieser nicht mehr gültig ist, behält sich die RSFSR das Recht vor, die Frage einer Revision der Grenzen zu stellen. Dies gilt für alle Anrainerrepubliken mit Ausnahme der drei baltischen, deren Unabhängigkeit von Rußland bereits anerkannt ist.« Die Angst vor einem steigenden Nationalismus der Russen keimt in vielen anderen Republiken wieder auf. Auch wenn Jelzin damit nur den Zusammenhalt der anderen Republiken retten will, der Text ist der falsche. Nur mühsam kann die russische Diplomatie in den folgenden Tagen und in vielen Einzelgesprächen die Wogen glätten.

Am Sonntag, den 25. August 1991, wird in Dänemark ›Gorbatschows Testament‹ ausgestrahlt, das der sowjetische Präsident während des Putschversuchs in seinem Sommerhaus auf der Krim von seinem Schwiegersohn Anatoli aufnehmen ließ: »Ich möchte folgendes sagen«, erklärt Gorbatschow in der Übersetzung des dänischen Fernsehens auf dem Videotape. »Ich möchte, daß die Volksdeputierten und Mitglieder des Obersten Sowjets der Sowjetunion, die Öffentlichkeit und die Welt dieses hören. Nachdem ich die Pressekonferenz unter Teilnahme von Genosse Janajew und anderen Mitgliedern des sogenannten Ausnahmekomitees gesehen habe, möchte ich folgende Erklärung abgeben. Hier ist eine große Betrügerei begangen worden und ein verfassungswidriger Putsch. Vizepräsident Janajew weist auf die schlechte Gesundheit des Präsidenten hin, und daß es für ihn unmöglich ist, seine Pflichten als Präsident zu erfüllen. Und er mußte deshalb das Amt des Präsidenten übernehmen. Aber das stimmt nicht: Ich bin vollständig gesund. Ich war in Urlaub, und es war ein guter Urlaub, obwohl ich während der Ferien viel gearbeitet habe. Ich wollte eigentlich meine Ferien fortsetzen. Deshalb ist alles, was Janajew gesagt hat, und alles, was in den Dokumenten des Komitees steht, Lug und Betrug. Es ist ein klares Verbrechen gegen den Staat begangen worden. Und Janajews Beschluß, die Befugnisse des Präsidenten zu übernehmen, und alle daraus folgenden Beschlüsse sind ungesetzlich.«

Am Montag nimmt die Trennung der baltischen Staaten von der Union immer konkretere Formen an. Die Bundesrepublik erkennt die drei Balten-Staaten an, diplomatischen Beziehungen sollen alsbald aufgenommen werden. Andere Staaten folgen. Auch eine Mitarbeit bei der Konferenz für Sicherheit und Zusammenarbeit in Europa (KSZE) soll noch im September Wirklichkeit werden. Die UN-Mitgliedschaft der Baltenrepubliken scheint ebenso nur noch von Formalien abzuhängen. Am Dienstag erklärt Moldawien seine Unabhängigkeit. Gorbatschow droht mit seinem Rücktritt, sollte die Union weiter zerfallen.

Auf Antrag Gorbatschows entzieht das sowjetische Parlament, am Mittwoch dem 28. August, dem Regierungschef Pawlow und seinem Kabinett das Vertrauen. Im Obersten Sowjet warnen mehrere Politiker vor einem neuen Putsch: Die starre Haltung der einzelnen Sowjetrepubliken und die katastrophale Wirtschaftslage könnten der Auslöser sein. Gorbatschow und Jelzin verhandeln mit den Republiken über die Bildung einer neuen Union. Doch bisher kann sich Gorbatschow nur mit drei Teilrepubliken - darunter auch Rußland - auf einen neuen Unionsvertrag einigen. Rußland und die Ukraine schließen sich am nächsten Tag zu einem Staatenbund zusammen, um - nach eigenen Aussagen - ein unkontrolliertes Auseinanderfallen der Sowjetunion zu verhindern.

## *Die Geburt der neuen Union*

Am 30. August prescht Boris Jelzin vor: Er gibt den sowjetischen Bürgern eine Art Schutzgarantie. »Der Zerfall der sowjetischen Zentralmacht ist nicht der Zerfall des ganzen Landes.« Es werde keinen russischen Expansionismus mehr geben. Der Zentralmacht unter Gorbatschow sollen nur noch »stark eingeschränkte« Kompetenzen eingeräumt werden. Die parteibürokratische Diktatur werde nicht von einer Diktatur der Demokraten abgelöst. Kurz darauf begibt sich Jelzin in geheimer Mission nach Lettland zu Verhandlungen, wie es aus Regierungskreisen heißt. Niemand kennt seinen Aufenthaltsort. Auch Kyrgystan und Usbekistan kehren Ende August der Sowjetunion den Rücken und verkünden ihre Souveränität.

Die Überraschung ist am 2. September perfekt: Michail Gorbatschow und die Präsidenten von zehn der 15 Republiken schlagen ein Konzept vor, mit dem der weitere Zerfall der UdSSR aufgehalten werden soll - selbst Georgien als elfte Republik hat überraschend an den Verhandlungen teilgenommen, will aber nicht unterzeichnen.

Am nächsten Tag, dem Montag, beginnt der Außerordentliche

Volksdeputierten-Kongreß mit einem Paukenschlag: Die Geschäftsordnung wird ausgesetzt. Dann tritt nicht Jelzin oder Gorbatschow ans Rednerpult, sondern Kasachstans Präsident Nursultan Nasarbajew, der die neue Struktur zur Sanierung des zerfallenden Staatsapparates vorträgt: Die Macht solle fortan den Republiken gehören, die Zentralmacht wird geschwächt.

Aufgeschreckt durch die Ereignisse des Vortages durchkreuzen die überwiegend konservativ eingestellten Volksdeputierten die Pläne Gorbatschows und Jelzins, das Parlament sofort aufzulösen und eine Art Übergangsregime zu schaffen. An diesem Tag bleibt es unklar, wie es mit der Sowjetunion weitergeht. Doch Jelzin zeichnet den Kurs bereits vor: ein Arrangement mit Gorbatschow auf der Basis der erstarkten Republiken. Die Vorwürfe Jelzins an Gorbatschow waren an diesem Tag auch bereits schwächer: »Wir haben das Recht, ihm heute Vorwürfe zu machen. Aber das Land ist ein anderes geworden. Auch der Präsident ist ein anderer geworden. Er hat die Kraft gefunden, vieles neu zu bewerten. Das verdient Vertrauen. Ich vertraue Gorbatschow heute mehr als vor zwei oder drei Wochen.«

Zwei Tage später, am 5. September, hat die ›alte‹ Sowjetunion aufgehört zu bestehen. Die Volksdeputierten haben dem verfassungsändernden Gesetz über neue »Organe der Staatsmacht« doch noch zugestimmt. In einer äußerst straff geführten Sitzung peitscht Gorbatschow, der die Leitung hat, das Gesetz innerhalb einer Stunde durch. Viele Deputierte werden so regelrecht überrumpelt.

Konservative sprechen hinterher von einem weiteren Staatsstreich, so der Volksdeputierte und radikal-konservative Obrist Viktor Alksnis: »Das ist ein verfassungswidriger Umsturz.« Aber viel Gehör verschaffen können sich die Konservativen nicht. Genauso schnell, wie er begonnen hat, wird der Kongreß auch wieder beendet. Um 10.13 MEZ ist alles vorbei. Die Kameras schalten ab, die Konservativen stehen mit ihrem Unmut alleine, können nicht mehr reagieren. Schon das Schlußwort Gorbatschows ließ eigentlich keine Widerrede zu: »Aussagen und Urteile, daß die gemeinsame Erklärung verfassungswidrig sein soll, lehne ich entschieden ab. Es ist ein Versuch, Handlungen zum Schutz der Demokratie und zur Rettung des Landes als illegale Akte hinzustellen. Das ist eine böse Absicht, die sich gegen das Volk richtet.«

Die Regelung sieht neben der Schaffung neuer Staatsorgane eine Wirtschafts- und Verteidigungsgemeinschaft von selbständigen Republiken vor. Deutlich wird, daß die Republiken die Macht übernehmen. Vor allem die nichtrussischen Nationen werden als die Gewinner bezeichnet, denn alle Mitglieder der neuen Union sollen zwanzig Sitze erhalten. Dennoch wird die Rolle Rußlands in der neuen Sowjetunion nicht unmaßgeblich sein. Bis zur Unterzeichnung eines Unionsvertrages und der Verabschiedung einer neuen Verfassung werden provisorische Institutionen gebildet: Ein aus zwei selbständigen Kammern bestehendes Parlament soll die Rolle »als höchstes repräsentatives Machtorgan der Union« übernehmen; hinzu kommt ein vom Präsidenten und den höchsten Repräsentanten gebildeter »Staatsrat« und ein »Wirtschaftskomitee«, das fortan die Wirtschaftspolitik, die Wirtschaftsreform und die Sozialpolitik der Union regeln soll. Mit der Annahme dieses Gesetzes hat auch der konservative Volksdeputiertenkongreß als höchstes Verfassungsorgan aufgehört zu bestehen. Status und Privilegien bleiben den Deputierten vorerst jedoch erhalten, ein kleiner Ausgleich für den Verlust der Macht, den sie erlitten haben.

Der Beschluß des Kongresses der Volksdeputierten im Wortlaut:

»Der Kongreß verkündet eine Übergangsperiode zur Bildung eines auf der Willensäußerung der Republiken begründeten neuen Systems der zwischenstaatlichen Beziehungen im Interesse der Völker. Damit soll ein weiterer Zerfall der Machtstrukturen verhindert werden.

1. Vorschläge, die sich aus der gemeinsamen Erklärung des Präsidenten der UdSSR und der höchsten Amtspersonen der Unionsrepubliken sowie aus dem Beschluß des Obersten Sowjets der UdSSR über die durch den Staatsstreich entstandenen Situationen ergeben, werden hier gebilligt.
2. Die Ausarbeitung des Vertrages über die ›Union Souveräner Staaten‹, in dem jeder von ihnen die Form seiner Teilnahme an der Union selbständig bestimmen kann, soll beschleunigt werden. Die neue Union soll sich auf Prinzipien der Unabhängigkeit und der territorialen Integrität der Staaten, Menschen- und Völkerrechte, der sozialen Gerechtigkeit und der Demokratie gründen.

3. Interrepublikanische Abkommen über wirtschaftliche, finanzielle, wissenschaftlich-technische Zusammenarbeit, über die ökologische Sicherheit, den Schutz der Rechte und Freiheiten der Bürger, über die Grundsätze einer kollektiven Sicherheit und Verteidigung unter Beibehaltung einheitlicher Streitkräfte und einer einheitlichen Kommandogewalt über atomare und andere Massenvernichtungswaffen sollen ausgearbeitet und abgeschlossen werden. Das interrepublikanische Wirtschaftskomitee soll unverzüglich mit der Ausarbeitung und Unterzeichnung eines Vertrages über die Wirtschaftsunion beginnen, die einen offenen Charakter tragen soll. Die Teilnahme an der Wirtschaftsunion darf nicht von der Unterzeichnung des Unionsvertrages abhängig gemacht werden.
4. Der Präsident, der Oberste Sowjet der UdSSR und der Staatsrat müssen die Rechtsnachfolge der Macht und des Regierens gewährleisten, um einen friedlichen, geordneten Übergang zu einer bürgerlich-demokratischen Gesellschaft zu garantieren.
5. In der Übergangszeit müssen alle internationalen Abkommen und Verpflichtungen der UdSSR, einschließlich der Rüstungskontrolle und -reduzierung, der Menschenrechte und der außenwirtschaftlichen Verpflichtungen strikt befolgt werden. Das Streben der Republiken nach Anerkennung als Subjekte des Völkerrechts und nach Aufnahme in die Vereinten Nationen soll unterstützt werden.
6. In der Übergangszeit sollen von der Verfassung der UdSSR, den Gesetzen der UdSSR und der Republiken proklamierten und garantierten Rechte und Freiheiten der Bürger, Pressefreiheit, Gewissensfreiheit, das Recht auf Gründung politischer Parteien, Gewerkschaften und gesellschaftlicher Vereinigungen gewährleistet werden.
7. Der Kongreß respektiert Souveränitäts- und Unabhängigkeitserklärungen der Republiken und hebt hervor, daß die Erlangung der vollen Unabhängigkeit durch die Republiken, welche die Teilnahme an der neuen Union ablehnen, Verhandlungen mit der UdSSR über deren Austritt sowie deren unverzüglichen Beitritt zum Abkommen über die Nichtweiterverbreitung von Atomwaffen, Ratifizierung der KSZE-Schlußakte und anderer wichtiger internationaler Verträge und Vereinbarungen erfordert, einschließlich solcher, die persönliche Rechte und Freiheiten garantieren.«

Das »Gesetz über Organe der Staatsmacht in der Übergangszeit«:

*»Artikel 1:*

Das höchste Machtorgan der Union in der Übergangszeit ist der Oberste Sowjet *(Parlament; Anm.d.Red.)*, der sich aus zwei Kammern zusammensetzt, dem Rat der Republiken und dem Rat der Union. Dem Rat der Republiken gehören je zwanzig Abgeordnete der UdSSR und der Unionsrepubliken an, die von den höchsten Machtorganen dieser Republik delegiert werden. Angesichts des föderativen Aufbaus der RSFSR hat sie im Rat der Republiken 52 Abgeordnete. Unionsrepubliken, denen autonome Republiken und Formationen angehören, entsenden in den Rat der Republiken zusätzlich je einen Deputierten von jeder Republik und Autonomen Republik. Aus Gründen der Gleichberechtigung hat jede Republik bei der Abstimmung im Rat der Republik je eine Stimme. Der Rat der Union wird von den höchsten Machtorganen der Unionsrepubliken nach den heute bestehenden Quoten aus Volksdeputierten der UdSSR zusammengesetzt.

*Artikel 2:*

Der Rat der Republiken und der Unionsrat nehmen durch gemeinsame Entscheidungen Verfassungsänderungen vor, nehmen neue Staaten auf, verabschieden den Unionshaushalt (...) erklären den Krieg und schließen den Frieden. Der Rat der Republiken (...) ratifiziert internationale Verträge der UdSSR. (...) Die vom Rat der Union verabschiedeten Gesetze treten nach Bestätigung durch den Rat der Republiken in Kraft. (...) Die höchsten Organe der Staatsmacht der Unionsrepubliken sind berechtigt, auf ihrem Territorium die Wirkung der vom Obersten Sowjet angenommenen Gesetze auszusetzen, falls diese der Verfassung der jeweiligen Republik zuwiderlaufen.

*Artikel 3:*

Zur abgestimmten Lösung von Fragen der Innen- und Außenpolitik, die gemeinsame Interessen der Republiken berühren, wird ein Staatsrat gebildet. Dem Staatsrat gehören der Präsident der UdSSR und die höchsten in der Verfassung der UdSSR genannten Amtspersonen der Republiken an. (...) Die Beschlüsse des Staatsrates sind bindend.

*Artikel 4:*

Das Amt des Vizepräsidenten der UdSSR wird aufgehoben. Falls der Präsident der UdSSR aus irgendwelchen Gründen seine Pflichten nicht wahrnehmen kann (...), wählt der Staatsrat eines seiner Mitglieder zum Staatsratsvorsitzenden, der die Pflichten des Präsidenten der UdSSR wahrnimmt. (...)

*Artikel 5:*

Zur Koordinierung der Volkswirtschaft (...) bilden die Republiken auf paritätischer Grundlage ein Interrepublikanisches Wirtschaftskomitee. Sein Vorsitzender wird vom Präsidenten der UdSSR mit Zustimmung des Staatsrates nominiert. Die Führung der gemeinsamen Unionsorgane, die für Verteidigungs- und Sicherheitspolitik, Rechtsordnung und internationale Angelegenheiten zuständig sind, wird unmittelbar vom Präsidenten der UdSSR und dem Staatsrat wahrgenommen. (...)

*Artikel 6:*

Der Status der Volksdeputierten der UdSSR wird für die Dauer ihrer Vollmachten aufrechterhalten, einschließlich des Rechts, an der Arbeit des Obersten Sowjets der UdSSR und seiner Organe teilzunehmen.

*Artikel 7:*

Der Präsident beruft die erste Tagung des neuen Obersten Sowjets der UdSSR spätestens am 2. Oktober 1991 ein. (...)

*Artikel 8:*

Die Verfassung der UdSSR behält ihre Gültigkeit in den Teilen, die diesem Gesetz nicht widersprechen. (...)«

## *Quo vadis Sowjetunion?*

Durch die Ereignisse der letzten Wochen erscheint die Politik der beiden großen Männer in der Sowjetunion in einem anderen Licht: Die Zeit für solch einschneidende Reformen, wie sie jetzt nach dem Putsch möglich sind, war vor dem Putsch für Gorbatschows Politik noch lange nicht gekommen. Zu stark waren die alten Strukturen der Partei. Erst der Niedergang der Partei und der Absturz in die Bedeutungslosigkeit hat einen Schwenk weg von der Zentralmacht hin zu föderativen Strukturen möglich gemacht. Gorbatschows Lavieren zwischen den Positionen der Konservativen und der Reformer war wahrscheinlich nur intuitiv und aus der Not der Zeit heraus geboren, aber dieses Lavieren hat die konservativen Kräften Zeit gekostet. Dadurch haben sie den Zeitpunkt verpaßt, an dem ihr Umsturz noch erfolgreich gewesen wäre.

Auch Boris Jelzins Politik wird im Nachhinein einsichtig. Er und die Republiken sind die großen Gewinner der Putsch-Tage. Und Jelzin blieb auch am 5. September der »Held«: Er hat die gemeinsame Erklärung zusammen mit Gorbatschow erst möglich gemacht; er war es, der die Notmaßnahmen zur Erhaltung der zentralen Autorität in Rußland umgehend lockerte; er war es, der seine nationalistisch angehauchten Fehler schnell wieder korrigierte; der jeder Republik im neuen Parlament gleichberechtigt zwanzig Sitze zuordnete, obwohl dies zu einer Schwächung der slawischen Völker führte; und er war es, der dem russischen Deputiertenkongreß die Aufhebung androhte, wenn sie dem Programm nicht zustimmten. In einer wenig beachteten Rundfunkrede eine Woche zuvor deutete er diesen Kurswechsel bereits an: »Es muß ein Unionszentrum geben. Was fürchten wir die Unabhängigkeitserklärungen der Republiken! In der Union werden sich vollwertige Staaten vereinen und keine Gespenster!«

Damit ist die neue Union den Herausforderungen, denen die Sowjetunion in den nächsten Monaten und Jahren gegenüberstehen wird, sicherlich besser gewachsen. Wichtig ist auch, daß sich die beiden starken Männer Michail Sergejewitsch Gorbatschow und Boris Nikolajewitsch Jelzin nun nicht mehr in der Rolle als Feinde gegenüberstehen, sondern Partner geworden sind: »Rußland als Lotse und Gorbatschow als Galionsfigur«, wie es Christian Schmidt-Häuer in der *Zeit* sieht.

Aber die Probleme der Sowjetunion bleiben, die wirtschaftlichen, sozialen und die ethnischen. Es werden Gorbatschow und Jelzin, aber auch die finanzielle Unterstützung des Westens sein, die das Sowjetreich in eine andere Zeit hinüberretten können. Leider werden aber auch die drei -ismen den Weg des Sowjetreiches in die Demokratie begleiten: Nationalismus, Chauvinismus und Antisemitismus. – Eines bleibt sicher: Die Sowjetunion wird auch weiterhin ein Brennpunkt der Weltgeschichte bleiben.

*Die Quellen der im Text verwendeten Dokumente in ihrer Reihenfolge:*

Die Rede Boris Jelzins vor dem russischen Volksdeputiertenkongreß im März 1991; Frankfurter Rundschau vom 28. August 1991.

Die Antrittsrede Jelzins bei der Inauguration zum Präsidenten der RSFSR; Nachrichtenagentur IAN vom 10. Juli 1991.

Michail Gorbatschows Gratulationsrede für den russischen Präsidenten bei dessen Amtseinführung; Nachrichtenagentur IAN vom 10. Juli 1991.

Michail Gorbatschows Stellungnahme zum Unionsvertrag; Nachrichtenagentur IAN vom 5. August 1991.

Der Appell der Putschisten; Deutsche Welle Monitordienst vom 20. August 1991.

Der Appell von Boris Jelzin, Iwan Silajew, dem Vorsitzenden des Ministerrates der RSFSR, und Ruslan Chasbulatow, dem kommissarischen Vorsitzenden des Obersten Sowjets, an das russische Volk; Deutsche Welle Monitordienst vom 20. August 1991.

Die Pressekonferenz des Gennadij Janajew; Deutsche Welle Monitordienst vom 20. August 1991.

Die Rede des Leningrader Bürgermeisters Sobtschak auf einer Sitzung des Stadtsowjets; Deutsche Welle Monitordienst vom 21. August 1991.

Gorbatschows Rede bei seiner Ankunft auf dem Moskauer Flughafen Wnukowo II; dpa vom 22. August 1991.

Die Rede Boris Jelzins bei der »Massenkundgebung der Sieger«; dpa vom 22. August 1991.

Die Pressekonferenz Michail Gorbatschows; dpa vom 22. August 1991.

Die Trauerrede Boris Jelzins; Frankfurter Allgemeine Zeitung vom 26. August 1991.

Gorbatschows Testament; dpa vom 25. August 1991.

Der Beschluß des Kongresses der Volksdeputierten; dpa vom 5. September 1991.

Das »Gesetz über Organe der Staatsmacht in der Übergangszeit«; dpa vom 5. September 1991.

Alle Dokumente wurden in Auszügen wiedergegeben und redaktionell überarbeitet.

# Die Republiken im Überblick

## Armenien

1828 stieß Armenien zum damaligen russischen Reichsverband, 1921 wurde es zwischen der Sowjetunion und der Türkei aufgeteilt. Am 23. August 1990 erklärte sich die überwiegend von Christen bewohnte Sowjetrepublik Armenien für souverän. Allerdings besteht die Absicht, in einem erneuerten Unionsverband zu verbleiben. Wegen der Bergregion Nagornij-Karabach, auf welches Armenien Anspruch erhebt, bestehen Grenzkonflikte mit Aserbaidschan.

*Hauptstadt:* Eriwan
*Bevölkerung:* 3,3 Mio.
*Fläche:* 29 800 Quadratkilometer
*Wirtschaft:* Bei 0,9 Prozent der Gesamtproduktion der SU wird ein Pro-Kopf-Einkommen von 8200 DM pro Jahr erreicht.

## Aserbaidschan

Das muslimische Land gehört seit 1813 zum russischen Reich. Als es 1918 von den Türken besetzt worden war, eroberte es die Rote Armee zwei Jahre später zurück. Die Unabhängigkeit wurde am 30. August 1991 ausgerufen, gleichwohl besteht die Absicht, mit anderen Sowjetrepubliken in einem erneuerten Unionsverband zusammenzuarbeiten.

*Hauptstadt:* Baku
*Bevölkerung:* rund 7 Mio.
*Fläche:* 86 600 Quadratkilometer
*Wirtschaft:* Aserbaidschan besitzt die älteste Erdölproduktion in der Sowjetunion. Bei 1,7 Prozent der Gesamtproduktion liegt das jährliche Durchschnittseinkommen pro Kopf bei 6600 DM.

## Estland

Die protestantischen Esten wurden 1721 Mitglieder des Zarenreiches. Obwohl Estland seit 1918 einen unabhängigen Staat bildete, mußte es 1939 der Sowjetunion Stützpunkte überlassen. Aufgrund des Hitler-Stalin-Paktes wurde es 1940 von der Sowjetunion annektiert. Am 13. November 1989 erklärte die kleinste der 15 Sowjetrepubliken seine, am 20. August 1991 nochmals bekräftigte, Unabhängigkeit.

*Hauptstadt:* Tallinin
*Bevölkerung:* rund 1,5 Mio.
*Fläche:* 45 100 Quadratkilometer
*Wirtschaft:* Durchschnittliches Pro-Kopf-Einkommen: 11 300 DM pro Jahr.

**Georgien**

Nachdem im 12. Jahrhundert das georgische Reich den Mongolen unterlag, wurde es 1801 vom Zar annektiert. 1918 befreite sich das überwiegend christliche Georgien mit deutscher Hilfe aus der russischen Herrschaft. Drei Jahre später wurde es von der Roten Armee besetzt. Am 9. März 1990 verurteilte das georgische Parlament die Annexion und forderte stattdessen die Unabhängigkeit (am 9. April 1991 bestätigt).

*Hauptstadt:* Tiflis
*Bevölkerung:* rund 5,5 Mio.
*Fläche:* 69 700 Quadratkilometer
*Wirtschaft:* Bei 1,6 Prozent der Gesamtproduktion der SU liegt das jährliche Pro-Kopf-Einkommen bei 7700 DM.

**Kasachstan**

Nachdem 1731 die moslemischen Stämme besiegt worden waren, besiedelten russische Bauern das Land. Die 1917 gebildete eigene Regierung wurde zwei Jahre später von der Roten Armee aufgehoben. Noch heute machen die Russen rund vierzig Prozent der Gesamtbevölkerung aus. Das ist wohl einer der Gründe, warum Kasachstan in der Union verbleiben will.

*Hauptstadt:* Alma-Ata
*Bevölkerung:* rund 16 Mio.
*Fläche:* 2,7 Mio. Quadratkilometer
*Wirtschaft:* Bei 4,3 Prozent der Gesamtproduktion liegt das Pro-Kopf-Einkommen bei 6500 DM pro Jahr.

**Kyrgystan**

Die einheimischen Kyrgisen, sunnitische Moslems, wurden im 19. Jahrhundert von den Russen kolonialisiert. Allerdings erst 1924 konnten die kyrgisischen Aufstände von der Roten Armee niedergeschlagen werden. Mit 42 Prozent der Gesamtbevölkerung sind die Kyrgisen auch heute noch in der Minderheit. Die Folge sind zahlreiche blutige Zusammenstößen mit den Usbeken. Die Unabhängigkeit wurde am 31. August 1991 ausgerufen, allerdings mit der Absicht in einem erneuerten Unionsverband mitzuarbeiten.

*Hauptstadt:* Beschkek (früher: Frunse)
*Bevölkerung:* rund 4 Mio.
*Fläche:* 198 500 Quadratkilometer
*Wirtschaft:* Die Produktion beträgt 0,8 Prozent der Gesamtproduktion. Das Pro-Kopf-Einkommen liegt bei 5300 DM jährlich.

**Lettland**

Nachdem die protestantischen Letten abwechselnd unter deutscher, polnischer und schwedischer Herrschaft standen, wurden sie 1721 dem russischen Reich unterworfen. Zwischen 1918 und 1940 war Lettland unabhängig, bis es von der Sowjetunion annektiert wurde. Am 4. März 1990 stellte das Parlament den Status einer unabhängigen Republik wieder her, was am 21. August 1991 besiegelt wurde.

*Hauptstadt:* Riga
*Bevölkerung:* 2,7 Mio.
*Fläche:* 64 500 Quadratkilometer
*Wirtschaft:* Die Produktion beträgt 1,1 Prozent der Gesamtproduktion, das jährliche Pro-Kopf-Einkommen 10 500 DM.

**Litauen**

Bis zum Ende des 18. Jahrhunderts gehörten die Litauer, hauptsächlich Katholiken, zum Königreich Polen. 1795 wurden sie dem russischen Zarenreich einverleibt. Obwohl seit 1918 unabhängig, mußten sie 1939 die Rote Armee ins Land lassen. 1940 folgte die Annexion. Am 11. März 1990 erklärte sich die Republik für unabhängig. Die folgende von Moskau verhängte Wirtschaftsblokkade blieb ohne Wirkung.

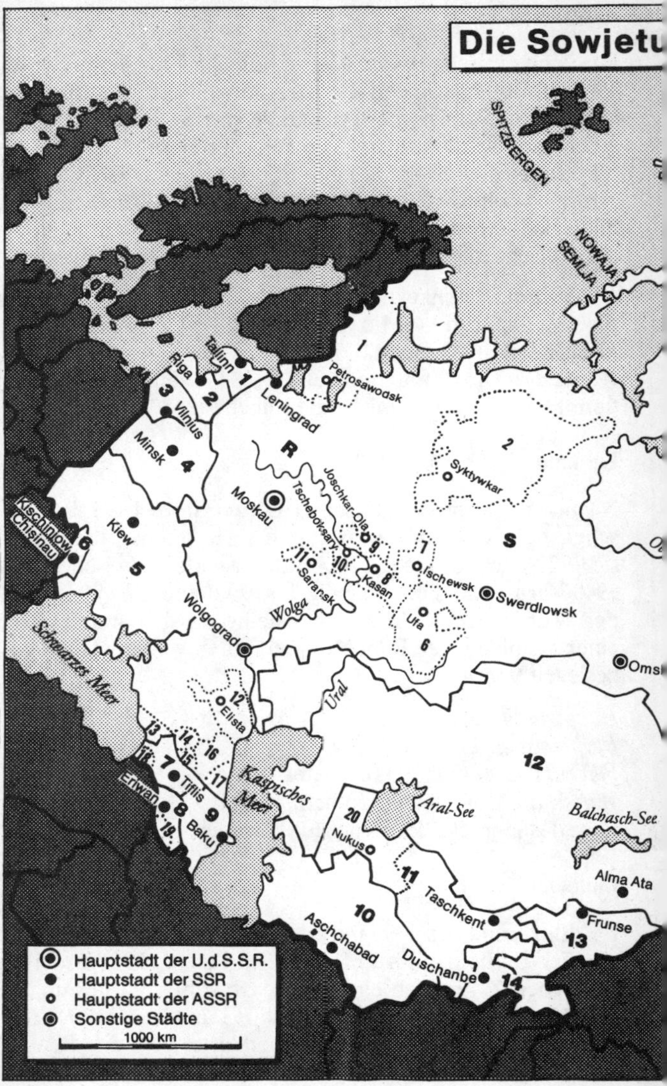
Die Sowjetu
SPITZBERGEN
NOWAJA SEMLJA
Tallinn
Riga
Vilnius
Leningrad
Petrosawodsk
Minsk
Syktywkar
R
S
Moskau
Joschkar-Ola
Tschebоksary
Kischinjow
Chişinau
Kiew
Saransk
Kasan
Ischewsk
Swerdlowsk
Wolga
Wolgograd
Ufa
Omsk
Schwarzes Meer
Ural
Elista
Tiflis
Eriwan
Baku
Kaspisches Meer
Aral-See
Balchasch-See
Nukus
Alma Ata
Taschkent
Frunse
Aschchabad
Duschanbe
Hauptstadt der U.d.S.S.R.
Hauptstadt der SSR
Hauptstadt der ASSR
Sonstige Städte
1000 km

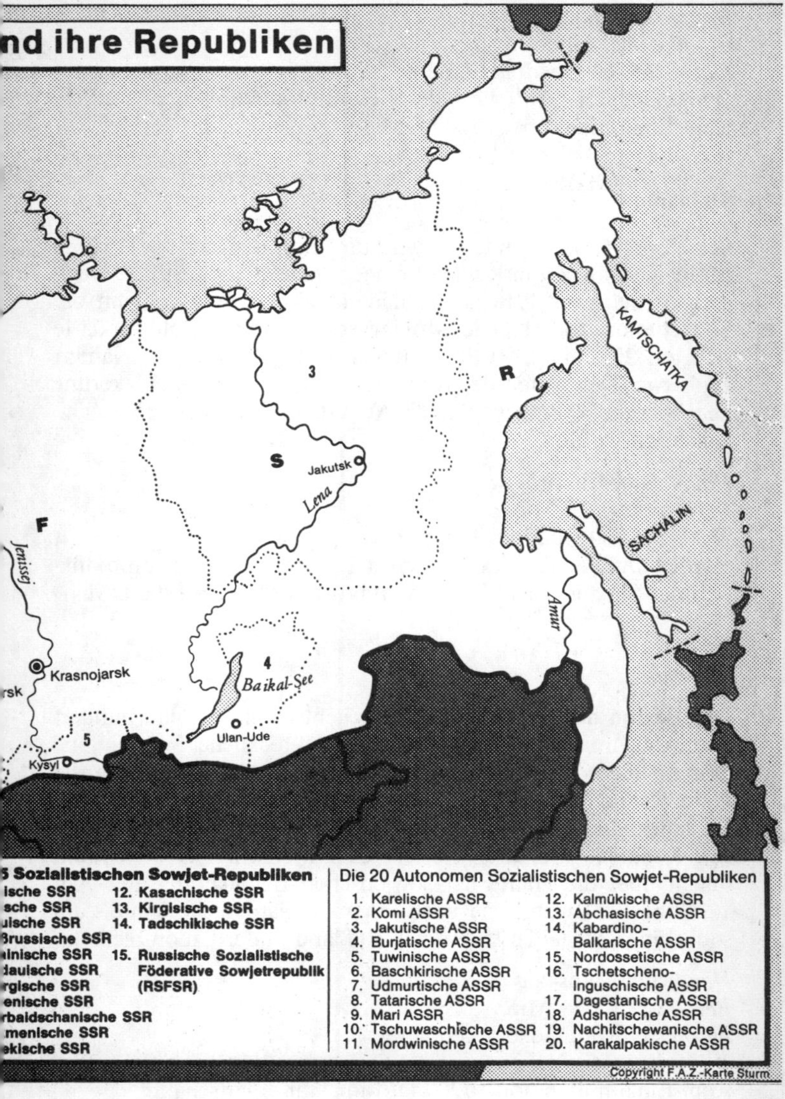
nd ihre Republiken
R
S
F
3
4
5
Jakutsk
Lena
Jenissei
Krasnojarsk
rsk
Baikal-See
Ulan-Ude
Kysyl
Amur
KAMTSCHATKA
SACHALIN
5 Sozialistischen Sowjet-Republiken
ische SSR
sche SSR
uische SSR
Brussische SSR
inische SSR
dauische SSR
rgische SSR
enische SSR
rbaidschanische SSR
menische SSR
ekische SSR
12. Kasachische SSR
13. Kirgisische SSR
14. Tadschikische SSR
15. Russische Sozialistische Föderative Sowjetrepublik (RSFSR)
Die 20 Autonomen Sozialistischen Sowjet-Republiken
1. Karelische ASSR
2. Komi ASSR
3. Jakutische ASSR
4. Burjatische ASSR
5. Tuwinische ASSR
6. Baschkirische ASSR
7. Udmurtische ASSR
8. Tatarische ASSR
9. Mari ASSR
10. Tschuwaschische ASSR
11. Mordwinische ASSR
12. Kalmükische ASSR
13. Abchasische ASSR
14. Kabardino-Balkarische ASSR
15. Nordossetische ASSR
16. Tschetscheno-Inguschische ASSR
17. Dagestanische ASSR
18. Adsharische ASSR
19. Nachitschewanische ASSR
20. Karakalpakische ASSR
Copyright F.A.Z.-Karte Sturm

*Hauptstadt:* Wilna
*Bevölkerung:* rund 4 Mio.
*Fläche:* 65 200 Quadratkilometer
*Wirtschaft:* Bei 1,4 Prozent der Gesamtproduktion liegt das Pro-Kopf-Einkommen bei 10 200 DM.

**Moldawien**

Seit dem 15. Jahrhundert unter rumänischer Herrschaft wurde Moldawien 1812 von Rußland eingegliedert. Das westliche Bessarabien fiel zwar 1918 an Rumänien, 1945 aber wieder an die Sowjetunion zurück. Die Moldawische Sowjetrepublik erklärte sich am 23. Juni 1990 für souverän und gab sich den Namen Moldawa. Der Anteil der Rumänen an der Gesamtbevölkerung liegt bei rund 60 Prozent. Am 27. August 1991 wurde die Unabhängigkeit ausgerufen.

*Hauptstadt:* Kischinjow
*Bevölkerung:* 4,5 Mio.
*Fläche:* 33 700 Quadratkilometer
*Wirtschaft:* Die Produktion macht 1,2 Prozent der Gesamtproduktion der SU aus. Das Einkommen pro Kopf beträgt 6700 DM.

**Rußland**

Der Beginn des russischen Reiches geht bis ins 16. Jahrhundert zurück. Damals unterwarf Iwan der Schreckliche Sibirien und drängte die Mongolen zurück. Im 18. Jahrhundert wurde die Ukraine und Weißrußland eingegliedert. Transkaukasien kam im 19. Jahrhundert dazu. Heute erstreckt sich die Russische Föderative Republik über drei Viertel des sowjetischen Gebietes und macht über die Hälfte der sowjetischen Bevölkerung aus. Am 12. Juni 1990 wurde sie nach einem Parlamentsbeschluß zum souveränen Staat. Trotzdem will Rußland in der Union bleiben.

*Hauptstadt:* Moskau
*Bevölkerung:* 151 Mio.
*Fläche:* 17 Mio. Quadratkilometer
*Wirtschaft:* Mit 61,1 Prozent der Gesamtproduktion wird ein Pro-Kopf-Einkommen von 10 200 DM im Jahr erwirtschaftet.

**Tadschikistan**

Erst die Rote Armee unterwarf diese mittelasiatische Gebirgsregion, deren Einwohner persischen Dialekt sprechen. 1924 wurde Tadschikistan zur unabhängigen Sowjetrepublik. Am 25. August 1991 erklärte es sich als souverän, will jedoch in der Union bleiben und auf die Schaffung eigener Streitkräfte aus finanziellen Gründen verzichten.

*Hauptstadt:* Duschanbe
*Bevölkerung:* rund 5 Mio.
*Fläche:* 143 100 Quadratkilometer
*Wirtschaft:* Bei 0,8 Prozent der Gesamtproduktion beträgt das Pro-Kopf-Einkommen 4100 DM.

**Turkmenien**

Noch vor der Jahrhundertwende wurden die Turkmenen, sunnitische Moslems, Untertanen des Zaren. Eine Stammesrevolte, die 1916 ausbrach, schlug die Armee nach drei Jahren Kampf nieder. Am 23. August 1990 rief Turkmenien die Souveränität aus. Die Republik will jedoch in der Union verbleiben.

*Hauptstadt:* Aschchabad
*Bevölkerung:* rund 3,5 Mio.
*Fläche:* 488 100 Quadratkilometer
*Wirtschaft:* Die Produktion liegt bei 0,8 Prozent der Gesamtproduktion der SU, das Einkommen pro Kopf bei 5900 DM.

**Ukraine**

Genau wie die russische Geschichte beginnt die der Ukraine im 9. Jahrhundert mit dem Bund ostslawischer Stämme. 1918 wurde eine ›Freie Ukraine‹ ausgerufen, kurz darauf aber die Hauptstadt Kiew von sowjetischen Truppen besetzt. Die zweitgrößte sowjetische Teilrepublik erklärte sich am 16. Juli 1990 für souverän. Die Unabhängigkeit wurde am 24. August 1991 verkündet. Obwohl das Ziel ein neutraler Staat mit eigener Währung und Außenpolitik ist, behielt sich die Ukraine eine Zusammenarbeit in einem erneuerten Unionsverband vor.

*Hauptstadt:* Kiew
*Bevölkerung:* rund 52 Mio.
*Fläche:* 603 700 Quadratkilometer
*Wirtschaft:* Der Anteil an der Gesamtproduktion beträgt 16,2 Prozent, das Pro-Kopf-Einkommen liegt bei 8200 DM pro Jahr.

**Usbekistan**

Die moslemischen Usbeken siedelten sich im 15. Jahrhundert südlich des Aralsees an und wurden am Ende des 19. Jahrhunderts von den Russen unterworfen. Die Souveränität wurde vom usbekischen Parlament am 27. Juli 1990 ausgerufen; die Unabhängigkeit am 31. August 1991 bekräftigt. Allerdings ist Usbekistan zu der Zusammenarbeit in einem erneuerten Unionsverband bereit.

*Hauptstadt:* Taschkent
*Bevölkerung:* 20,6 Mio.
*Fläche:* 447 400 Quadratkilometer
*Wirtschaft:* Bei einem Anteil an der Gesamtproduktion von 3,3 Prozent liegt das jährliche Pro-Kopf-Einkommen bei 4800 DM.

**Weißrußland**

Im Mittelalter noch im Bund der ostslawischen Stämme fiel Weißrußland nach dem Einbruch der Mongolen erst an Polen und dann im 18. Jahrhundert an das russische Reich. Von 1921 bis 1939 war das Land zwischen Polen und der Sowjetunion aufgeteilt. Der Souveränitätserklärung vom 27. Juli 1990 folgte die Unabhängigkeitserklärung vom 25. August 1991. Auch diese Republik ist zu einer Zusammenarbeit in einem erneuerten Unionsverband bereit.

*Hauptstadt:* Minsk
*Bevölkerung:* rund 10 Mio.
*Fläche:* 207 600 Quadratkilometer
*Wirtschaft:* Die Produktion macht 4,2 Prozent der Gesamtproduktion aus. Das Einkommen pro Kopf beträgt dabei 10 400 DM im Jahr.

(Die Angaben zum Pro-Kopf-Einkommen beziehen sich auf das Jahr 1989.)

# Glossar

**Bolschewisten** Aus den russischen Sozialdemokraten hervorgegangene Partei der Leninisten. 1917 an die Macht gekommen. Von 1918 bis 1952 als zusätzliche Bezeichnung der Kommunistischen Partei der Sowjetunion KPdSU(B).

**Dissidenten** Politische Gegner, die aufgrund ihrer Ansichten verfolgt werden. Insbesondere unter Breschnew starken Repressalien (Verbannung, Ausweisung, usw.) ausgesetzt.

**Föderationsrat** Im März 1990 als Beratungsorgan geschaffen. Im Zuge der Einführung des Präsidialregimes im Dezember 1990 zum Beschlußorgan aufgewertet. Zusammengesetzt aus den höchsten Vertretern der 15 Republiken, seit Dezember 1990 auch der zwanzig Autonomen Republiken.

**Generalsekretär** Höchstes Amt in der ehemaligen KPdSU (Vorsitzender des Sekretariats des Zentralkomitees der KPdSU, Leiter des Politbüros). Durch die tiefe Verflechtung von Partei und Staat bedeutendster Posten in der alten Sowjetunion.

**Glasnost** Wörtlich: Öffentlichkeit; Synonym für die von Gorbatschow propagierte Enttabuisierung und offene Auseinandersetzung mit Vergangenheit und Gegenwart der Sowjetunion.

**Gosplan** Abkürzung für die staatliche Planungsbehörde »Gossudarstwennyj palnowyj komitet«. Zuständig für die gesamte Wirtschaftsplanung in der Sowjetunion. Ihr Einfluß wurde durch die Einführung marktwirtschaftlicher Elemente zunehmend zurückgedrängt.

**KGB** Bezeichnung für die sowjetische Staatssicherheitspolizei (Komitet gossudarstwennoj besopassnosti = Komitee für Staatssicherheit); 1917 unter der Bezeichnung Tscheka gegründet; wurde bis 1953 unter verschiedenen Namen weitergeführt. Nach Stalins Tod 1953 als KGB neuorganisiert.

**Kolchose** Abkürzung für »Kollektiwnoje chosjajstwo« (Kollektivwirtschaft); landwirtschaftliche Genossenschaften, die aus der Zusammenlegung verschiedener Höfe entstanden. Im Gegensatz zu den Sowchosen wählen die Kolchosebauern ihren Vorsitzenden selbst.

**Kollektivierung** Bezeichnet den ab 1928 zwangsweise erfolgten Zusammenschluß von etwa 27 Millionen Bauernhöfen zu Kolchosen.

**KPdSU** Abkürzung für »Kommunistische Partei der Sowjetunion«. Von 1917 bis 1990 einzige offiziell zugelassene Partei der Sowjetunion und bis dahin alleinige Trägerin der Macht. Im März 1990 Aufgabe des Machtmonopols. Am 25. August 1991 Rücktritt Gorbatschows als Generalsekretär. Seine angeordnete Selbstauflösung des Zentralkomitees und die Überführung des Parteivermögens in treuhänderische Verwaltung besiegelten das Ende der KPdSU.

**Nationalitätensowjet** Parlamentskammer im Obersten Sowjet, in dem die Vertreter der Nationalitäten sitzen. Parallel dazu existiert der gleichstarke Unionssowjet.

**NÖP** Abkürzung für »Neue Ökonomische Politik« (russ.: Nowaja Ekonomitscheskaja Politika). Von Lenin durchgesetztes Wirtschaftsprogramm (1921-1927), das die Wiedereinführung des freien Binnenhandels, Möglichkeiten von Auslandsinvestitionen und mehr Freiheiten für die Bauern einschloß.

**Nomenklatura** Bezeichnung für die obersten Partei- und Staatsmitglieder, die über zahlreiche Privilegien (Sonderwohnungen usw.) verfügen.

**Oberster Sowjet** Sowjetisches ›Dauer‹-Parlament (ebenso werden die Parlamente der Republiken bezeichnet). Besteht aus zwei Kammern: dem Nationalitäten- und dem Unionssowjet. Die Abgeordneten, bisher vom Volksdeputiertenkongreß gewählt, sollen in Zukunft von den Republikparlamenten bestimmt werden.

**Politbüro** Bis zur Auflösung der KPdSU oberstes Führungsgremium der Partei und bedeutendstes Machtorgan in Partei und Staat. Wurde vom Zentralkomitee gewählt und vom Generalsekretär geleitet.

**Präsidialrat** Aus einflußreichen Persönlichkeiten und Politikern zusammengesetztes Beratungsorgan Gorbatschows (bestand von März bis Dezember 1990).

**Sowchose** Abkürzung für »Sowjetskoje Chosjajstwo«; staatliche Landwirtschaftsbetriebe. Im Gegensatz zu den Kolchosen wird der Direktor vom Staat ernannt.

**Sicherheitsrat** Im Zuge der Einführung des Präsidialregimes geschaffenes Organ (Dezember 1990); mit Vertretern des Innen- und Verteidigungsministeriums sowie des KGB.

**Staatspräsident** Im Dezember 1990 auf Druck von Gorbatschow geschaffenes Amt mit weitreichenden Vollmachten. Erste Wahl erfolgte durch den Volksdeputiertenkongreß; ab der nächsten Legislaturperiode soll der Staatspräsident vom Volk gewählt werden. Früher wurde die Bezeichnung für den Vorsitzenden des Obersten Sowjet ( = Parlamentspräsident) verwendet.

**Staatsrat** Seit dem 5. September 1991 bestehendes provisorisches Staatsgremium (Staatspräsident Gorbatschow plus den höchsten Repräsentanten der einzelnen Republiken). Soll die Regierungsgeschäfte führen und die Umformung der UdSSR in eine Union souveräner Staaten mitgestalten.

**Unionssowjet** Parlamentskammer im Obersten Sowjet mit den Abgeordneten der Republiken. Parallel dazu existiert der Nationalitätensowjet.

**Volksdeputiertenkongreß** Im Juni 1988 geschaffene Volksvertretung mit zunächst 2250 Abgeordneten (1500 direkt gewählt; 750 von gesellschaftlichen Organisationen, einschließlich der KPdSU, delegiert). Sprach sich nach dem Putsch für den Umbau der Machtstrukturen aus. Abtretung der gesamten Rechte an den neu gegründeten Staatsrat, den Obersten Sowjet und ein Interrepublikanisches Wirtschaftskomitee.

**Zentralkomitee** Auch als ZK bezeichnet; vom Parteitag gewähltes und neben dem Politbüro wichtigstes Führungsorgan der ehemaligen KPdSU.

# Die Führer der Sowjetunion

*Wladimir Iljtsch Lenin*
(eigentl.: W. I. Uljanow)
22.4.1870 bis 21.1.1924
1917 bis 1924 Vorsitzender des Rats der Volkskommissare

*Josif Wissarionowitsch Stalin*
(eigentl.: J. W. Dschugaschwili)
21.12.1879 bis 5.3.1953
1922 bis 1953 Generalsekretär des ZK der KPdSU
ab 1945 Generalissimus

*Nikita Sergejewitsch Chruschtschow*
17.4.1894 bis 11.9.1971
1953 bis 1964 Erster ZK-Sekretär des KPdSU

*Leonid Iljitsch Breschnew*
19.12.1906 bis 10.11.1982
1964 bis 1966 Sekretär der KPdSU
1966 bis 1982 Generalsekretär der KPdSU
1977 bis 1982 Vorsitzender des Präsidiums des Obersten Sowjets (Staatsoberhaupt)

*Jurij Wladimirowitsch Andropow*
15.6.1914 bis 9.2.1984
1982 bis 1984 Generalsekretär der KPdSU
1983 bis 1984 Vorsitzender des Präsidiums des Obersten Sowjets (Staatsoberhaupt)

*Konstantin Ustinowitsch Tschernenko*
24.9.1911 bis 10.3.1985
1984 bis 1985 Generalsekretär der KPdSU
1984 bis 1985 Vorsitzender des Präsidiums des Obersten Sowjets (Staatsoberhaupt)

*Michail Sergejewitsch Gorbatschow*
2.3.1931
seit 1985 Generalsekretär der KPdSU
seit 1991 Staatspräsident, Oberbefehlshaber der Streitkräfte

# Weiterführende Literatur


*Adomeit H., Höhmann H. und Wagenlehner G. (Hrsg.):* Die Sowjetunion unter Gorbatschow. Stand, Probleme und Perspektiven der Perestrojka. Stuttgart, Berlin, Köln 1990.

*Bayerische Landeszentrale für politische Bildungsarbeit (Hrsg.):* UdSSR im Umbruch. Gesellschaft und Staat, Textheft zur Wandzeitung. Starnberg 1991.

*Beckherrn, Eberhard:* Pulverfaß Sowjetunion. Der Nationalitätenkonflikt und seine Ursachen. München 1990.

*Bütow, Hellmuth G. (Hrsg.):* Länderbericht Sowjetunion. Bundeszentrale für politische Bildung, Bonn 1988 (1. Aufl. 1986).

*Bundesinstitut für ostwissenschaftliche und internationale Studien (Hrsg.):* Sowjetunion. Bände ab 1974/75 bis 1988/89. München, Wien 1975–1989.

*Burlazki, Fjodor:* Chruschtschow. Ein politisches Porträt. Düsseldorf 1990.

*Mandel, Ernest:* Das Gorbatschow-Experiment. Ziele + Widersprüche. Frankfurt am Main 1989.

*Grotzky, Johannes:* Herausforderung Sowjetunion. Eine Weltmacht sucht ihren Weg. München 1991.

*Hamann R. und Matthies V. (Hrsg.):* Sowjetische Außenpolitik im Wandel. Eine Zwischenbilanz der Jahre 1985–1990, Veröffentlichung aus dem Institut für Friedensforschung und Sicherheitspolitik an der Universität Hamburg. Baden-Baden 1991.

*Heller M. und Nekrich A.:* Geschichte der Sowjetunion, Band I: 1914–1939. Frankfurt am Main 1985.

*Heller M. u. Nekrich A.:* Geschichte der Sowjetunion, Band II: 1940–1980. Frankfurt am Main 1985.

*Jürgens, Karl-Heinz:* Gorbatschow. Eine Bildbiographie. München 1989.

*Kerneck, Barbara:* Boris Jelzin. München 1991.

*Meissner, Boris:* Partei, Staat und Nation in der Sowjetunion. Berlin 1985.

*Müller M., Heimann G., Klose H. und Maldaner K.:* Es gibt kein Zurück. Gorbatschows Reformen – Chancen für Europa. Berlin, Bonn 1987.

*Ruffmann, Karl-Heinz:* Sowjetrußland. Struktur und Entfaltung einer Macht. München 1967.

*Ruffmann, Karl-Heinz:* Fragen an die sowjetische Geschichte. Von Lenin bis Gorbatschow. München 1988 (1. Aufl. 1987).

*Simon, Gerhard:* Nationalismus und Nationalitätenpolitik in der Sowjetunion. Von der totalitären Diktatur zur nachstalinistischen Gesellschaft; Bundesinstitut für ostwissenschaftliche und internationale Studien. Köln, Baden-Baden 1986.

*Trautmann, Günter:* Sowjetunion im Wandel – Wirtschaft, Politik und Kultur seit 1985. Darmstadt 1989.